PowerPoint
Der Ratgeber für bessere Präsentationen

von
Matthias Garten

Liebe Leserin, lieber Leser,

erwischen Sie sich manchmal auch dabei, wie Sie bei Präsentationen gähnen? Viele Redner stützen sich auf die immer gleichen Vorlagen, Grafiken und Effekte, weswegen Präsentationen häufig uninspiriert und langweilig wirken. Das liegt aber nicht an PowerPoint, sondern daran, dass vielen Vortragenden gute und überzeugende Ideen fehlen.

Dieses Buch hilft Ihnen, Situationen zu vermeiden, in denen Ihr Publikum »abschaltet«. Präsentationsexperte Matthias Garten zeigt Ihnen, wie Sie Ihre PowerPoint-Folien verbessern können. Er hat ein Arbeits- und Ideenbuch zusammengestellt, das zum Stöbern einlädt und in dem Sie nicht nur Ideen für gelungene, professionell wirkende Präsentationen finden, sondern ganz konkret und Schritt für Schritt lernen, wie Sie diese Ideen umsetzen, um Ihre Präsentationen aus der grauen Masse hervortreten zu lassen. Dabei werden Sie feststellen, dass sich interessante Folien durch den Einsatz kreativer Gestaltungselemente, aber auch durch den Verzicht auf überflüssige »Spielereien« von gewöhnlichen Vorträgen unterscheiden.

Dieses Buch wurde mit größter Sorgfalt geschrieben und hergestellt. Vereinzelte Fehler lassen sich dennoch nie ganz ausschließen. Sollten Sie einen Fehler bemerken oder aber ein wichtiges Thema vermissen, so können Sie mir gerne schreiben. Über Lob freue ich genauso wie über Kritik. Ich wünsche Ihnen viel Freude beim Lesen und Ausprobieren!

Ihr Vaclav Demling
Lektorat Vierfarben

vaclav.demling@vierfarben.de

Auf einen Blick

1	Professionelles Präsentationsdesign	15
2	Texte spannender gestalten	53
3	Bilder pfiffig präsentieren	107
4	Mehr Pep mit Grafikelementen	151
5	Tabellen, Diagramme und Schaubilder intelligent konzipieren	193
6	Zeitstrahl und Abläufe gekonnt visualisieren	251
7	Effekte und Animationen sinnvoll einsetzen	281
8	Video- und Audiodateien richtig einbinden	335
9	PowerPoint-Dateien geschickt weiterverwenden	357
10	Weiterführende Informationen	371

Impressum

Sie haben Fragen, Wünsche oder Anregungen zum Buch?
Gerne sind wir für Sie da:

Anmerkungen zum Inhalt des Buches: vaclav.demling@vierfarben.de
Bestellungen und Reklamationen: service@vierfarben.de
Rezensions- und Schulungsexemplare: thomas.losch@vierfarben.de

Das vorliegende Werk ist in all seinen Teilen urheberrechtlich geschützt. Alle Rechte vorbehalten, insbesondere das Recht der Übersetzung, des Vortrags, der Reproduktion, der Vervielfältigung auf fotomechanischem oder anderen Wegen und der Speicherung in elektronischen Medien.

Ungeachtet der Sorgfalt, die auf die Erstellung von Text, Abbildungen und Programmen verwendet wurde, können weder Verlag noch Autor, Herausgeber oder Übersetzer für mögliche Fehler und deren Folgen eine juristische Verantwortung oder irgendeine Haftung übernehmen.

Die in diesem Werk wiedergegebenen Gebrauchsnamen, Handelsnamen, Warenbezeichnungen usw. können auch ohne besondere Kennzeichnung Marken sein und als solche den gesetzlichen Bestimmungen unterliegen.

An diesem Buch haben viele mitgewirkt, insbesondere:

Lektorat Vaclav Demling
Korrektorat Angelika Glock, Ennepetal
Herstellung Iris Warkus
Einbandgestaltung Mai Loan Nguyen Duy
Coverentwurf Daniel Kratzke
Typographie und Layout Vera Brauner
Satz SatzPro, Krefeld
Druck Himmer, Augsburg

Gesetzt wurde dieses Buch aus der ITC Charter (10,5 pt/15 pt) in Adobe InDesign CS6.
Und gedruckt wurde es auf mattgestrichenem Bilderdruckpapier (115 g/m^2).
Hergestellt in Deutschland.

Bibliografische Information der Deutschen Nationalbibliothek
Die Deutsche Nationalbibliothek verzeichnet diese Publikation in der Deutschen Nationalbibliografie; detaillierte bibliografische Daten sind im Internet über *http://dnb.d-nb.de* abrufbar.

ISBN 978-3-8421-0072-5

1. Auflage 2013
© Vierfarben, Bonn 2013
Vierfarben ist ein Verlag der Galileo Press GmbH
Rheinwerkallee 4, D-53227 Bonn
www.vierfarben.de

Der Verlagsname Vierfarben spielt an auf den Vierfarbdruck, eine Technik zur Erstellung farbiger Bücher. Der Name steht für die Kunst, die Dinge einfach zu machen, um aus dem Einfachen das Ganze lebendig zur Anschauung zu bringen.

Inhalt

Vorwort 11

Kapitel 1: Professionelles Präsentationsdesign 15

Das professionelle Gestaltungsraster 16
Ein eigenes Gestaltungsraster anlegen 18
Informationsrelevanz 22
Weißraum 23
Durchgängigkeit 26
Eine Folienbibliothek anlegen 28
Anordnung und Nähe 30
Gegensätze 31
Farbauswahl und -gestaltung 32
Geeignete Farbabstufungen finden 34
Ein Inhaltsverzeichnis mit Farbabstufungen anlegen 35
Designeffekte 39
Bilder als Stärken einer Präsentation 41
Spielräume des Corporate Designs 43
Emotionalität und Sachlichkeit 49
Die Top 11 des Präsentationsdesigns 50

Kapitel 2: Texte spannender gestalten 53

Wichtige Funktionen für Texte 54
Einen Texteffekt erstellen 62
Vier Text-Platzhalter im Folienmaster anlegen 63
Freitexte richtig nutzen 66
Sinnvolle Textgestaltung 67
Sinnvolle Schriftgestaltung 73

Interpretation – der Weg zur Botschaft 78
Aufzählungen 81
Ihr Logo als Aufzählungszeichen verwenden 83
Ein Vorteil-Nachteil-Symbol als Aufzählungszeichen nutzen 85
Kopplung von Text und Bild 88
Texte und Bilder koppeln 91
SmartArts statt Aufzählungszeichen 95
SmartArts formatieren 98
Die Grundstruktur des SmartArts verändern 101
Der Einsatz von Zitaten 105

Kapitel 3: Bilder pfiffig präsentieren 107

Die Auswahl ist entscheidend 108
Bildbeschaffung 110
Grundlagen der Bildgestaltung 114
Den Bildstil festlegen 115
Bildstrecken 117
Bildspannung 120
Ein Bild mithilfe der 3er-Regel verbessern 121
Funktionen der Bildbearbeitung 125
Die Dateigröße minimieren 133
Freistellen von Bildern 134
Ein Bild mit der Transparenzfunktion freistellen 135
Ein Bild mithilfe eines Pfades freistellen 136
Die Freistellen-Funktion nutzen 141
Texte auf Bildern platzieren 144
Ein Bild fräsen 145
Einen Bilderwürfel aufbauen 148

Kapitel 4: Mehr Pep mit Grafikelementen ... 151

Formen als Grundlage für Grafikelemente ... 152
Das Seitenverhältnis beibehalten ... 154
Text in Formen ... 155
Bilder in Formen ... 157
Formen ausrichten ... 157
Ebenen ... 159
Elemente gruppieren ... 160
Formen kombinieren ... 161
Zwei Seiten einer Medaille darstellen ... 163
Formen punktgenau bearbeiten ... 164
Formen extrahieren und weiterbearbeiten ... 166
2D-Figuren anlegen ... 168
3D-Figuren bauen ... 175
Eine 3D-Kugel gestalten ... 180
Piktogramme erstellen ... 181
Eine 3D-Siegertreppe anfertigen ... 183
3D-Schlüssel bauen ... 185
Einen Agenda-Baum bauen ... 189

Kapitel 5: Tabellen, Diagramme und Schaubilder intelligent konzipieren ... 193

Darstellungskonzepte ... 194
Eine SmartArt-Grafik verwenden ... 196
Erweiterte SmartArt-Konzepte ... 200
Mit Ebenen arbeiten ... 200
Integrierte Darstellungskonzepte ... 203
Ein Schichtenmodell anlegen ... 204
Diagrammbasierte Konzepte ... 207

Diagramme mit Bild 208
Von Piktogrammen überlagerte Diagramme 210
Ein Diagramm mit Piktogrammen überlagern 211
Diagramme mit Tiefenebenen 213
Ein Diagramm mit Tiefenebenen erstellen (1) 215
Ein Diagramm mit Tiefenebenen erstellen (2) 217
Diagramme mit bildhaften Werten 219
Eine Liniengrafik mit bildhaften Datenpunkten gestalten 222
Eine Balkengrafik mit bildhaften Werten erstellen 224
Eine Säulengrafik mit bildhaften Werten anlegen 225
Diagramme mit 3D-Objekten 226
Ein Kreisdiagramm mit 3D-Objekten anlegen 228
Schritte bis zum Ziel darstellen 230
Diagramme mit Themenaspekt 232
Entscheidungstabellen 234
Eine Entscheidungstabelle anlegen 237
Balken in einer Entscheidungstabelle einsetzen 239
Eine Liniengrafik als Bild einfügen 242
Eine Liniengrafik manuell anlegen 244
Einen Verkaufstrichter mit 3D-Optik gestalten 246

Kapitel 6: Zeitstrahl und Abläufe gekonnt visualisieren 251

Konzepte für Zeitstrahlen 252
Phasen einer Entwicklung darstellen 258
Einen dynamischen Zeitstrahl anlegen 261
Konzepte für Abläufe 264
Einen Prozess durch Schuhabdrücke darstellen 278

Kapitel 7: Effekte und Animationen sinnvoll einsetzen ... 281

Grundlagen der Animationstechnik ... 282
Regeln für den Einsatz von Animationen ... 284
Animationsarten ... 286
Animationen in PowerPoint ... 287
Eine dezente Textanimation anlegen ... 292
Ein Element durch Framing hervorheben ... 294
Bereiche zur Hervorhebung einfärben ... 298
Einen Bereich mit einer Lupe hervorheben ... 300
Einen Agenda-Punkt hervorheben ... 301
Zitatstellen mit einem Textmarker-Effekt hervorheben ... 303
Textzeilen fokussieren ... 307
Diagrammsäulen einzeln animieren ... 311
Die Stücke eines Tortendiagramms animieren ... 312
Tabellenspalten einzeln einblenden ... 313
Tabellenzeilen einzeln einblenden ... 317
Ein SmartArt schrittweise animieren ... 320
Einen Nachrichtenticker simulieren ... 322
Einen Workflow interessanter animiert darstellen ... 324
Eine Agenda mithilfe eines Aufzugs darstellen ... 326
Die Teammitglieder vorstellen ... 330

Kapitel 8: Video- und Audiodateien richtig einbinden ... 335

Basisfunktionen Video ... 336
Basisfunktionen Audio ... 338
Komprimierung ... 339

Inhalt

Voraussetzungen für die Integration von Video- und Audiodateien 340
Beispiele für die Verwendung von Videos 344
Einen Videoclip mit Text und Grafik überlagern 346
Eine attraktive Diashow mit Musik anlegen 351

Kapitel 9: PowerPoint-Dateien geschickt weiterverwenden ... 357

Zusammenarbeit offline oder in der Cloud 358
PowerPoint und die Cloud 361
Die Präsentation freigeben 362
Die Präsentation exportieren 365

Kapitel 10: Weiterführende Informationen 371

Tipps und Hinweise 372
Downloads und Hilfe 374

Die CD zum Buch 375

Glossar 377
Index 383

Vorwort

Dieser kreative Ratgeber richtet sich an alle, die bessere Präsentationen erstellen wollen. Das Buch ist dabei sehr flexibel aufgebaut. Sie können es konventionell, also von vorn nach hinten, lesen, Sie können sich aber auch nur einzelne Kapitel herauspicken oder von einer Idee zur nächsten springen und sich inspirieren lassen. Für einen Teil der Kapitel sind keine Vorkenntnisse erforderlich, bei den Schritt-für-Schritt-Anleitungen ist es jedoch hilfreich, schon einmal die eine oder andere Präsentation mit Microsoft PowerPoint erstellt zu haben.

Das Buch bietet Ihnen darüber hinaus Informationen zu den Grundlagen der Präsentationsgestaltung, beispielsweise zu Themen wie Weißraum,

Vorwort

Bildersuche, Platzierung und vieles mehr. Nehmen Sie sich die Zeit, und probieren Sie die neu gewonnenen Erkenntnisse direkt in Ihrer Präsentation aus.

Für alle, die gerne »basteln«, finden sich außerdem Schritt-für-Schritt-Anleitungen, um noch fitter in PowerPoint zu werden. Sollten Sie gerade dabei sein, eine Präsentation zu erstellen und daher wenig Zeit haben, sind für Sie vielleicht die vorgefertigten Elemente, die auf der beiliegenden CD zu finden sind, hilfreich. Sie können sie schnell in Ihre Präsentation einfügen und damit weiterarbeiten. Auf der CD befinden sich außerdem weitere interessante Schritt-für-Schritt-Anleitungen. Lassen Sie sich von den Beispielen inspirieren und gehen Sie die Übungen durch.

Dieses Buch lässt sich auch mit einer älteren PowerPoint-Version als 2013 verwenden, denn an vielen Stellen werden Ideen, Konzepte und Beispiele aufgezeigt, die auch für frühere Versionen gelten. Die Schritt-für-Schritt-Anleitungen sind auf die Version 2013 ausgelegt, können aber zum größten Teil auch mit PowerPoint 2010 umgesetzt werden. Manchmal finden sich dabei die Menüpunkte an anderer Stelle wieder, und manche Befehle gibt es nur in der neuen Version, z. B. einige 3D-Übergänge oder verschiedene Befehle für die Videobearbeitung. Mit PowerPoint 2007 können Sie das Buch als Gestaltungsgrundlage und Ideengeber nutzen. Viele Beispielfolien können sogar in PowerPoint 2003 integriert werden, doch die Anleitungen lassen sich dann nur sehr eingeschränkt durcharbeiten. Falls Sie noch keine 2013er-Version haben, empfehle ich Ihnen, eine zu erwerben. Für private Zwecke erhalten Sie eine Office-2013-Version inklusive PowerPoint als Download für ca. 140 € (Office Home & Student), für ca. 100 € als Mietsoftware im Jahres-Abo (Office 365 Home Premium). Sie profitieren damit maximal von diesem Buch.

Die Befehlsketten sind immer so aufgebaut, dass zunächst der Hauptmenüpunkt angegeben ist, danach wird das Untermenü bzw. die Befehls- oder auch Aufgabengruppe genannt, anschließend der Befehl und dann die Auswahl. Beispiel: **Start ▶ Folien ▶ Layout ▶ Leer**, d. h., der Hauptmenübefehl ist

Start, die Befehlsgruppe **Folien**, der Befehl oder die Funktion **Layout** und die Auswahl **Leer** (leere Folie).

Alternativ zur Befehlskette können Sie auch viele Funktionen sehr gut über die rechte Maustaste und den neuen Aufgabenbereich von PowerPoint 2013 erreichen.

Finden Sie für sich heraus, welcher Weg für Sie der bessere ist. Ich gebe im Buch im einen Fall den einen und im anderen Fall den anderen Weg an, um verschiedene Möglichkeiten aufzuzeigen, zum Teil fällt so auch eine Umstellung von einer vorherigen auf die aktuelle Version leichter.

Sie finden im Buch zahlreiche Ideen zur Ausgestaltung von Folien, viele Schritt-für-Schritt-Anleitungen sowie Informationen zu den Grundlagen der Präsentationsgestaltung. Wenn Sie z. B. gerade dabei sind, Textfolien zu erstellen oder zu überarbeiten, schlagen Sie einfach das Kapitel 2, »Texte spannender gestalten« auf und schauen nach, welche Darstellungsmöglichkeiten es für Textfolien gibt. So können Sie schnell und einfach Ihre Präsentation optimieren.

Noch eine wichtige Anmerkung: Das Buch gibt Ihnen viele Ratschläge und Anregungen, wobei jedoch zu berücksichtigen ist, dass einzelne Gestaltungsregeln und Tipps nur für bestimmte Arten von Präsentationen gelten (siehe dazu z. B. auch die DVD *Erfolgreich präsentieren mit PowerPoint 2010* und das Thema *Presentation-Booster*). Sicherlich gelten für eine Messepräsentation, die Zuschauer an den Messestand ziehen soll, andere Maßstäbe als für eine Finanzpräsentation, bei der die Folien zugleich als Handout verwendet werden. Soweit möglich, werde ich versuchen, einen möglichst breiten Querschnitt zu schaffen.

Ich möchte mich zu guter Letzt sehr herzlich bei den Menschen bedanken, die mich unterstützt haben und ohne die das Buch nicht so geworden wäre, wie es heute ist. Dazu gehören vor allem meine liebe Frau Susanne Garten, aber auch Daniela Bernhardt, Antigone Wessel, Carolin Panzer und Julian Schwindt sowie das ganze Team von smavicon, meiner Firma. Mein Dank gilt auch allen anderen, die mir direkt oder indirekt geholfen haben.

Vorwort

Wenn Sie Fragen, Ideen, Anregungen oder Kommentare haben, schreiben Sie mir einfach eine E-Mail an *kontakt@smavicon.de*. Weitere Informationen finden Sie auch auf der Website meiner Firma, *www.smavicon.de*, und auf der Blog-Site *www.smavicon.eu*.

Ihr
Matthias Garten

Kapitel 1
Professionelles Präsentationsdesign

In diesem Kapitel lernen Sie, Ihre Präsentationen professioneller aussehen zu lassen. Zum einen geht es um bekannte Gestaltungsregeln und -richtlinien, zum anderen werden Sie hier aber auch jede Menge Tricks und Kniffe kennenlernen. In vielen Details unterscheidet sich der Profi vom Amateur. In diesem Kapitel erfahren Sie einige dieser Details und werden dann Präsentationen wie ein Profi gestalten.

Sie werden u.a. lernen, was ein Gestaltungsraster ist und wie Sie damit Ihre Präsentationen interessanter designen können. Es gibt verschiedene Prinzipien der Gestaltung, die Ihnen dabei helfen, Folien professionell aussehen zu lassen. Mit Farben und Designeffekten lässt sich leicht ein einheitlicher Look erzeugen, und viele Bilder machen Ihre Präsentationen interessanter und abwechslungsreicher. Dennoch sollten Sie auf genügend Weißraum achten – warum, das erfahren Sie im Folgenden ausführlich. Zu guter Letzt zeige ich Ihnen, wie Sie die Spielräume des Corporate Designs geschickt nutzen.

Das professionelle Gestaltungsraster

Das Gestaltungsraster ist die unsichtbare Hilfskonstruktion hinter einer Präsentation und besteht aus einer Konstruktion von Hilfslinien bezogen auf ein Präsentationsformat. Häufig werden Angaben zur typografischen Gestaltung (z. B. Schriftarten und -größen), zur Nutzung von Bildern und grafischen Elementen ergänzt.

Eine professionelle Präsentation ist u. a. durch zwei Parameter gekennzeichnet, die Sie leicht umsetzen können:

1. Es gibt ein definiertes Gestaltungsraster.
2. Das Raster wird in der Präsentation durchgängig eingehalten.

Gerade der zweite Punkt ist sehr wichtig, denn ein Zuschauer beurteilt unbewusst, ob es eine Durchgängigkeit gibt, und diese vermittelt – ebenfalls unbewusst – ein Gefühl von Sicherheit. Achten Sie daher auf folgende Punkte:

- Sind die Titel immer an der gleichen Stelle angeordnet und ausgerichtet?
- Erhalten die Titel immer die gleiche Schriftart, Schriftgröße usw.?
- Haben die Inhalte je nach Gliederungsebene immer die gleiche Anordnung, Ausrichtung, Schriftart, Schriftgröße usw.?
- Wird der linke, obere, rechte und untere Rand immer eingehalten?

Das professionelle Gestaltungsraster

- Sind die Bilder in das Raster eingepasst?
- Werden immer dieselben Farben verwendet?

Einige Beispiele für Gestaltungsraster kennen Sie sicherlich schon aus PowerPoint. Solche vordefinierten Raster finden Sie z. B. über **Start ▶ Folien ▶ Layout**.

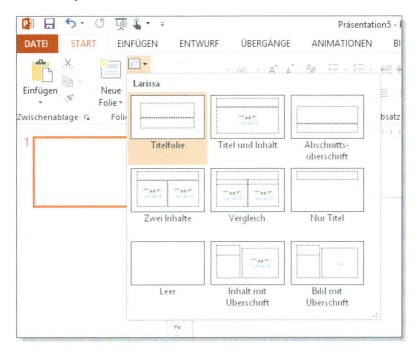

Falls Sie das Gestaltungsraster erweitern, anpassen oder verändern möchten, können Sie einfach den Folienmaster anpassen (**Ansicht ▶ Masteransichten ▶ Folienmaster**). Legen Sie dazu zunächst eine neue Präsentation an, und wählen Sie über **Start ▶ Folien ▶ Layout** das Layout **Titel und Inhalt** aus. Schreiben Sie jeweils einen Satz in das Feld für den Titel und in das für den Inhalt. Klicken Sie auf **Ansicht ▶ Masteransichten ▶ Folienmaster**. Klicken Sie jetzt den Textrahmen für den Titel an, und verändern Sie die Breite des Rahmens etwa um die Hälfte. Schließen Sie dann die Ansicht über die Schaltfläche **Masteransicht schließen**. Wie Sie sehen, hat sich die Anordnung bzw. das Raster der Folie verändert.

Kapitel 1 – Professionelles Präsentationsdesign

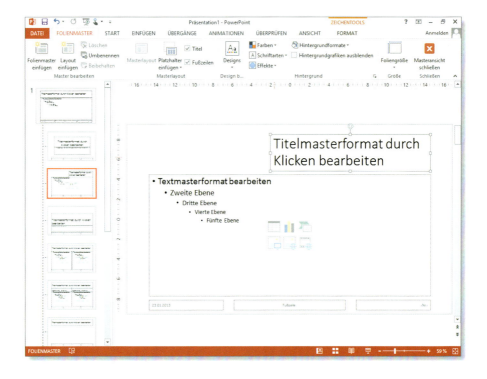

Ein eigenes Gestaltungsraster anlegen

Spannend wird es, wenn Sie nicht das Standardraster von PowerPoint, sondern ein eigenes Raster verwenden. Sie können dann mit dem neuen Layout spielen, Ideen ausprobieren und mehr Pep in die Präsentation bringen. Allein durch das veränderte Raster unterscheidet sich Ihre Präsentation dann schon von anderen.

Im folgenden Beispiel, das unter *01_Raster-16zu9.pptx* auch auf der beiliegenden CD vorhanden ist, finden Sie eine 16:9-Präsentation mit einem neuen Gestaltungsraster:

1. Starten Sie mit einer leeren Präsentation, als Layout verwenden Sie **Start ▶ Folien ▶ Layout ▶ Leer**. (PowerPoint 2010: Um zunächst das Seitenformat als Grundlage anzulegen, wählen Sie **Entwurf ▶ Seite ein-**

richten und bei Papierformat die Option **Bildschirmpräsentation (16:9)**. Schließen Sie den Dialog.)

2. Um eine Tabelle als Rastergrundlage einzufügen, fügen Sie über **Einfügen ▸ Tabellen ▸ Tabelle** eine Tabelle mit fünf Spalten und fünf Zeilen ein. Ziehen Sie die Tabelle folienfüllend auf, damit sie sich über die gesamte Folie erstreckt.

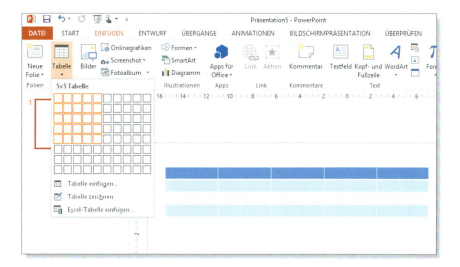

3. PowerPoint bietet Ihnen Führungslinien an, die Sie bei der Gestaltung unterstützen. Um sie einzublenden, drücken Sie die Tasten [Alt] + [F9]. In der Standardeinstellung richten sich, nachdem die Führungslinien eingeschaltet wurden, alle Folienelemente an diesen Hilfslinien aus. Ebenfalls mit [Alt] + [F9] können die Linien wieder ausgeblendet werden. Eine Ausrichtung der Folienelemente erfolgt dann nicht mehr.

4. Im nächsten Schritt geht es darum, die Führungslinien entlang der Spalten und Zeilen aufzubauen. Doch bevor Sie damit loslegen, müssen Sie erst das Ausrichte-Raster ausschalten. Klicken Sie dazu mit der rechten Maustaste auf den Hintergrund neben der Folie, und wählen Sie **Raster und Führungslinien** aus dem Kontextmenü. Überprüfen Sie, ob im Dialogfenster das Häkchen bei **Objekte am Raster ausrichten** gesetzt ist. Falls ja, entfernen Sie das Häkchen.

> **ACHTUNG**
>
> **Veränderungen an Führungslinien**
>
> Veränderungen an einer Führungslinie können nicht rückgängig gemacht werden. Verschoben ist verschoben, kopiert ist kopiert, gelöscht ist gelöscht! Bevor Sie also Führungslinien bearbeiten, überlegen Sie genau, welchem Zweck sie dienen sollen.

5. Sie können nun beginnen, Hilfslinien aufzubauen. Folgende Funktionen stehen Ihnen zur Verfügung:

- Um eine Führungslinie zu *verschieben*, klicken Sie sie mit der Maus an und ziehen sie dann mit gedrückter linker Maustaste an die passende Stelle. Einfacher geht es, wenn Sie sie außerhalb der Folie anklicken.

- Um eine Führungslinie zu *kopieren*, drücken Sie die `Strg`-Taste und ziehen die Linie mit gedrückter linker Maustaste an die gewünschte Position.

- Um schließlich eine Führungslinie zu *löschen*, ziehen Sie sie an eine Stelle außerhalb der Folie.

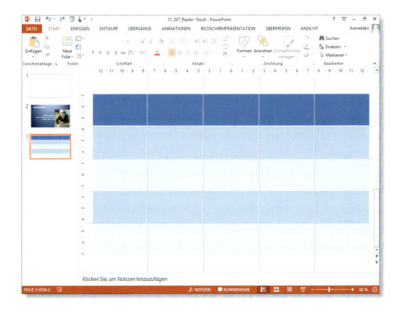

Ein eigenes Gestaltungsraster anlegen

6. Speichern Sie nun die Präsentation. Danach duplizieren Sie die Folie, indem Sie links in die Folienübersicht klicken und [Strg] + [D] drücken. Löschen Sie dann auf der ersten Folie die Tabelle. Daraufhin sehen Sie auf der Folie nur noch die Hilfslinien. Dank der duplizierten Folie haben Sie dennoch jederzeit Zugriff auf die Tabelle und können die Hilfslinien später noch einmal passgenau versetzen.

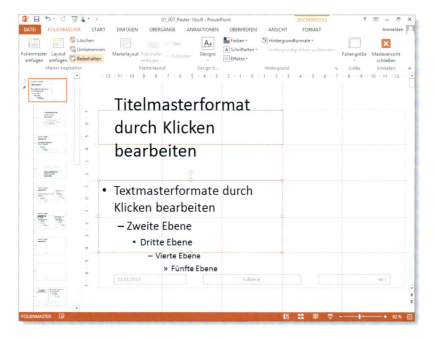

7. Um den Folienmaster anzupassen, wählen Sie **Ansicht ▸ Masteransichten ▸ Folienmaster** und richten die Platzhalter für Titeltext, Textbereich, Bildbereiche usw. an den Hilfslinien, also dem neuen Raster aus. Passen Sie Schriftarten, Textausrichtungen und Hintergrundfarbe Ihren Vorstellungen an (siehe das Beispiel für eine fertige Musterfolie mit neuem Gestaltungsraster in der nebenstehenden Abbildung).

Informationsrelevanz

Jedes einzelne Folienelement stellt eine Information dar. Eine gute Gestaltung rückt nur die wirklich relevanten Informationen in den Blickpunkt und lässt die unwichtigen Informationen weg, ohne die inhaltliche Aussage zu verändern.

Stellen Sie sich bei der Folienerstellung oder -überarbeitung die folgenden Fragen:

- Gibt es redundante Informationen auf der Folie?
- Welche Linien, Gitter, Rahmen, Legenden, Nachkommastellen usw. können weggelassen werden, ohne dass dadurch der Inhalt verändert wird?
- Wie lässt sich die Textmenge beschränken, um nur die wichtigsten Informationen darzustellen?
- Wie soll der Zuschauer eine Folie »lesen«, damit sie für ihn Klarheit vermittelt?

Zum besseren Verständnis habe ich im Folgenden einige Beispiele eingefügt. Sie sehen immer die Originalfolie (vorher) sowie die veränderte Folie (nachher).

Tortendiagramm zu Verkehrsträgern (vorher/nachher): Rahmen und Legende wurden weggelassen, und die Farbgebung wurde modernisiert (auf der beiliegenden CD unter »01_Verkehrsträger_am_Knotenpunkt.pptx« zufinden).

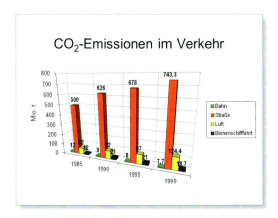 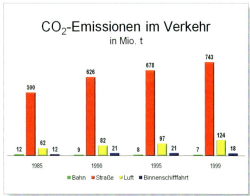

Balkendiagramm zu CO_2-Emissionen (vorher/nachher): Gitterlinien, Rahmen und Nachkommastellen wurden weggelassen, die 3D-Darstellung wurde in 2D verändert, die Balkenoptik wurde modernisiert (auf der beiliegenden CD unter »01_Verkehr_CO2.pptx« zu finden).

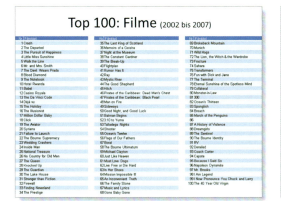 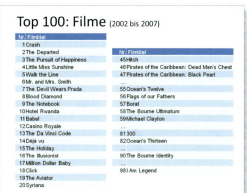

Filmcharts (vorher/nachher): Da es in dieser Präsentation darum geht, die Wertigkeit verschiedener Filme aufzuzeigen, ist das Weglassen von Informationen gerechtfertigt. (Dieses Beispiel finden Sie unter »01_Top-100_Filme.pptx« auf der beiliegenden CD.)

Weißraum

Jeder ausgebildete Grafiker, Designer oder Drucker kennt den Begriff *Weißraum* – alternativ auch *Leerraum* oder *negativer Raum* genannt. Der Begriff steht für die Fläche auf einer Folie, auf der nichts außer dem Hintergrund zu sehen ist, d. h., der Weißraum ist das Gegenstück zu dem Platz, den Text, Bilder oder Diagramme einnehmen.

Ein ausreichend großer Weißraum zeugt von Klarheit, Reinheit, Aufgeräumtheit, Konzentration und Qualität. Dagegen erscheinen vollgestopfte Folien wie eine Bedrohung, wie ein unaufgeräumtes Zimmer mit viel Krimskrams, wenig fokussiert und nicht auf das Wichtigste konzentriert. Das lenkt vom Ziel der Präsentation ab und erzeugt eine falsche Wirkung. Fragen werden nicht beantwortet, und es ist z. B. unklar, was der Zuschauer sich merken soll, was wichtig und was unwichtig ist.

Auf dieser Folie wird Ihr Blick unweigerlich auf die Aussage in der Folienmitte gelenkt.

Die Regel lautet also: Gestalten Sie Ihre Präsentationen mit entsprechend viel Weißraum. Die Größe des Weißraums hängt vom Inhalt ab. Sie können sich auch an bekannten Regeln wie dem Goldenen Schnitt oder der Dreier-Regel orientieren (siehe Kapitel 3, »Bilder pfiffig präsentieren«). Prinzipiell gilt: Je mehr Fläche eine Folie hat und je weniger Informationen dargestellt werden, desto fokussierter und klarer kommt die Botschaft der Folie an.

Um Weißraum zu schaffen, können Sie Inhalte auch über mehrere Folien verteilen. Im folgenden Beispiel wurde eine Folie in zwei Folien aufgeteilt, mit dem Ziel, mehr Klarheit und einen deutlichen Fokus zu gestalten.

Die Ausgangsfolie ist sehr reich an Informationen, insbesondere an Text.

In der Aufteilung wurde zunächst nur der erste Textteil übernommen. Die Masterfolie und die Flächenaufteilung wurden verändert, der Weißraum wurde vergrößert. Die Folie wirkt nun sehr viel aufgeräumter.

Teil 2 der Ausgangsfolie enthält nun nur noch die Aufzählung und wirkt dadurch sehr klar und sachlich.

Durchgängigkeit

Durchgängigkeit, also Einheitlichkeit, bedeutet, dass die Folien einen einheitlichen Stil haben. Sie schaffen damit einen hohen Wiedererkennungswert (aufgrund Wiederholung), und ein Zuschauer kann sehr schnell erkennen, dass die Präsentation aus Ihrer Hand stammt. In großen Unternehmen gibt es häufig detaillierte Vorgaben für das öffentliche Auftreten, die auch für Präsentationsgestaltungen gelten, doch wenn das nicht der Fall ist, liegt es in Ihrem Ermessen, wie Sie mit der Einheitlichkeit umgehen. Das *Corporate Design*, also die durchgängige Unternehmenserscheinung, schließt Farben, Schriften, Logos usw. mit ein und kann sich auch durch grafische Gestaltungselemente, Formen, Hintergründe oder Anordnungen herstellen lassen.

Vieles davon, also Farben, Schriften oder Hintergründe, wird in PowerPoint durch die Designs bzw. Varianten (**Entwurf ▶ Designs** oder **Entwurf ▶ Varianten**) abgedeckt. Durchgängigkeit geht aber noch einen Schritt weiter. Ab PowerPoint 2007 wird das sehr gut unterstützt, z. B. durch vordefinierte Effekte (**Entwurf ▶ Designs ▶ Effekte**).

Damit es Ihnen leichter fällt, in der Präsentation Durchgängigkeit zu gewährleisten, hilft eine Folienbibliothek. Eine Folienbibliothek ist letztlich eine Sammlung von vordefinierten Folienelementen, z. B. Grafikelementen. Sie können sie selbst anlegen oder in Teilen auch schon fertig kaufen.

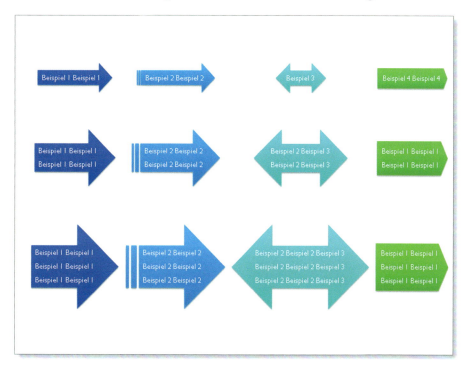

Die Abbildung zeigt eine Folie aus einer Folienbibliothek, aus der Sie Vorlagen für Blockpfeile herauskopieren können. Eine vollständige Folienbibliothek finden Sie auf der beiliegenden CD unter dem Namen »01_Folienbibliothek_Muster.pptx«.

Als Alternative zu Folienbibliotheken können Sie, um Durchgängigkeit zu erreichen, auch gleich Musterfolien anlegen. Im Folgenden sehen Sie drei Musterfolien aus einer ganzen Sammlung. Alle Folien haben einen einheitlichen Stil: Sie basieren auf den Farben Weiß, Blau und Rot, die Textrahmen sind abgerundet, transparent und mit dem Rand der Folie verbunden, und der Text ist sehr kurz und in Stichworten gehalten.

Eine Folienbibliothek anlegen

Bei der folgenden Übung legen wir eine Folienbibliothek mit Gestaltungselementen an, die in der gesamten Präsentation immer wieder verwendet werden sollen. Die Wiederverwendung von Elementen wirkt ebenfalls durchgängig. Die zu dieser Übung gehörende Präsentation finden Sie auf der CD unter *01_Formen.pptx*.

1. Zunächst müssen Sie ein Design festlegen. Legen Sie dazu eine neue Folie an. Wählen Sie für diese Übung über **Entwurf ▸ Designs** als Design **Netz** aus. Tippen Sie als Titelüberschrift auf der ersten Folie »Folienbibliothek« ein.

Eine Folienbibliothek anlegen

2. Über **Start ▸ Folien ▸ Neue Folie** legen Sie eine weitere Folie mit dem Layout **Nur Titel** an. Tippen Sie »Formen (1)« als Titel ein. In diesem Schritt legen wir die Formen fest, die später in unserer Folienbibliothek erscheinen und die für die Bearbeitung von Präsentationen verwendet werden können. Über **Start ▸ Zeichnung ▸ Formen** wählen Sie **Rechteck** aus. Zeichnen Sie ein Quadrat auf die Folie (indem Sie beim Aufziehen mit der linken Maustaste einfach die ⇧-Taste gedrückt lassen).

3. Klicken Sie das Rechteck an, und versehen Sie es über **Start ▸ Zeichnung ▸ Schnellformatvorlagen** mit dem Format **Intensiver Effekt – Gelbbraun, Akzent 3**. Merken Sie sich diesen Effekt. Letztlich wirken alle Elemente und Formen dann wie aus einem Guss, wenn Sie immer den gleichen intensiven Effekt wählen, unabhängig davon, welche Farbe Sie gerade verwenden.

4. Duplizieren Sie die Form zweimal (über Strg + D), und verschieben Sie die Rechtecke dann so, wie in der folgenden Abbildung zu sehen. Wählen Sie als Formatierung **Intensiver Effekt – Orange, Akzent 5** und **Intensiver Effekt – Orange, Akzent 6** aus. Damit haben Sie eine Basis erstellt, hier drei Quadrate, die für Ihre gesamte Präsentation verbindlich ist. Die Musterfolie könnte z. B. als Agendafolie eingesetzt werden, oder die Rechtecke werden als Grundlage für weitere Formen verwendet.

5. Definieren Sie auf weiteren Folien je nach Bedarf andere Objekte wie Pfeile, Kreise, Figuren usw., und ordnen Sie ihnen jeweils den intensiven Effekt zu. So können Sie eine Folienbibliothek mit Elementen aufbauen, auf die Sie immer schnell zurückgreifen können.

Anordnung und Nähe

Jedes Element auf einer Folie sollte bewusst angeordnet werden und über eine unsichtbare Linie verbunden sein. Das hilft Ihnen, die Folie harmonisch zu gestalten und sie für den Zuschauer strukturiert und logisch aussehen zu lassen.

Nähe bedeutet, dass Folienelemente, die thematisch zusammengehören, auch auf der Folie nah beieinanderstehen. Dem Zuschauer fällt es so leichter, die Logik im Aufbau der Folie zu erkennen und Zusammenhänge zu verstehen.

Die folgenden beiden Folien demonstrieren dies: Im ersten Beispiel stehen die inhaltlich zusammengehörenden Texte nah beieinander. Oben der Titel mit Untertitel – eher emotional gehalten – und im unteren Bereich ein wenig abgesetzt die sachlichen Angaben.

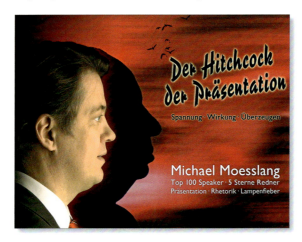

Im nächsten Beispiel ist der Claim, der zum Logo gehört, nah am Logo angeordnet. Titel, Untertitel und Datum sind auf der Folie gruppiert und nicht darüber verteilt.

Durch den Einsatz von Weißraum wirkt diese Folie aufgeräumt und klar.

Gegensätze

Das Prinzip des Gegensatzes bedeutet die Verdeutlichung von Unterschieden zwischen einzelnen Folienelementen. Dadurch machen Sie die Folie interessanter, lenken die Aufmerksamkeit Ihres Publikums und strukturieren die Folie, wodurch es dem Zuschauer leichter gemacht wird, die Zusammenhänge zu erkennen. Außerdem können Sie auf diese Weise wichtige Punkte besser herausstellen. Gegensätze können auf verschiedene Arten erreicht werden, wie die folgende Abbildung veranschaulicht.

Meistens wird bereits intuitiv mit dem Gegensatzprinzip gearbeitet. Zum Beispiel gestaltet man Spaltenüberschriften einer Tabelle anders als den Rest der Tabelle, oder man hebt ein Wort hervor, weil es besonders wichtig ist.

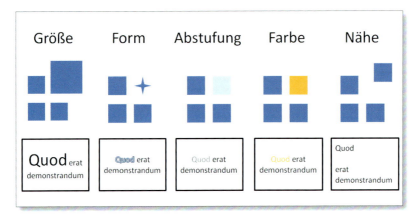

Durch die bildhafte Gestaltung werden die Unterschiede deutlich.

Farbauswahl und -gestaltung

Über Farbauswahl und -gestaltung gibt es einen riesigen Fundus an Literatur, angefangen bei Leonardo da Vinci über Goethe und Küppers bis hin zu neueren Werken wie der Farbpsychologie, z. B. *Das große Buch der Farben* von Klausbernd Vollmar (Königsfurt Urania 2009).

Farben unterliegen Trends! Das heißt, es gibt nicht »die Farbe« oder »die Farbregel«. Dennoch gibt es einige Hinweise für die tägliche Praxis.

> **TIPP**
>
> **Farbechtheit prüfen**
>
> Schauen Sie sich Ihre Präsentation bereits vorab mit dem Projektor an, um die Farbechtheit zu prüfen.

Die Farben, die Sie am Monitor Ihres Rechners sehen, wirken anders als die in der Beamerprojektion. So kann es vorkommen, dass ein Gelb auf einmal orangefarben ist oder ein Rot zu einem Braun wird. Gleichen Sie daher die Farbe direkt in der Projektion an. Wenn Sie nicht wissen, welchen Projektor Sie für die Präsentation nutzen werden, orientieren Sie sich bei den Farbwerten an den reinen Grundtönen wie Rot, Blau oder Grün.

Farbauswahl und -gestaltung

> **TIPP**
>
> **Kontraste schaffen und Abstufungen einbauen**
>
> Gestalten Sie Texte kontrastreich (im Zusammenspiel von Text und Hintergrund), damit sie gut gelesen werden können. Nutzen Sie Farbabstufungen für einen professionellen Look.

Die meisten PC-Monitore haben einen wesentlich größeren Kontrastumfang als die Projektoren. Das bedeutet, dass ein Projektor nur einen Teil der Farben richtig darstellen kann; den Rest ordnet er anderen Farbwerten zu. Im ungünstigsten Fall kann dies dazu führen, dass der Text nicht lesbar ist, selbst wenn er auf Ihrem Bildschirm perfekt ausgesehen hat.

PowerPoint bietet seit der Version 2007 einige Möglichkeiten der Farbabstufung und macht es Ihnen damit sehr leicht, die richtige Auswahl zu treffen. Wenn Sie mehrere Elemente auf einer Folie haben, nutzen Sie die Abstufungen (verschiedene Helligkeitsstufen) einer Grundfarbe. Damit liegen Sie fast immer richtig.

Im folgenden Beispiel sind die einzelnen Phasen des Phasendiagramms farblich hervorgehoben und können flexibel angepasst werden, je nachdem, welche Phase Sie gerade besprechen. Die entsprechende PowerPoint-Datei *01_Farbgestaltung.pptx* finden Sie auf der beiliegenden CD.

Seit der Version 2007 enthält PowerPoint zusammen mit dem Masterlayout verschiedene Grundfarbenreihen, die sogenannten *Designfarben*. Sie finden sie unter **Entwurf ▶ Varianten ▶ Farben**. Die Grundfarben, die Sie sehen, sind von Microsoft definiert und stehen allen Mastervorlagen bzw. Designs zur Verfügung. Wenn Sie ein Design wechseln, werden demnach automatisch auch die Grundfarben gewechselt. Sie können aber dennoch die Grundfarben anpassen, indem Sie eine andere Zusammenstellung wählen.

Wenn Ihnen keine der Farbzusammenstellungen gefällt, können Sie über **Entwurf ▸ Varianten ▸ Farben ▸ Farben anpassen** auch eigene Designfarben kreieren. Die Farbwerte können Sie dann z. B. an Ihr Corporate Design anpassen.

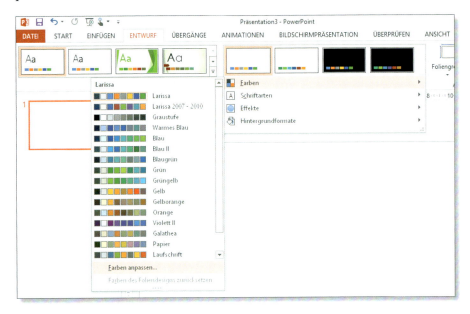

Geeignete Farbabstufungen finden

In dieser Übung geht es darum, zu erkennen, welche Farben im Allgemeinen für Ihre Präsentation geeignet sind.

1. Nachdem Sie eine neue Folie angelegt haben (Layout **Leer**), fügen Sie auf einer leeren Folie ein Rechteck ein (**Start ▸ Zeichnung ▸ Formen**).

2. Klicken Sie in der gleichen Befehlsgruppe (**Zeichnung**) die Schaltfläche **Fülleffekt** an (sie zeigt einen Farbtopf). Hier finden Sie eine Reihe von Abstufungen für die Grundfarben. Die Farben, die zueinander gehören, sind immer senkrecht untereinander angeordnet. Probieren Sie einfach verschiedene Farbabstufungen aus.

Ein Inhaltsverzeichnis mit Farbabstufungen anlegen

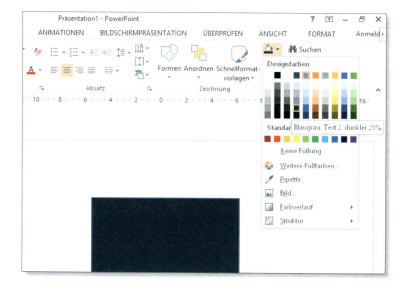

Im folgenden Abschnitt stelle ich Ihnen eine weitere Möglichkeit vor, Farbabstufungen auf Ihren Folien gewinnbringend einzusetzen.

Ein Inhaltsverzeichnis mit Farbabstufungen anlegen

In dieser Übung legen wir ein Inhaltsverzeichnis zu vier Themen an. Die dazugehörige Präsentation finden Sie auf der CD unter *01_Inhaltsverzeichnis-bunt.pptx*. Das aktuell behandelte Thema soll dabei jeweils hervorgehoben werden. Alle Farben sind aufeinander abgestimmt: Es gibt zwei Farbabstufungen bzw. -akzente auf Basis eines Orangetons (siehe Abbildung).

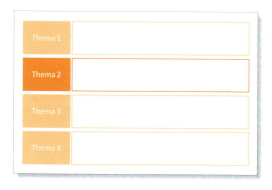

1. Legen Sie zunächst eine neue Folie mit dem Layout **Leer** an. Oben links zeichnen Sie ein Rechteck (**Start ▸ Zeichnung ▸ Formen**) und tippen »Thema 1« in dessen Textfeld ein (dazu klicken Sie einfach das Rechteck an und legen direkt mit dem Schreiben los).

2. Zum Formatieren klicken Sie das Rechteck mit der rechten Maustaste an, dann erscheint ein Kontextmenü. Füllen Sie das Rechteck über **Füllung** (bis PowerPoint 2010 **Fülleffekt** – die Schaltfläche mit dem Farbtopf) mit einem Grundton – in unserem Fall **Orange, Akzent 6, dunkler 25 %**.

> **TIPP**
>
> **Schriftfarbe passend zum Hintergrund wählen**
>
> Bei einem dunklen Hintergrund (z. B. **dunkler 20 %** oder **dunkler 40 %**) sollten Sie eine helle Schriftfarbe (**heller 60 %** oder **heller 80 %**) wählen und umgekehrt, um die Lesbarkeit zu gewährleisten.

3. Wählen Sie bei **Rahmen** (bis PowerPoint 2010 **Formkontur** – das ist die Schaltfläche direkt neben dem Farbtopf im Kontextmenü) die gleiche Farbe wie bei **Füllung** (siehe vorherige Abbildung). Passen Sie gegebenenfalls die Schriftfarbe an (**Start ▸ Schriftart ▸ Schriftfarbe** oder auch direkt im Kontextmenü).

4. Duplizieren Sie nun das erste Rechteck, und platzieren Sie es neben diesem. Ziehen Sie es in die Breite, wie in der Abbildung zu sehen. Setzen Sie **Füllung** (**Fülleffekt**) auf **Keine Füllung** und **Rahmen** (**Formkontur**) auf die gleiche Farbe wie beim ersten Rechteck.

Ein Inhaltsverzeichnis mit Farbabstufungen anlegen

5. Markieren Sie dann beide Rechtecke, und drücken Sie [Strg]+[D], um sie zu duplizieren. Platzieren Sie die neuen Rechtecke unterhalb der beiden anderen. Ändern Sie den Text in »Thema 2« und die Farbe der Formkontur auf einen anderen Helligkeitswert, der sich einerseits von der Schriftfarbe und andererseits von der Füllfarbe unterscheidet – in unserem Beispiel **Orange, Akzent 6, heller 40 %**. Ändern Sie den Fülleffekt für das Rechteck mit »Thema 2« ebenfalls auf den neuen Farbwert.

6. Um die restlichen Felder des Inhaltsverzeichnisses zu erstellen, markieren Sie die untersten Rechtecke, duplizieren sie mit [Strg]+[D] und platzieren sie an dritter Stelle. Ändern Sie den Textinhalt entsprechend, z. B. in »Thema 3«, »Thema 4« usw.

7. Hin und wieder kann es sein, dass der Abstand der Rechtecke zueinander schwankt, also einmal ein bisschen größer, einmal ein bisschen kleiner ist. Um das zu beheben, gibt es eine einfache Möglichkeit: Markieren Sie die (vier) Rechtecke, die untereinanderstehen, und wählen Sie **Start ▶ Zeichnung ▶ Anordnen ▶ Ausrichten ▶ Vertikal verteilen**. Markieren Sie immer nur eine Spalte mit Rechtecken, andernfalls versucht das Programm, den Abstand aller Rechtecke auszugleichen. Das Gleiche machen Sie noch einmal mit den anderen (vier) Rechtecken.

37

Kapitel 1 – Professionelles Präsentationsdesign

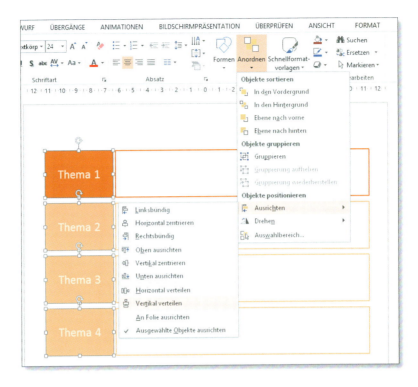

8. Um nun die Folie für das nächste Thema zu erstellen, klicken Sie links in die Folienübersicht und drücken [Strg]+[D]. Die Folie wird dupliziert.

9. Klicken Sie daraufhin das Rechteck mit »Thema 1« an ❶, und wählen Sie **Start ▶ Zwischenablage ▶ Format übertragen** ❷. Wenn Sie den Mauscursor auf die Folie ziehen, sehen Sie, dass sich der Cursor zu einem »Pinsel« verändert hat.

10. Klicken Sie dann das Rechteck mit »Thema 2« an. Fülleffekt, Formatkontur, Schriftfarbe – alles wird auf das neue Rechteck übertragen. Dann müssen Sie umgekehrt ein helles Format auf das erste Rechteck übertragen, weil Sie auf dieser Folie ja nur das Thema 2 hervorheben wollen.

11. Um auch die Rechtecke für Thema 3 und Thema 4 passend einzufärben, gehen Sie genauso weiter vor.

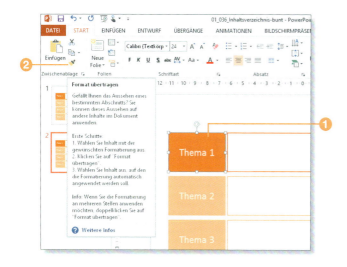

Designeffekte

Um Ihre Präsentation in einem speziellen Stil zu erstellen, können Sie neben der Farbauswahl auch noch Designeffekte verwenden.

> **TIPP**
>
> **Entscheiden Sie sich für einen Stil**
>
> Um ein möglichst einheitliches Erscheinungsbild zu erreichen, sollten Sie bei den Schnellformatvorlagen in einem Stil bleiben und nicht verschiedene Stile mischen.

Legen Sie eine neue Präsentation an, und zeichnen Sie beispielsweise ein beliebiges Rechteck (**Start** ▸ **Zeichnung** ▸ **Formen**). Tippen Sie einen Text in das Rechteck, und öffnen Sie dann die Auswahl der Schnellformatvorlagen (**Start** ▸ **Zeichnung** ▸ **Schnellformatvorlagen**). Sie sehen jetzt pro Farbe (**Akzent**) sechs Stilmöglichkeiten: farbige Konturen, farbige Füllungen, farbige Konturen mit farbigen Füllungen, subtile, moderate sowie intensive Effekte. Treffen Sie Ihre Auswahl jedoch nur innerhalb einer Reihe; springen Sie also nicht von subtil zu intensiv oder Ähnliches. Entscheiden Sie sich bei Ihrer gesamten Präsentation für einen einheitlichen Stil.

Kapitel 1 – Professionelles Präsentationsdesign

Die Grundlage für die Schnellformatvorlagen sind die Designeffekte. Über **Entwurf ▶ Varianten ▶ Effekte** (bis PowerPoint 2010 noch **Entwurf ▶ Designs ▶ Effekte**) können Sie sich die verschiedenen Möglichkeiten ansehen. Ändern Sie hier einfach einmal den Designeffekt, und schauen Sie sich danach die Schnellformatvorlagen an.

Bilder als Stärken einer Präsentation

Lassen Sie mich an dieser Stelle ein wenig weiter zum Thema Bilder ausholen, denn Bilder haben eine Reihe von Vorteilen für die Wirkung einer Präsentation. Der Profi konzentriert sich daher darauf, sinnvolle und erinnerbare Bilder in seine Präsentationen einzubauen. Hier die wichtigsten Gründe, die für die Verwendung von Bildern sprechen:

- **Aufmerksamkeit:** Bilder stellen sehr schnell Kontakt zum Zuschauer her. Plakate mit einem markanten Bild, z. B. von einer Person, ziehen die größte Aufmerksamkeit auf sich. Hingegen werden Plakate, auf denen nur Text steht, als langweilig und wenig interessant empfunden.

- **Schnelle Informationsaufnahme:** Überlegen Sie einmal, wie lange Sie brauchen, um einen Satz zu lesen oder einen ganzen Text zu erfassen. Bilder dagegen werden in einem Bruchteil von Sekunden vom Gehirn aufgenommen und verarbeitet.

- **Gespeicherte Gefühle:** Bilder haben eine emotionale Wirkung und beeinflussen unsere Gefühle. Sie stimulieren Menschen, bringen sie zum Lachen, motivieren, machen traurig, geben Kraft und vieles mehr. Denken Sie z. B. an Ihre letzte private Feier, bei der Sie viel gelacht haben. Wenn Sie sich die Bilder von der Feier nachher anschauen, werden sie Sie vermutlich wieder in gute Stimmung versetzen und damit ein positives Gefühl in Ihnen hervorrufen.

- **Steuern und Lenken:** Bilder haben Steuerungs- und Lenkungscharakter. Denken Sie an Logos von Unternehmen oder an Verkehrsschilder. Letztere steuern z. B. Ihr Verhalten. Diesen Effekt können Sie sich auch in Präsentationen zunutze machen.

- **Nachhaltigkeit:** Bilder und Bewegtbilder prägen sich besser ein als Texte. Dies haben jedoch auch viele Menschen in der Werbebranche verstanden, und die Bilderflut hat dazu geführt, dass wir Bilder, die wir schon einmal gesehen haben, nicht mehr speichern. Die Herausforderung besteht also darin, Bilder zu verwenden, die bislang wenig verbreitet sind, oder gar neue Bilder zu gestalten, die es in dieser Form noch nicht gab.

Sehen Sie sich beispielsweise das nächste Bild an. Es wird sehr häufig für das Thema Partnerschaft verwendet. Leider hat der Zuschauer dieses Bild in verschiedenen Varianten schon in Broschüren, im Internet, in Präsentationen oder in Filmen gesehen. Es wird nicht speziell mit Ihrer Präsentation verknüpft, und die Wahrscheinlichkeit, dass dieses Bild im Gedächtnis bleibt, ist sehr gering.

Um es noch deutlicher zu machen, zeige ich Ihnen im Folgenden zwei Folien, die ich für einen Kunden erstellt habe. Ausgangspunkt war eine klassische Tabelle, wie sie sehr häufig in Präsentationen vorkommt.

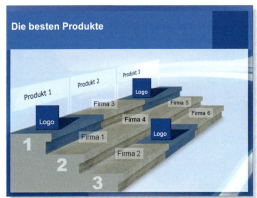

Welche Folie können Sie leichter und damit länger im Gedächtnis behalten? Ich tippe einmal, dass Ihre Antwort darauf lautet: »Die zweite Folie!«. Der Grund dafür ist das anschauliche Bild, das wir in Verbindung mit den Informationen besser behalten können. Diese Folie konnte, im Gegensatz zur ersten, von den meisten Zuschauern auch noch nach einer Woche beschrieben werden.

Sie haben nun die Vorteile der Verwendung von Bildern kennengelernt. In den folgenden Kapiteln wird es noch häufiger um die Arbeit mit Bildern gehen. In Kapitel 2, »Texte spannender gestalten«, lernen Sie z. B., wie Sie den Übergang von einer Textfolie zu einer Bildfolie schaffen. Das Kapitel 3, »Bilder pfiffig präsentieren«, hilft Ihnen, passende Bilder zu finden und sie originell aufzubereiten.

Spielräume des Corporate Designs

»Das Corporate Design (CD) muss aber eingehalten werden« oder »Das CD schränkt uns zu sehr ein!« – das gehört zu den häufigsten Aussagen, die ich im Rahmen von Beratungen und der Erstellung von Präsentationen regelmäßig zu hören bekomme. Dabei lassen sich auch unter CD-Maßgaben interessante Präsentationen gestalten. Ich stelle mir das immer vor wie bei einem Künstler. Der Pinsel, die Farben, die Leinwandgröße – all das ist vorgegeben, dennoch ist der Inhalt jedes Mal ein anderer. Denken Sie an Künstler wie Miró oder van Gogh, die zahlreiche Werke mit einem unverkennbaren Stil erstellten.

Der größte Spielraum eröffnet sich Ihnen, wenn Sie abwechslungsreiche Varianten und Anordnungen von folgenden Elementen verwenden:

- Bilder
- Bildausschnitte
- Formen
- Texte
- Aufzählungen
- Hervorhebungen
- Animationen

Kapitel 1 – Professionelles Präsentationsdesign

Die Ausgangsfolie im Corporate Design

Variante 1 – Aufzählungsvariante mit SmartArts

Variante 2 – vier Blöcke

Spielräume des Corporate Designs

Variante 3 – Ellipse mit vier Bereichen

Variante 4 – Ellipse an das Logo angepasst

Es gibt noch eine weitere Variante, nämlich eine animierte Version (siehe beiliegende CD: *01_Spielräume_smavicon.pptx*). Wie Sie sehen, wurden alle Varianten an das Corporate Design angepasst und sind dennoch völlig unterschiedlich aufgebaut. Lösen Sie sich von der Standardaufzählung, und schaffen Sie Abwechslung.

Die Folien des nächsten Beispiels zu »Mobile Computing« stammen ursprünglich von einem Unternehmen mit sehr strengen Corporate-Design-Richtlinien. In ihnen ist genau festgehalten, was bezüglich des Logos, der Schriften, des Rasters und der Farben eingehalten werden muss. Freiräume ergeben sich in der Aufbereitung des Textes, in seiner Anordnung innerhalb des Rasters, der Bildgestaltung, der Umsetzung mit Formen und Symbolen, der animativen Ausgestaltung und in spielerischen Elementen. Die Richtlinien, z. B. bezüglich der Kopf- und Fußzeilengestaltung, des Logos, der Schriftarten und der Farben, wurden zur Zufriedenheit der Corporate-Communications-Abteilung umgesetzt, doch der Freiraum wurde kreativ genutzt.

> **INFO**
>
> **Corporate Design**
>
> Das *Corporate Design* (CD) eines Unternehmens ist die Festlegung eines einheitlichen Erscheinungsbildes vor allem für seine Produkte und Kommunikationsmittel (wie Plakate oder die Internetseite). Es ist ein Teilbereich der *Corporate Identity* (CI), also wörtlich der »Unternehmenspersönlichkeit«.

Kapitel 1 – Professionelles Präsentationsdesign

Das Thema der Präsentation sind mobile Internetgeräte.

Das Bild füllt den gesamten Inhaltsbereich. Der Text »Überall online ...« vor dem Bild wird mit einem halbtransparenten, dunkleren Rechteck unterlegt.

Spielräume des Corporate Designs

Anstelle von Text werden Symbole verwendet.

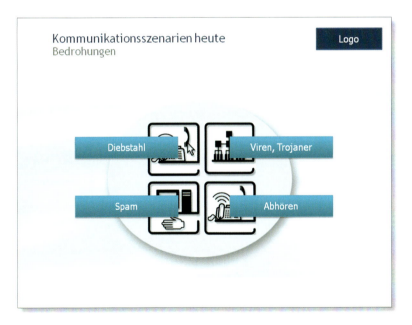

Die Textboxen symbolisieren die »Bedrohungen«. Der Text überlagert die Grafiken, um damit eine zusätzliche Symbolik zu schaffen.

Ein Oval wird eingeblendet, das die Sicherheitszone verdeutlichen soll.

Anstelle von reinem Text wurden zwei Bilder eingefügt, die die Textaussagen unterstützen. Die Darstellung unterscheidet sich von der Standardaufzählung und schafft dadurch eine neue Sichtweise.

Auch an diesem Beispiel können Sie sehen, welche kleinen und größeren Spielräume genutzt werden können. Eine Idee ist, mit unterschiedlichen Bildern, Bildgrößen und -ausschnitten zu arbeiten. Setzen Sie in Ihren Präsentationen mehr Symbolik und aussagekräftige Grafiken ein, um Abwechslung zu schaffen.

Emotionalität und Sachlichkeit

Das Thema der Betonung von Gefühl (Emotion) oder Verstand (Ratio) hat sicher schon Heerscharen von Präsentationserstellern und Referenten beschäftigt. Wie emotional darf eine Präsentation sein? Sollte man sie doch lieber sachlich halten? Eine pauschale Antwort darauf gibt es nicht. Meine lautet: Es ist immer abhängig vom Kontext, also im Zusammenhang mit dem Thema, dem Inhalt, den Zuschauern, dem Raum und dem Zeitpunkt zu sehen. Dazu verschiedene Beispiele:

- Ein Hochschullehrer erläutert seinen Studenten die mathematische Herleitung einer Formel.
- Ein Ingenieur präsentiert vor einem Fachpublikum die Konstruktion einer neuen Tragfläche.
- Ein Finanzvorstand präsentiert die neue Bilanz.
- Eine Marktforscherin zeigt den Marketingverantwortlichen einer Shampoomarke das Ergebnis einer Wettbewerberanalyse.
- Ein Vertriebsmitarbeiter stellt seinen Kunden die neue Altersvorsorge vor.
- Eine Marketingleiterin präsentiert Vertriebsleuten die Produktneuheit, mit der Endverbraucher mehr Strom sparen.
- Ein Trainer motiviert Mitarbeiter zu positivem Denken und Handeln.

Diese Beispiele reichen von der Vermittlung von faktenorientiertem Wissen (reiner Information) bis hin zu handlungsorientierter Überzeugungsarbeit. In dem Maße, in dem Menschen zu Verhaltensänderungen gebracht werden sollen, z. B. in Bezug auf Motivation, Verkauf und Begeisterung, muss die Emotionalität der Präsentation zunehmen.

Sachlichkeit in der Gestaltung erreichen Sie durch folgende Folienelemente, die gut aufeinander abgestimmt sein sollten:

- klare, eckige Formen (z. B. Quadrat, Dreieck, Raute)
- kühle Farben (z. B. Blautöne, Grautöne, Schwarz)
- gerade Linien
- technische Zeichnungen und Konstruktionen

Emotionalität hingegen erzielen Sie durch folgende Präsentationsbestandteile:

- weiche, runde Formen (z. B. Kreis, Oval)
- warme Farben (z. B. Orange, Gelb, Rot)
- Kurven, Bewegungen
- Fotos (z. B. Menschen, Landschaften)

Weiterführende Informationen zu Emotion und Ratio erhalten Sie beispielsweise unter *www.presentation-booster.de*.

Die Top 11 des Präsentationsdesigns

Dieser Abschnitt ist praktisch die Zusammenfassung der vorangegangenen Abschnitte mit den elf wichtigsten Inhalten für eine professionelle Präsentationsgestaltung:

1. **Gestaltungsraster:** Arbeiten Sie mit den Standardlayouts (**Start ▶ Folien ▶ Layout**), oder nutzen Sie ein eigenes Raster, um Professionalität zu zeigen. Bauen Sie mithilfe von Führungslinien und Tabellen ein eigenes Gestaltungsraster.

2. **Informationsrelevanz:** Welche Informationen lassen sich auf der Folie entfernen, ohne dass dadurch der Inhalt verändert wird (doppelte Informationen, Beschriftungen, Striche usw.)?

3. **Weißraum:** Nutzen Sie den Weißraum (Leerraum) auf der Folie, um klarer zu kommunizieren.

4. **Durchgängigkeit:** Arbeiten Sie mit einem einheitlichen Aussehen (»Look«). Nutzen Sie dazu die Möglichkeiten, die PowerPoint Ihnen ab der Version 2007 bietet, z. B. Designs und Schnellformatvorlagen. Erstellen Sie eine Folienbibliothek, d. h. eine Sammlung von Standardfolien und -elementen für Ihre Präsentationen. Das hilft Ihnen dabei, schnell ein einheitliches Aussehen zu erreichen.

5. **Anordnung und Nähe:** Überlegen Sie sich, welche Elemente (Text, Bild usw.) zusammengehören, und platzieren Sie diese nah beieinander.

6. **Gegensätze:** Mithilfe des Prinzips der Gegensätze können Sie wichtige Informationen herausstellen und die Folien spannender gestalten. Verändern Sie einen oder mehrere der folgenden Parameter: Größe, Form, Abstufung, Farbe und Nähe.

7. **Sinnvolle Farbauswahl und -gestaltung:** Es gibt hierbei drei wichtige Aspekte:

    - Schauen Sie sich die Farben am Projektor an.
    - Gestalten Sie kontrastreich.
    - Nutzen Sie Farbabstufungen.

8. **Designeffekte:** Setzen Sie gezielt Designeffekte ein, um einen individuellen Look zu erzielen, z. B. über die Schnellformatvorlagen.

9. **Bilder:** Nutzen Sie viele Bilder in Ihren Präsentationen, denn diese bleiben besser in Erinnerung (Nachhaltigkeit), erzeugen Kontakt (Aufmerksamkeit), werden schneller verarbeitet (schnelle Informationsaufnahme), erzeugen Gefühle (Erinnerungen) und haben Steuerungscharakter (Steuern und Lenken).

10. **Spielräume des Corporate Designs:** Nutzen Sie die Spielräume, indem Sie alternative Aufzählungsmöglichkeiten, andere Hervorhebungen, andere und neue Formen oder sinnvolle Animationen einsetzen.

11. **Emotionalität und Sachlichkeit:** Fragen Sie sich, welchen Zweck Sie mit Ihrer Präsentation verfolgen. Wollen Sie gezielt Gefühle ansprechen, oder sollen schlicht Informationen übermittelt werden? Emotionalität schaffen Sie z. B. mit warmen Farben und weichen Formen; Sachlichkeit erzeugen u. a. kalte Farben und gerade, klare Formen.

Kapitel 2
Texte spannender gestalten

Bei Präsentationen geht es naturgemäß darum, Informationen zu vermitteln. Üblicherweise wird dafür in erster Linie Text eingesetzt. So banal das klingen mag – schon die Gestaltung einer simplen Aufzählung kann darüber entscheiden, ob der Zuschauer Ihnen folgen kann oder nicht. In diesem Kapitel wird es also darum gehen, Ihnen zu zeigen, wie Sie Wort und Schrift sinnvoll einsetzen und welche Fehler Sie vermeiden sollten.

Kapitel 2 – Texte spannender gestalten

Sie werden lernen, welche Funktionen Sie für die professionelle Textgestaltung brauchen und wie Sie damit Text und Schrift sinnvoll gestalten. Text lässt sich spannend aufbereiten, u.a. durch die Verwendung von Bildern. Im Zuge dessen zeige ich Ihnen auch, wie Sie gelungene Übergänge zwischen Text und Bild schaffen. Zum Thema Spannung und Abwechslung gehört darüber hinaus, welche interessanten Alternativen PowerPoint Ihnen anstelle von Standardaufzählungen bietet. Da man bei Präsentationen häufig nicht umhinkommt, Zitate zu verwenden, erfahren Sie zu guter Letzt auch noch, wie Sie sie professionell gestalten, sodass sie ihre Wirkung voll entfalten.

Wichtige Funktionen für Texte

Vermutlich werden Sie die meisten Basisfunktionen zur Textformatierung bereits kennen. Dazu zählen für mich Schriftgröße, -farbe und -schnitt (kursiv, fett usw.) oder auch Absatzformatierungen wie linksbündig, rechtsbündig oder zentriert. Im Folgenden wird daher nur ein sehr grober Überblick über die Textfunktionen gegeben. Lediglich einzelne Aspekte und Ideen, die Texte auf Ihren Folien besser aussehen lassen, werden näher betrachtet.

Die Standardformatierungen für die Schriftart finden Sie in der Befehlsgruppe **Start ▶ Schriftart**. In diesem Abschnitt werde ich Ihnen weitere Möglichkeiten aufzeigen, die die Textgestaltung interessanter machen.

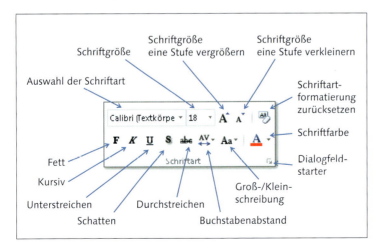

Wichtige Funktionen für Texte

Prinzipiell erhalten Sie mehr Details oder weitere Funktionen und Feinheiten zu der Schriftformatierung, wenn Sie in der Befehlsgruppe **Schriftart** den Dialogfeldstarter (den kleinen Pfeil unten rechts in der Gruppe) anklicken. Der Dialog erscheint nur, wenn Text auf Ihrer Folie steht. Tippen Sie am besten ein paar Wörter in einen Platzhalter oder in einen Freitext (**Start ▸ Zeichnung ▸ Formen ▸ Textfeld**), und klicken Sie anschließend auf den Dialogfeldstarter.

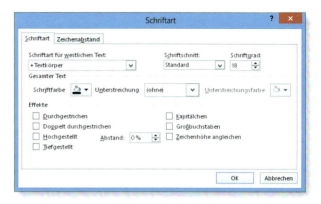

Besonders interessant ist die *Unterstreichung*. Gerade wenn Sie wichtige Wörter hervorheben wollen, bietet diese Funktion viele Varianten, die Ihre Folien von anderen abheben. Probieren Sie verschiedene Möglichkeiten aus. Prüfen Sie jedoch in jedem Fall auch die Darstellung auf der Leinwand mit einem Beamer, denn je nach Modell kann es zum Flimmern der Unterstreichung kommen.

Spationierung ist ein Begriff aus der Typografie und bezeichnet den Abstand von Buchstaben und Wörtern (*Laufweite*). Beispiele für verschiedene Laufweiten finden Sie auf der beiliegenden CD unter *02_Laufweite.pptx*. Um eine Schrift gut lesen zu können, muss der Abstand der Buchstaben zueinander unterschiedlich groß sein. Vergleichen Sie z. B. die Kombinationen »ll« und »ww«. Bei »ll« muss für eine bessere Lesbarkeit der Abstand der Buchstaben weiter sein als bei »ww«. PowerPoint bietet die Möglichkeit, die Spationierung in kleinen Schritten einzustellen. Klicken Sie dazu im Dialog **Schriftart** auf den Reiter **Zeichenabstand**.

Markieren Sie eine Zeile Text, und wählen Sie im Feld **Abstand Gesperrt** (für eine Verbreiterung des Abstands) und bei **Innerhalb von** dann beispielsweise »1,2 pt« aus. Nachdem Sie den Dialog mit **OK** geschlossen haben, sehen Sie den Text mit einem größeren Abstand zwischen den Buchstaben.

> **TIPP**
>
> **Einen moderaten Abstand wählen**
>
> Der Leser soll es möglichst einfach haben, die Texte zu lesen. Extrem gesperrte oder extrem schmale Abstände erschweren das Lesen, deshalb sollten Sie hier nur moderate Änderungen vornehmen. Überhaupt sollten Sie darauf achten, diese Anpassung nur selten und nur für einzelne Wörter vorzunehmen. Und denken Sie auch daran, dass der Abstand vor und hinter einem gesperrten Wort ebenfalls vergrößert werden muss.

Eine Veränderung der Abstände hilft Ihnen u. a. in folgenden Fällen:

1. Sie haben eine Zeile geschrieben, und wegen genau eines Wortes wird die Zeile umbrochen. Hier hätten Sie die Möglichkeit, den Zeichenabstand zu verkleinern (eng), um das Wort noch mit in die erste Zeile zu setzen.

2. Sie stellen fest, dass zwei aufeinanderfolgende Buchstaben ein Wort optisch in zwei Teile trennen, weil der Abstand zwischen den Zeichen zu groß ist. Das passiert z. B. bei »älteren« Schriftarten wie Arial oder Times New Roman. Verkleinern Sie den Zeichenabstand zwischen den zwei Buchstaben.

3. Sie benutzen eine Schriftart mit dem Zusatz *condensed*, in der die Buchstaben eng beieinanderstehen (enge Laufweite). Sperren Sie in diesem Fall die Texte (vergrößern Sie den Zeichenabstand), um sie leicht lesbar zu machen.

Wie bei der Befehlsgruppe **Schriftart** finden Sie in der Gruppe **Absatz** (über **Start**) eine Reihe von Standardbefehlen, die Sie sicherlich bereits kennen, z. B. die Ausrichtung des Absatzes am linken oder rechten Rand.

Wichtige Funktionen für Texte

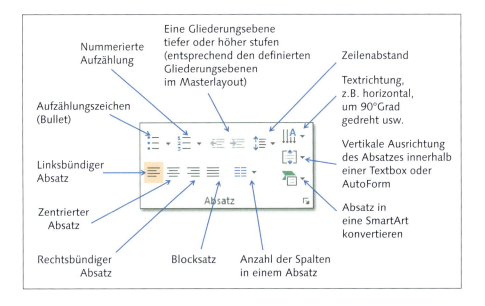

Weitere Details eröffnen sich Ihnen wieder über den Dialogfeldstarter. Hier können Sie Zeilenabstände, Einzüge usw. einstellen.

Besonders interessant in der Befehlsgruppe **Absatz** ist die Funktion **In eine SmartArt-Grafik konvertieren** ❶. Mit ihrer Hilfe können Sie Text schnell in eine ansprechende Form bringen (siehe dazu auch den Abschnitt »SmartArts statt Aufzählungszeichen« ab Seite 95).

Markieren Sie ein paar Zeilen Text, und klicken Sie auf die Schaltfläche In SmartArt-Grafik konvertieren. Wählen Sie aus den Möglichkeiten eine aus, und sehen Sie sich das Ergebnis auf der Folie an. (Mehr zum Thema SmartArt-Grafiken erfahren Sie im Abschnitt »SmartArts statt Aufzählungszeichen« ab Seite 95).

Im Zusammenhang mit der Absatzformatierung gibt es eine wichtige Tastenkombination, auf die ich hier noch einmal gesondert eingehen möchte, weil sie in jeder Präsentation gebraucht wird. Es geht um zwei verschiedene Arten des Zeilenumbruchs, nämlich *harte* und *weiche Umbrüche*. Um Ihnen die Unterschiede deutlich zu machen, legen wir eine neue Folie mit dem Folienlayout Titel und Inhalt an. In das Inhaltsfeld geben Sie den Text »Das ist eine sehr lange Zeile, die einmal absichtlich umbrochen werden soll.« ein.

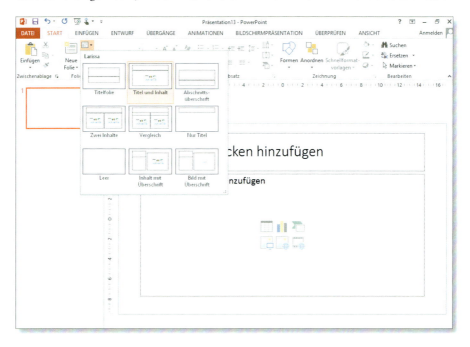

Der Standardweg dürfte Ihnen bekannt sein, es ist die Taste ⏎ . Brechen Sie die Zeile nach dem Komma auf diese Weise »hart« um. Sie sollten jetzt die zweite Zeile ebenfalls mit einem Aufzählungszeichen (*Bullet*) sehen. Machen Sie den Umbruch wieder rückgängig (Strg + Z).

Probieren Sie nun einen weichen Umbruch mit der Tastenkombination ⇧ + ↵ aus. Wie Sie sehen, erscheint kein Aufzählungszeichen, und Sie vermeiden damit Fehler auf Ihrer Folie.

Ausgangslage
- Das ist eine sehr lange Zeile, die einmal absichtlich umbrochen werden soll.

Harter Umbruch (Enter-Taste)
- Das ist eine sehr lange Zeile,
- die einmal absichtlich umbrochen werden soll.

Weicher Umbruch (Umschalt-Taste + Enter-Taste)
- Das ist eine sehr lange Zeile,
  die einmal absichtlich umbrochen werden soll.

Entscheiden Sie sich normalerweise bewusst, in welchem Fall Sie Text in die Platzhalter des Folienlayouts schreiben und wann eher die Freitext-Funktion (**Start ▸ Zeichnung ▸ Formen ▸ Textfeld**) sinnvoll ist? Generell hat es nämlich viele Vorteile, die Standardplatzhalter der Layouts für Titeltext, Inhaltstext usw. zu nutzen:

1. Ihre Texte sind immer im Gestaltungsraster positioniert.
2. Ihre Folien haben ein einheitliches Schriftbild, d. h., Größe, Farbe oder Schnitt bleiben identisch.
3. Änderungen am Design werden automatisch in allen Folien übernommen.
4. Die Texte werden in der Gliederung angezeigt.

Aufgrund dieser und weiterer Vorteile sollten Sie so lange wie möglich mit Platzhaltern arbeiten. Stellen Sie sich nur einmal vor, die Corporate-Design-Vorgaben würden geändert, dann wäre es für Sie ein Leichtes, die Folien entsprechend zu ändern. Denn Sie ändern nur die Mastervorlagen (Masterlayout), und schon sind alle Folien entsprechend angepasst. Eine Präsentation mit vielen verschiedenen Platzhalter-Folien finden Sie auf der beiliegenden CD unter *02_Platzhalter.pptx*.

- **Regel 1:** Benutzen Sie Platzhalter so lange, wie Sie ihre Größe und Position nicht ändern müssen.

Es kommt vor, dass Sie Position und Größe des Platzhalters im Rahmen Ihres Gestaltungsrasters (siehe Kapitel 1, »Professionelles Präsentationsdesign«) anpassen müssen und es kein passendes Folienlayout gibt. In diesem Fall gilt Folgendes:

- **Regel 2:** Wenn Sie Größe und Position des Platzhalters ändern müssen, verändern Sie das Masterlayout, und fügen ein neues Layout hinzu (siehe Kapitel 1, »Professionelles Präsentationsdesign«). Die Grenzen der Anpassung des Folienlayouts werden erreicht, wenn Sie sehr viel mit Formen und Bildern arbeiten oder nahezu auf jeder Folie ein neues Masterlayout erforderlich ist. Häufig müssen Sie sehr viele Platzhalter erstellen. In diesen Fällen arbeiten Sie einfacher mit den Freitexten (Textfeldern). Hierzu lesen Sie am besten den Abschnitt »Vier Text-Platzhalter im Folienmaster anlegen« ab Seite 63.

- **Regel 3:** Wenn die Anzahl der Platzhalter auf einer Folie wächst (mehr als acht) oder Sie bei jeder Folie ins Masterlayout wechseln müssen, ist es einfacher, mit Freitext zu arbeiten (siehe dazu den Abschnitt »Freitexte richtig nutzen« ab Seite 66).

- **Regel 4:** Für Sondertexte oder Texte in AutoFormen sollten Sie freie Textfelder nutzen.

Mit PowerPoint können Sie Texte darüber hinaus effektvoll in Szene setzen. Sobald Sie einen Text auf der Folie angeklickt haben, sind die Effektfunktionen über **Zeichentools ▸ Format ▸ WordArt-Formate** aufrufbar.

Wichtige Funktionen für Texte

Außerdem finden sich in der Befehlsgruppe **WordArt-Formate** unter **Texteffekte** ❶ Möglichkeiten wie **Schatten**, **Spiegelung**, **Leuchteffekt**, **Abschrägung**, **3D-Drehung** und **Transformieren**.

Texteffekte eignen sich besonders, wenn es nur um einzelne Wörter bzw. kurze Sätze geht und eine 3D-Wirkung erzielt werden soll, z. B. wenn Sie Text räumlich platzieren wollen. Außerdem sind Texteffekte sinnvoll, wenn es um eine Angleichung an Formen und Bilder im Sinne einer grafischen Gestaltung geht, z. B. wenn Sie Text als Plakette, Stempel, Medaille, Pyramide oder Ähnliches abbilden wollen. Die Beispielpräsentation *02_WordArt_Muster.pptx* finden Sie auf der beiliegenden CD.

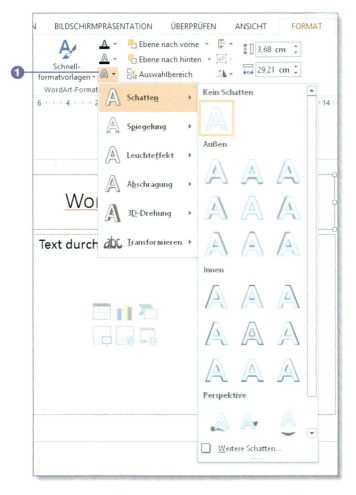

Kapitel 2 – Texte spannender gestalten

Einen Texteffekt erstellen

In diesem Abschnitt zeige ich Ihnen nun ein Beispiel für einen Texteffekt, nämlich eine abgeschrägte 3D-Perspektive.

1. Öffnen Sie die PowerPoint-Datei *02_New-Message.pptx*, die Sie auf der beiliegenden CD finden. Tippen Sie mithilfe der Freitext-Funktion (**Start ▸ Zeichnung ▸ Formen ▸ Textfeld**) oder über den Platzhalter den Text »new message« ein. Wählen Sie als Schriftgröße »88 pt« aus.

2. Über **Zeichentools ▸ Format ▸ WordArt-Formate** wählen Sie ein Grafikformat als Texteffekt aus, z. B. **Füllung – Schwarz, Text 1, Kontur – Hintergrund 1, Harter Schatten – Hintergrund 1**.

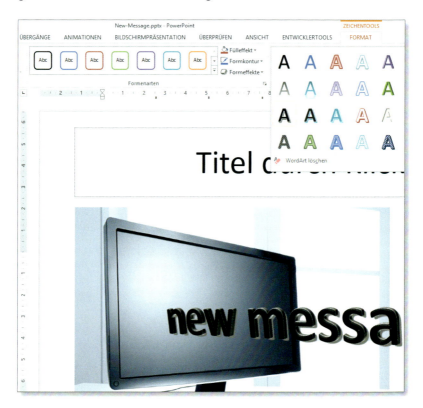

3. Für den zweiten Texteffekt wählen Sie **Zeichentools ▸ Format ▸ WordArt-Formate ▸ Texteffekte ▸ 3D-Drehung ▸ Perspektive links (Stufe 3)**.

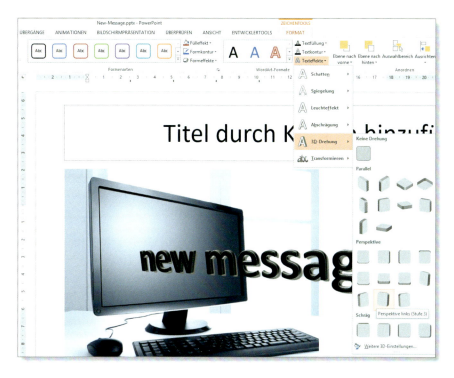

4. Verschieben Sie dann den Text in Richtung des Monitors, und drehen Sie ihn mithilfe des Ankersymbols am Text. Sie können auch mit der rechten Maustaste auf den Textrahmen klicken, dann im Kontextmenü **Größe und Position** wählen und im Aufgabenbereich bei **Drehung** den Wert »352°« eingeben.

Aber nicht nur der jeweilige Effekt, auch die Verteilung des Textes ist wichtig, wie Sie im folgenden Abschnitt sehen werden.

Vier Text-Platzhalter im Folienmaster anlegen

Gerade wenn Sie Text »sauber« platzieren und dabei ein bestimmtes Textgestaltungsraster häufiger verwenden wollen, bietet es sich an, ein eigenes Folienlayout im Master zu bauen.

Kapitel 2 – Texte spannender gestalten

1. Legen Sie eine neue leere Präsentation an. Dann wechseln Sie in den Folienmaster (**Ansicht ▸ Masteransichten ▸ Folienmaster**). Wählen Sie in der linken vertikalen Leiste das Folienlayout **Titel und Inhalt**. Klicken Sie mit der rechten Maustaste auf das links ausgewählte Layout, und wählen Sie **Layout duplizieren** (PowerPoint 2010: **Duplizieren**) aus dem Kontextmenü.

2. Von nun an arbeiten Sie auf dem duplizierten Layout. Verkleinern Sie den Platzhalter für den Inhalt auf ein Viertel der Größe. Möglichkeit A: Klicken Sie auf einen der Eckmarker, und ziehen Sie den Platzhalter mit gedrückter Maustaste kleiner. Möglichkeit B: Klicken Sie mit der rechten Maustaste auf den Platzhalter, wählen Sie **Größe und Position** aus dem Kontextmenü, und geben Sie im Aufgabenbereich bei **Höhe** »6,0 cm« und bei **Breite** »14,40 cm« ein.

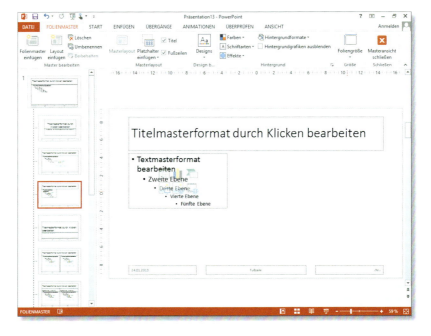

3. Klicken Sie danach auf den Rahmen des Platzhalters, und duplizieren Sie den Platzhalter mit `Strg` + `D`. Platzieren Sie die Kopie rechts daneben an ihre neue Stelle. Wiederholen Sie diesen Schritt für die anderen beiden Rahmen.

Vier Text-Platzhalter im Folienmaster anlegen

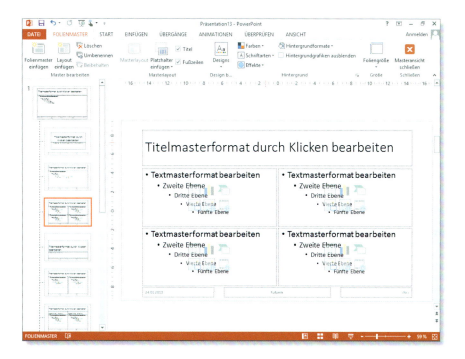

4. Um das Ergebnis zu testen, schließen Sie das Masterlayout über **Masteransicht schließen** ❶. Legen Sie über **Start ▶ Folien ▶ Neue Folie** eine neue Folie an, und wählen Sie als Layout das neue Layout aus. Füllen Sie die Platzhalter beispielsweise mit Text oder Bildern.

> **Platzhalter einfügen**
>
> Alternativ können Sie anstelle von **Duplizieren** auch die Funktion **Platzhalter einfügen** in der Befehlsgruppe **Masterlayout** verwenden. Mit dieser Funktion können Sie später beim Ausfüllen des Platzhalters die Auswahl auf bestimmte Folienelemente einschränken, z. B. auf ein Bild, eine Tabelle oder Ähnliches.

Freitexte richtig nutzen

Bei der Verwendung von Freitexten passieren manchmal merkwürdige Dinge. In diesem Abschnitt zeige ich Ihnen, worauf Sie hier besonders achten sollten.

1. Öffnen Sie eine neue Präsentation, oder legen Sie in einer bestehenden Präsentation eine Leerfolie an (**Start ▸ Folien ▸ Layout ▸ Leer**).

2. Wählen Sie **Start ▸ Zeichnung ▸ Formen ▸ Textfeld**, und klicken Sie mit der linken Maustaste in die Folie. Schreiben Sie den folgenden Text: »Die Zeile kann sehr lang werden und wird nicht am Blattende umbrochen. Sie geht über die Folie hinaus.«

3. Um einen Freitext (ein Textfeld) mit Zeilenlängenbegrenzung zu erstellen, wählen Sie **Start ▸ Zeichnung ▸ Formen ▸ Textfeld**, und ziehen Sie unterhalb des zuvor geschriebenen Satzes mit gedrückter linker Maustaste einen Rahmen auf. Schreiben Sie den folgenden Text: »In einem schmaleren Textrahmen wird der Text automatisch umbrochen. Probieren Sie es aus, indem Sie einfach diesen Text schreiben.«

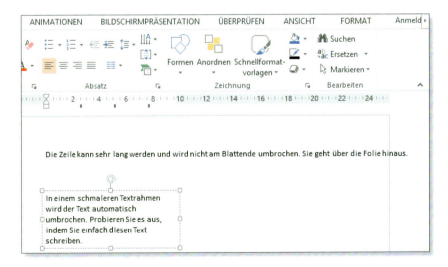

4. Wenn Sie nachträglich ändern wollen, ob der Text rechts über den Folienrand hinauswandert oder innerhalb der Textbox umbrochen wird,

klicken Sie mit der rechten Maustaste auf das Textfeld und im Kontextmenü auf **Form formatieren**. Wenn Sie dann im Aufgabenbereich bei **Textoptionen ▶ Textfeld ▶ Text in Form umbrechen** ❶ ein Häkchen setzen, können Sie den automatischen Zeilenumbruch erzwingen (PowerPoint 2010: **Textfeld ▶ Innerer Seitenrand ▶ Text in Form**).

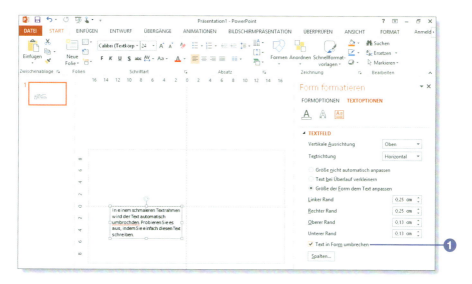

Sinnvolle Textgestaltung

Eine der häufigsten Fragen, die mir gestellt werden, ist die, wie viel Text auf einer Folie stehen sollte. In diesem Abschnitt geht es nicht nur um diese Frage, sondern auch darum, wie der Text gestaltet werden kann, um ihn präsentationstauglich zu machen.

In der Standardliteratur finden sich verschiedene Regeln für die *Textmenge*, beispielsweise die 7x7-Regel, die 4x4-Regel oder die 1-7-7-Regel. Die 7x7-Regel besagt: Gestalten Sie pro Folie maximal 7 Zeilen (7 Aufzählungszeilen) mit maximal 7 Wörtern pro Zeile. Für einfachere Zusammenhänge gilt die 4x4-Regel, d. h. 4 Zeilen mit maximal 4 Wörtern pro Zeile. Die 1-7-7-Regel besagt, dass man nur ein Argument pro Folie zeigen sollte und darauf wiederum die 7x7-Regel anwendet.

Einerseits sind diese Regeln recht einfach umzusetzen, doch andererseits sind sie besonders dann mangelhaft für die Wirkung einer Präsentation, wenn sie auf jeder Folie angewendet werden. Das wirkt sehr schnell langweilig, und die Zuschauer lesen nicht mehr, sondern hören nur noch dem Vortragenden zu (was nicht grundsätzlich schlecht ist, doch die Folien sind ja gerade dazu da, das Verständnis zu unterstützen). Wenn Sie Ihre Folie mit einer sinnvollen Textmenge ausstatten und eine positive Wirkung erzielen wollen, wenden Sie für sich besser die beiden Ansätze an, die ich Ihnen im Folgenden vorstelle.

Nach dem ersten Ansatz beantworten Sie zunächst die Frage, um welchen *Präsentationstyp* es sich handelt, und aufgrund dessen fällen Sie die Entscheidung über die Textmenge. Eine große Rolle spielt dabei auch die Zielgruppe der Präsentation. Menschen, die es gewohnt sind, schnell zu lesen und viel Text in kurzer Zeit zu erfassen, können entsprechend mehr Text auf einer Folie verarbeiten als andere. Hierzu einige Beispiele:

- **Messe- bzw. Teaser-Präsentation:** Das Ziel der Messepräsentation ist es, Besucher neugierig zu machen und an den Messestand zu locken. Wie viel Text lesen Zuschauer, wenn sie am Messestand vorbeigehen? Eher wenig. Nutzen Sie für Messe- bzw. Teaser-Präsentationen also sehr wenig Text, d.h. nur ein bis sieben Wörter pro Folie. Vor allem, wenn Sie internationales Publikum haben, ist es leichter, mit Bildern und Infografiken zu arbeiten, weil diese überall auf der Welt verstanden werden.

- **Präsentation eines neuen Produkts, z.B. Marketing- und Verkaufspräsentation:** Ihr Ziel ist es, den Außendienst und darüber hinaus auch Interessenten und Kunden zu begeistern und zu informieren (das Stichwort lautet also *Infotainment*). Sie sollten einerseits sehr emotionale Folien, also Folien mit vielen Bildern und Multimedia, aber wenig Text (ein bis sieben Wörter) einsetzen. Andererseits sollten Sie sachliche Folien präsentieren, die Produkteigenschaften anhand von Zahlen, Daten und Fakten belegen. Diese Folien können z.B. nach der 7x7-Regel gestaltet sein. Insgesamt sollte der sachliche Teil nicht mehr als 50% und nicht weniger als 20% der Präsentation ausmachen.

- **Verhaltensbezogene Trainings- und Schulungspräsentationen, z. B. Persönlichkeitsentwicklungsseminare, Kommunikation oder Führung:** Ihr Ziel ist es, eine Verhaltensänderung bei den Teilnehmern herbeizuführen. Die Präsentation sollte nur zur Erklärung und Emotionalisierung verwendet werden. Setzen Sie daher wenig Text ein: maximal ein bis zwei Zeilen Text pro Folie.

- **Sachbezogene Trainings- und Schulungspräsentationen, z. B. Softwareschulungen oder Maschinenlehrgänge:** Hierbei soll viel Wissen und reichlich Information bei den Teilnehmern verankert werden. Da die Präsentation damit gleichzeitig auch als Dokumentation verstanden werden kann, darf auf den Folien auch mehr Text stehen: maximal fünf Zeilen Text pro Folie. Wichtig sind hier die gute Strukturierung der Folien und gegebenenfalls die Arbeit mit Lückentexten (man lässt Wörter weg, sodass der Teilnehmer das Wort selbst ergänzen muss).

- **Projekt- und Beratungspräsentationen:** Das Ziel dieser Art Präsentationen ist die umfangreiche Dokumentation des Projekts oder der Beratung. Da es sich hier nicht mehr um eine klassische Vortragspräsentation handelt, sondern um eine Informationssammlung, können die Folien sehr viel Text umfassen. Die Textmenge ist unbegrenzt, die Obergrenze bildet jedoch die lesbare Schriftgröße. Ein Ausdruck der Präsentation sollte am besten vor der Live-Präsentation an die Teilnehmer verteilt werden, damit sie sich einlesen können.

Aus diesen Beispielen lassen sich zwei Regeln ableiten, anhand derer sich die ideale Textmenge bestimmen lässt:

1. Je emotionaler ein Thema besetzt ist oder je deutlicher es dabei um die sogenannten *Soft Skills* (»weiche« Faktoren) geht, z. B. im Bereich der Persönlichkeitsentwicklung, desto weniger Text darf auf der Folie stehen. Meine Empfehlung: gar kein Text oder maximal ein Satz.

2. Je mehr die Präsentation einer Dokumentation ähnelt, desto mehr Text darf auf den Folien stehen. Die Obergrenze der Textmenge ist durch die Schriftgröße bzw. Lesbarkeit bestimmt. Eine Präsentation mit viel Text sollte vor der Live-Präsentation an die Teilnehmer ausgeteilt werden.

Kapitel 2 – Texte spannender gestalten

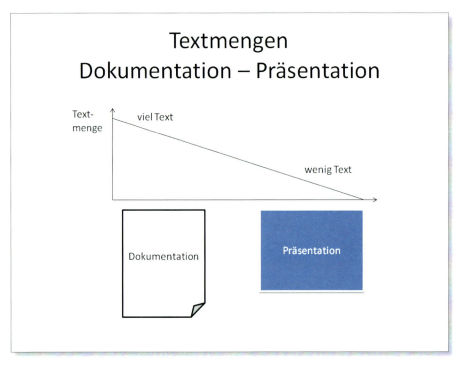

Größere Textmengen sind für die meisten Präsentationsarten ungeeignet.

Der zweite Ansatz für die Bestimmung der optimalen Textmenge orientiert sich am *Fokus*. Es geht dabei darum, worauf oder auf wen die Aufmerksamkeit des Publikums gerichtet wird: auf den Vortragenden oder auf die multimediale Präsentation. Worauf soll sich der Zuschauer konzentrieren? Soll er lesen oder dem Referenten zuhören?

Bei sehr vollen Folien sieht das Szenario im Normalfall so aus, dass alle Zuschauer zu Beginn einer Präsentation den Text »brav« lesen, aber dem Referenten nicht richtig zuhören. Da Zuhören an sich aber einfacher und bequemer ist, hören sie im Laufe der Präsentation mit dem Lesen auf und konzentrieren sich nur noch auf das Zuhören. Häufig tritt noch ein weiterer Effekt auf: Werden auf den Folien alle Texte gleichzeitig angezeigt, lesen die Zuschauer sie durch und sind dann gelangweilt, vor allem wenn der Referent jede Zeile noch einmal vorliest.

Sinnvolle Textgestaltung

> **TIPP**
>
> **Die Rede nicht als Präsentationstext verwenden**
>
> Kürzen Sie die Texte auf Ihren Folien, und tragen Sie den Rest mündlich vor. Die Langfassung des Texts bzw. Ihr Redemanuskript können Sie, wenn nötig, auch in die Notizen packen.

In der Präsentationslehre herrscht darüber Einigkeit, dass der Referent wichtiger ist als die visuelle Präsentation. Der Fokus sollte also weitestgehend auf den Referenten gerichtet sein. Die Präsentation dient der medialen Unterstützung und soll die Zuschauer vor allem auf der visuellen Ebene ansprechen. Der zweite hier vorgestellte Ansatz zur Bestimmung der Textmenge arbeitet mit einer zeitlichen Begrenzung für die Darbietung einer Folie. Es gilt die *20-Sekunden-Regel*: Eine Folie oder Informationseinheit muss in maximal 20 Sekunden von den Zuschauern verstanden werden können, damit der Referent im Vordergrund steht und wahrgenommen wird.

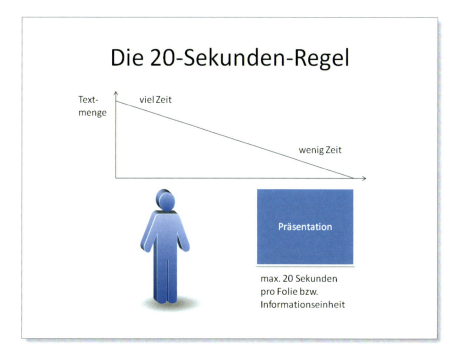

Braucht der Zuschauer zu lange, um die Informationen einer Folie aufzunehmen, tut er sich schwer, dem Referenten zu folgen.

Der Ansatz beruht darauf, die maximale Aufmerksamkeit auf den Referenten zu richten. Eigentlich bedeutet das sogar, dass die 20 Sekunden das Maximum sind – besser sind Werte zwischen 5 und 10 Sekunden. Eine Informationseinheit kann dabei z. B. eine Zeile Text sein oder aus einem Text und einem Bild bestehen. In diesem Zusammenhang wird auch noch einmal deutlich, warum Texte gut lesbar sein sollten. Je schneller ein Zuschauer die Information aufnehmen kann, desto eher richtet er seine Aufmerksamkeit wieder auf den Referenten. Wenn Sie Texte dagegen drehen oder knallig bunt gestalten, erschwert das das Lesen und kostet damit Zeit.

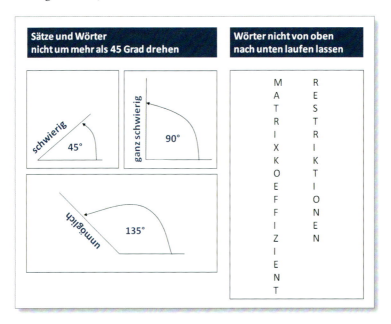

Je mehr die Formatierung vom Standard abweicht, umso schwieriger ist es, die Information zu erfassen.

Sie haben zwei Ansätze kennengelernt, wie und wann Sie die Textmenge begrenzen können bzw. sollten. Einige Referenten zeigen nur noch Stichwörter, um die Aufmerksamkeit möglichst rasch wieder auf sich zu lenken. Das hat allerdings den Nachteil, dass dabei Informationen und Handlungsaufforderungen verloren gehen können. Darüber hinaus hängt es vom Präsentationsstil des Referenten ab, wie informativ die Folien sein müssen, und es sollte im Einzelfall entschieden werden, was das Richtige ist.

Sinnvolle Schriftgestaltung

Eine gute Schriftgestaltung in Präsentationen verlangt vor allem eines, nämlich eine gute Lesbarkeit. Stellen Sie sich vor, Sie sitzen in einem Raum ganz hinten und können von den Folien nichts erkennen. Im Normalfall sind Sie ziemlich gefrustet und schalten vermutlich schnell ab.

Lesbarkeit hängt von verschiedenen Parametern ab, z. B. von Schriftart, Stil, Größe und Farbe. Daneben spielt auch die optische Anmutung eine Rolle: Wirkt die Schrift verspielt, sachlich, alt, innovativ?

In der Typografie werden zwei *Schriftarten* unterschieden: *Serifenschriften* und *serifenlose Schriften*. Serifenschriften (z. B. Times New Roman) haben an den Enden der Buchstaben oben und unten kleine »Füßchen«, die die Leserlichkeit fördern. Solche Schriften werden häufig für längere Texte gebraucht. Serifenlose Schriften (z. B. Calibri) dagegen haben diese Füßchen nicht und sind daher in längeren Texten schlechter lesbar. Dafür sind sie aber für Überschriften und kurze Texte in Präsentationen besser geeignet.

Serifenschrift

Serifenlose Schrift

Gute Schriftarten für Präsentationen sind z. B.:

- Verdana
- Tahoma
- Trebuchet
- Calibri

Die ersten drei Schriften haben den Vorteil, dass sie auf jedem Windows-PC vorhanden sind. Die Calibri ist nur dann nutzbar, wenn mindestens Office 2007 installiert ist. Dieses Problem können Sie allerdings umgehen, indem Sie die Schriftart zusammen mit Ihrer PowerPoint-Präsentation speichern, sie also *einbetten*. Der Vorteil: Sie haben die passende Schriftart immer dabei und können auch an fremden Computern »sauber« präsentieren. Die Schrifteinbindung hat jedoch einen kleinen Haken: Ihre Präsentation braucht mehr Speicherplatz, was eventuell beim Mail-Versand Schwierigkeiten bereiten könnte.

> **HINWEIS**
>
> **Einbettung immer neu einstellen**
>
> Die Schriftart wird nur in der jeweiligen PowerPoint-Datei eingebettet! Wenn Sie eine neue Präsentation erstellen, ist die Option nicht automatisch aktiv, und Sie müssen das Speichern der Schriftart neu einstellen.

Die Funktion der Schrifteinbettung erreichen Sie über **Datei ▸ Optionen ▸ Speichern ▸ Schriftarten in der Datei einbetten**. Stellen Sie dort am besten **Alle Zeichen einbetten** ❶ ein. Wenn Sie Speicherplatz sparen wollen, genügt die Option **Nur die in der Präsentation verwendeten Zeichen einbetten** ❷.

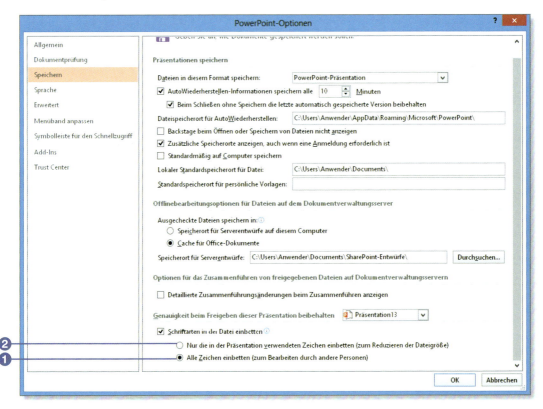

Sinnvolle Schriftgestaltung

Ein weiterer Parameter für die gute Lesbarkeit eines Textes ist die *Schriftgröße*, die in Punkt (pt) angegeben wird. Die optimale Schriftgröße für Präsentationen lässt sich mithilfe einer von mir entwickelten Näherungsformel leicht berechnen. Die Formel bezieht sich auf serifenlose Standardschriften wie die bereits genannten. Die Schriftgröße hängt demnach von zwei Parametern ab: von der Höhe der Projektionsfläche (Höhe der Leinwand bzw. projizierten Fläche) und vom Abstand der Zuschauer in der letzten Stuhlreihe zur Leinwand. Die Formel lautet also wie folgt:

»Abstand letzte Stuhlreihe zu Leinwand in m mal 4,8 pt geteilt durch Höhe der Leinwand in m gleich Schriftgröße in pt«

Und hier zum Verständnis ein Beispiel für die Berechnung: Der Abstand von der letzten Stuhlreihe beträgt 10 Meter, die Leinwand ist 3 Meter hoch. Man rechnet also Folgendes: 10 m x 4,8 pt / 3m. Das Ergebnis ist 16, d. h., eine Schrift in der Größe von 16 Punkt könnte unter diesen Umständen gut gelesen werden. Unterschreiten Sie diese Schriftgröße für den Text nicht. Die Schrift des Titels kann weit größer sein, z. B. 24 Punkt.

Wenn Sie die Räumlichkeiten nicht kennen, müssen Sie die Werte schätzen. Als Anhaltspunkt kann dann die Zuschauermenge gelten. Überlegen Sie, wie viele Personen in eine bestimmte Raumgröße passen. Wenn Sie z. B. 100 Personen erwarten, liegt die Raumgröße bei geschätzten 10 x 20m, der Abstand zur Leinwand beträgt ca. 15m, die Leinwandhöhe etwa 2,5m, d. h., Sie rechnen 15m x 4,8 pt / 2,5 = 28,8 pt. Nach meiner Erfahrung liegen Sie mit Schriftgrößen zwischen 22 und 28 Punkt im Normalfall auf der sicheren Seite.

Wenn Sie wiederkehrende Veranstaltungen in einem bestimmten Konferenzraum planen, können Sie natürlich auch live testen. Lassen Sie sich dazu eine Folie mit verschiedenen Schriftgrößen anzeigen, und finden Sie so die optimale Größe heraus. Dabei können Sie auch gleich noch überprüfen, ob die anderen Parameter für die Lesbarkeit passend sind, z. B. die Schriftfarbe. Als Vorlage können Sie dafür einfach und komfortabel die Präsentation *02_Sehtest.pptx* von der beiliegenden CD auf Ihr Masterlayout übertragen.

Kapitel 2 – Texte spannender gestalten

- **Schriftgröße 72 Punkt**
- **Schriftgröße 60 Punkt**
- Schriftgröße 48 Punkt
- Schriftgröße 36 Punkt
- Schriftgröße 28 Punkt
- Schriftgröße 24 Punkt
- Schriftgröße 20 Punkt
- Schriftgröße 18 Punkt
- Schriftgröße 16 Punkt
- Schriftgröße 14 Punkt
- Schriftgröße 12 Punkt
- Schriftgröße 10 Punkt

Eine gute Lesbarkeit zeichnet sich vor allem dadurch aus, dass die Schrift sich deutlich vom Hintergrund oder von dem dahinterliegenden Motiv abhebt. Das bedeutet: Wenn die *Schriftfarbe* hell ist, sollte der Hintergrund dunkel sein und umgekehrt. Gestalten Sie Hintergründe und Text sehr kontrastreich! Die folgende Tabelle zeigt einige Beispiele für Farbkombinationen.

Schrift	Hintergrund
Weiß	Dunkelgrau
Schwarz	Beige
Dunkelblau	Hellgelb

So einfach diese Regel ist, so schwierig kann ihre Umsetzung in der Realität werden. Denn ein Teil der Projektoren hat Probleme mit der Darstellung des vollen Kontrastumfangs, wie es Laptops oder PC-Monitore können. Der Beamer ordnet die »Fehlfarben« dann einfach einer anderen Farbe zu. Im ungünstigsten Fall unterscheiden sich die Schriftfarbe und der Hintergrund dann kaum noch, d. h., der Text lässt sich gar nicht mehr lesen. Mein Tipp lautet daher: Testen Sie die Farben vor der Präsentation am Projektor aus.

Sinnvolle Schriftgestaltung

Über die Lesbarkeit hinaus hat die Verwendung unterschiedlicher Farben auch eine psychologische Wirkung. Studien belegen, dass bestimmte Farbkombinationen auch bestimmte Stimmungen erzeugen. Die folgende Abbildung zeigt einige Beispiele.[1]

Die beste Fernwirkung hat schwarze Schrift auf gelbem Grund.	Die beste Nahwirkung hat schwarze Schrift auf weißem Grund (Papier).
Weiße Schrift auf blauem Grund wird als positives Signal betrachtet.	Weiße Schrift auf rotem Grund wird als Verbots- oder Achtungssignal betrachtet.
Rotgedrucktes erweckt den Eindruck von unwichtiger Information.	
Je farbiger ein Text ist, desto schwieriger ist er zu lesen und desto unwichtiger erscheint die Information.	

Eine zu große Anzahl an Schriftarten, -größen und -formatierungen (Farbe, Schnitt usw.) auf einer Folie wirkt sehr beliebig und ungestaltet. Orientieren Sie sich daher lieber an folgenden vier Grundsätzen:

1. Benutzen Sie nur ein bis zwei unterschiedliche Schriftarten, z. B. eine für den Titeltext und eine für den Fließtext (Inhalt).

2. Eine zusätzliche Schriftart können Sie noch für Sondereffekte verwenden, z. B. Hinweisschilder.

3. Beim Schriftformat (z. B. Farbe oder Schnitt) sollten Sie bei einem Stil bleiben. Abweichungen, z. B. ein fetter oder kursiver Schriftschnitt, sollten nur für hervorgehobene Textstellen gelten.

4. Definieren Sie feste Schriftgrößen, z. B. eine für die Überschrift, eine bis drei für den Fließtext und eine für Sondereffekte.

---

[1] In Anlehnung an Eva Heller: *Wie Farben wirken: Farbpsychologie. Farbsymbolik. Kreative Farbgestaltung.* rororo 2004.

Im folgenden Beispiel habe ich die Schriftart Calibri für Titel und Inhalt verwendet und die Sonderschrift Kristen ITC für besondere Effekte eingesetzt.

Die Gestaltung und deren Wirkung unterliegen sehr deutlichen Trends. Dinge, die vor zehn Jahren sehr schick waren, können heute veraltet und rückständig wirken (es sei denn, sie gehören zu einem Retro-Trend). Bezogen auf das Thema Schrift heißt das, dass 20 Jahre alte Schriften wie Arial oder Times New Roman nicht nur technisch fehlerhaft, sondern inzwischen auch aus der Mode sind und in einer aktuellen Präsentation nichts mehr verloren haben. Nutzen Sie neuere Schriften wie Verdana, Tahoma, Trebuchet oder Calibri, die darüber hinaus technisch einwandfrei sind. Mit der Calibri haben Sie zudem auch eine Schriftart, die gerade im Trend liegt.

Interpretation – der Weg zur Botschaft

Sie haben in den vorangegangenen Abschnitten gelesen, dass Referenten im Vordergrund stehen und Texte je nach Präsentationsart kurz gehalten werden sollen. Außerdem wissen Sie, dass Bilder schnell verarbeitet werden können und darüber hinaus weitere Vorteile besitzen (siehe dazu Kapitel 3, »Bilder pfiffig präsentieren«). Was liegt also näher, als eine Technik einzusetzen, um aus Texten ein Bild oder mehrere Bilder zu machen? Wenn Sie Ihre Botschaften in Bilder »übersetzen«, transportieren Sie die Botschaft einer Folie besser und machen sie leichter merkbar. Das Vorgehen besteht aus fünf Schritten:

1. Legen Sie die Botschaft der jeweiligen Folie fest.
2. Schreiben Sie die Inhalte als Text auf die Folie.
3. Kopieren Sie den Text in die Notizseiten.
4. Reduzieren Sie den Text auf der Folie auf das Wesentliche – der Notizenbereich enthält ja immer noch den vollständigen Text.
5. Überlegen Sie, wie der Text auf der Folie aussagekräftig bebildert werden kann.

Nun zeige ich Ihnen diese Schritte noch einmal im Detail anhand einer Beispielpräsentation für den »EnterTrainer« Alexander Munke. Die folgende Abbildung zeigt die Schritte 1 und 2, d. h., deren Inhalte und die gewünschte Botschaft wurden festgelegt. Die meisten Präsentationen hören bereits an dieser Stelle mit der Gestaltung auf – ein Verlust, wie sich im Folgenden zeigen wird.

Ohne diese drei läuft nichts

- Als gute Führungskraft wissen Sie, dass die folgenden Parameter zusammengehören und ineinandergreifen:
  - Verbindlichkeit
  - Vereinbarungen
  - Management
- Gibt es Probleme bei einem Parameter, funktionieren die anderen auch nicht mehr, und es stockt überall.

Botschaft: Das Zusammenspiel dreier Führungsfähigkeiten transportieren!

eine multimediapräsentation von smavicon

In den nächsten Schritten (3 und 4) werden die Texte gekürzt. Letztlich sind drei Wörter besonders interessant, nämlich *Verbindlichkeit*, *Vereinbarungen* und *Management*. Der Rest des Textes wird in die Notizen übertragen. Dazu markieren Sie den Text, drücken Strg + C, wechseln in die Notizseite und drücken Strg + V. Anschließend wird der Text auf der Folie gekürzt.

Der Folieninhalt wird auf die wesentlichen Informationen reduziert.

Nicht immer ist es sinnvoll, nur Stichwörter auf der Folie zu nennen, denn dadurch kann der Sinn verloren gehen. Im Beispiel wird der Sinn jedoch mithilfe der Bebilderung wiederhergestellt.

Im Schritt 5 ist Kreativität gefragt. Ich habe hier überlegt, wie man einleuchtend zeigen kann, dass alle drei Parameter einerseits zusammengehören und andererseits miteinander »verzahnt« sind (meine Interpretation der Zusammengehörigkeit). So kam es zur Wahl der Zahnräder als Motiv, das sehr plakativ darstellt, dass alles nur funktioniert, wenn alle Parameter ineinanderlaufen. Um es noch plastischer zu machen, wurden die Zahnräder sogar animiert. Die Botschaft, nämlich »das Zusammenspiel der drei Führungsgrundsätze«, wurde damit bildlich untermauert und einprägsam gestaltet. Auf diese Weise wird aus einer textlastigen eine bildhafte Präsentation.

Aufzählungen

Bilder können die Zusammengehörigkeit der Parameter besser verdeutlichen als Text.

Aufzählungen

Aufzählungen mit klassischen Symbolen wie Spiegelstrich, Rechteck, Dreieck, Kreis und Raute sind der Standard in PowerPoint. Jeder Anfänger beginnt damit, und Microsoft macht es dem Anwender leicht, mit diesen Symbolen zu arbeiten. Das Fatale daran ist, dass sich alle Präsentationen dadurch ähneln, die Aufmerksamkeit der Zuschauer nimmt ab, und es entsteht wenig Abwechslung und Spannung.

Der Profi weiß, dass er dieses Muster durchbrechen muss, um die Wirkung der Präsentation zu verbessern. Er variiert die klassische Aufzählungsform – etwa durch individuelle Aufzählungssymbole oder Text-Bild-Kopplungen. Diese sollten immer kontextbezogen sein, d. h. zum Inhalt und/oder zu der Gestaltung einer Folie passen. In den folgenden Abschnitten finden Sie alternative Ideen für Textaufzählungen, mit deren Hilfe Sie Ihre Präsentationen aufpeppen und ihre Wirkung steigern können.

Kapitel 2 – Texte spannender gestalten

Moderne oder kontextorientierte Aufzählungssymbole können z. B. ein Logo oder ein gezeichnetes Symbol sein. Das Aufzählungszeichen (auch *Bullet* genannt) sollte immer in Zusammenhang mit dem Inhalt oder der Gestaltung der Folie stehen (Kontextorientierung). Geht es in einer Präsentation beispielsweise um Limonaden mit verschiedenen Geschmacksrichtungen, können als Aufzählungszeichen die entsprechenden Früchte aufgegriffen werden, z. B. Orangen, Äpfel oder Zitronen. Für ein Fitnessstudio könnten Hanteln oder Gewichte verwendet werden. Bei einem Automobilzulieferer bieten sich Zündkerzen, Scheinwerfer oder Ähnliches als Motive an.

Nutzen Sie solche kreativen Extras jedoch sparsam, und setzen Sie sie sinnvoll ein. Andernfalls wirken sie wie Spielerei, nutzen sich schnell ab und lenken von der eigentlichen Präsentation ab!

Wählen Sie nur Zeichen, die einfach zu erkennen sind. Komplexe Bilder als Aufzählungszeichen bewirken eher, dass der Zuschauer sich fragt, was das Zeichen eigentlich bedeuten soll. Denken Sie auch immer daran, dass die Zeichen ausreichend groß sein müssen, um erkannt zu werden. Die entsprechenden Einstellungen nehmen Sie über **Start ▸ Absatz ▸ Nummerierung und Aufzählungszeichen** vor. Geben Sie im Feld **Größe** des Dialogs »120 %« bis »150 %« ein, dann sind die Zeichen ausreichend groß.

Das Thema wird hier durch ein Blatt symbolisiert. Wichtig ist, dass das Aufzählungszeichen gut zu erkennen ist.

Sie können beliebige Grafikformate als Aufzählungszeichen verwenden, am besten eignen sich jedoch PNG-Dateien, denn diese können transparente Bereiche enthalten und fügen sich damit harmonischer in die Folie ein.

Auch das Logo einer Firma kann als Aufzählungszeichen dienen (siehe auch die Datei »02_Firma-NEU-2012.pptx« auf der beiliegenden CD).

Ihr Logo als Aufzählungszeichen verwenden

In diesem Abschnitt zeige ich Ihnen, wie Sie Ihr Firmenlogo als Aufzählungszeichen nutzen und so Ihrer Präsentation eine individuelle Anmutung geben.

1. Legen Sie eine neue Präsentation bzw. eine neue Folie an. Geben Sie einen Titel sowie ein paar Zeilen Inhaltstext ein, und fügen Sie ein Logo hinzu (**Einfügen ▸ Bilder ▸ Bilder**). Sie können auch mit der Beispieldatei *02_Aufzählungszeichen_Modern.pptx* arbeiten, die Sie auf der beiliegenden CD finden.

2. Um das Logo einzufügen, markieren Sie alle Zeilen, klicken mit der rechten Maustaste darauf und wählen aus dem Kontextmenü **Aufzählungszeichen ▸ Nummerierung und Aufzählungszeichen**.

Kapitel 2 – Texte spannender gestalten

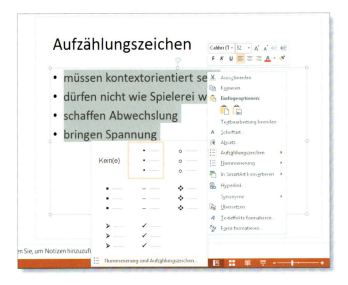

3. Im Dialogfenster klicken Sie auf die Schaltfläche **Bild**.

> **HINWEIS**
>
> **Anders in PowerPoint 2010!**
>
> Bis PowerPoint-Version 2010 öffnet sich ein Dialogfenster namens **Bildaufzählungszeichen**. Hier klicken Sie auf **Importieren**. Im nächsten Fenster wählen Sie **Clips zum Organizer hinzufügen**. Wählen Sie daraufhin das Logo über den Dialog **Bildaufzählungszeichen** aus, bestätigen Sie die Wahl mit **OK**, und klicken Sie im folgenden Dialog wieder auf **OK**.

4. Ein weiteres Dialogfenster namens **Grafik einfügen** öffnet sich. Wählen Sie die Grafikdatei mit Ihrem Logo aus (alternativ wählen Sie *02_LOGO.png* von der beiliegenden CD) und bestätigen Sie die Wahl mit **Einfügen**.

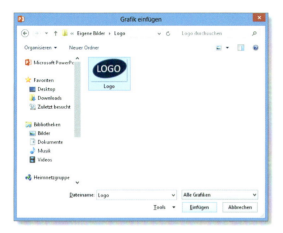

5. Das Ergebnis sehen Sie in der folgenden Abbildung: Die Folie wirkt individueller und dadurch interessanter, Ihre Präsentation bleibt den Zuhörern länger im Gedächtnis.

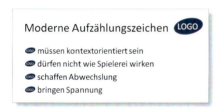

Ein Vorteil-Nachteil-Symbol als Aufzählungszeichen nutzen

Symbolische oder moderne Aufzählungszeichen helfen Zuschauern, die Tendenz einer Aussage schneller zu erkennen. Achten Sie dabei jedoch darauf, nur wenige verschiedene Farben zu verwenden, damit es nicht zu spielerisch aussieht. Mit Symbolen wie Smileys können Sie z. B. zeigen, was gut, was neutral und was negativ war.

Kapitel 2 – Texte spannender gestalten

1. Legen Sie für dieses Beispiel zunächst eine neue Präsentation bzw. eine neue Folie mit dem Layout **Vergleich** an (**Start ▸ Folien ▸ Layout ▸ Vergleich**). Alternativ laden Sie die Datei *02_Ausdauersport.pptx* von der beiliegenden CD. Schreiben Sie »Ausdauersport« in das Titelfeld. In die Unterüberschriftenfelder links und rechts tippen Sie »Nachteile« und »Vorteile«. Darunter folgen dann die Begriffe, wie sie auf der Folie zu sehen sind.

2. Markieren Sie die Textzeilen unterhalb von »Nachteile«, also »zeitaufwendig« usw. Drücken Sie die rechte Maustaste, und wählen Sie aus dem Kontextmenü **Aufzählungszeichen ▸ Nummerierung und Aufzählungszeichen**. Danach klicken Sie auf die Schaltfläche **Anpassen**, um in den Dialog **Symbol** zu gelangen. Wählen Sie hier als Schriftart **Wingdings** und als Zeichen das Symbol **Daumen nach unten**. Anschließend bestätigen Sie beide Dialogfenster mit **OK**.

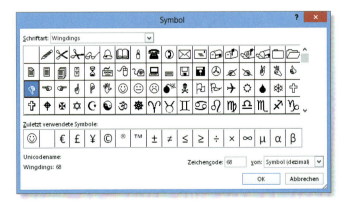

Ein Vorteil-Nachteil-Symbol als Aufzählungszeichen nutzen

3. Bis jetzt sind die Daumen schwarz-weiß. Wenn die Zuschauer noch schneller erkennen sollen, was gut oder schlecht ist, können Sie sie noch zusätzlich einfärben und vergrößern. Rufen Sie erneut den Dialog **Nummerierung und Aufzählung** auf. Dort wählen Sie im Feld **Farbe** beispielsweise Rot aus und bei **Größe** 150 %.

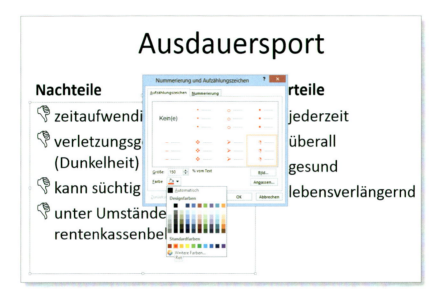

4. Vielleicht ist Ihnen aufgefallen, dass der Abstand des Aufzählungszeichens zum Text mitunter sehr knapp ist. Um das zu ändern, müssen Sie den Einzug anpassen. Blenden Sie dazu zunächst das Lineal ein (über **Ansicht ▸ Anzeigen ▸ Lineal**), und verändern Sie dann den Einzug mithilfe der Schieberegler. Ziehen Sie den unteren Regler ❶ mit gedrückter Maustaste nach rechts und den oberen ❷ nach links.

Das Ergebnis sehen Sie in der folgenden Abbildung. Vor- und Nachteile könnten Sie in dieser Folie durch den Einsatz von Bildern noch anschaulicher machen. Im nächsten Abschnitt erfahren Sie, wie Texte und Bilder aufeinander abgestimmt werden können.

Durch die farbig gestalteten Symbole sind Vor- und Nachteile nun auf den ersten Blick gut erkennbar.

Kopplung von Text und Bild

Text-Bild-Kopplungen heben sich erfrischend von den klassischen Aufzählungsformen ab. Anstelle von Aufzählungszeichen werden gleich ganze Bilder oder Zeichnungen verwendet. Diese werden übersichtlich auf der Folie angeordnet, z. B. im Kreis, und mit Text verknüpft. In den folgenden Beispielen sehen Sie, dass immer ein Text zu einem Bild gehört. Die gesamte Folie wirkt dann besonders gut, wenn die Bilder mit ihren Texten jeweils nacheinander eingeblendet werden (siehe dazu die Präsentation *02_Text-Bild-Kopplungen.pptx* auf der beiliegenden CD). So baut sich die Folie langsam auf, was Spannung erzeugt und die Informationen gut nachvollziehbar macht.

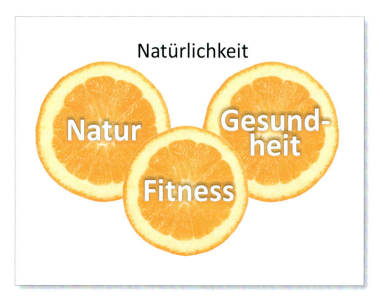

Da jeder Orangen kennt, kann der Text das Bild überdecken. Durch eine Abschrägung hebt sich der Text jedoch kontrastreich ab.

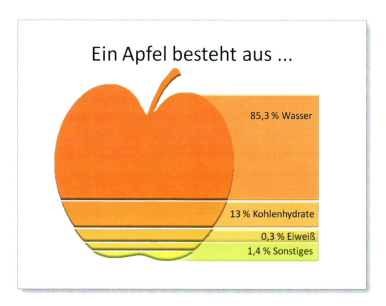

Das Bild des Apfels wurde in Einzelteile zerlegt (siehe Kapitel 3, »Bilder pfiffig präsentieren«), und der Text wurde in rechteckige Felder geschrieben, die hinter dem Apfel liegen.

Kapitel 2 – Texte spannender gestalten

Vier Kreissegmente wurden jeweils mit einem Bild gefüllt. Der Text steht in Rechtecken hinter den Kreissegmenten.

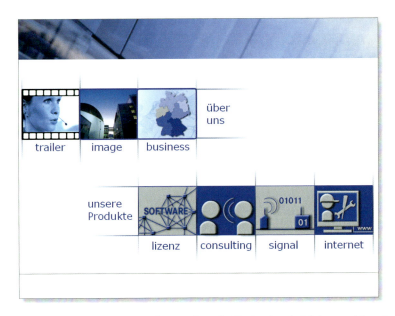

In diesem Business-Porträt wurden die Texte durch Bilder und Symbole verstärkt.

Texte und Bilder koppeln

In diesem Beispiel, das Sie auf der beiliegenden CD unter *02_Produkteigenschaften.pptx* bzw. unter *02_Text-Bildkopplung-Produkteigenschaften.pptx* finden, erstellen wir eine Text-Bild-Kopplung mit einzelnen Text- und Bildelementen. Das hat den Vorteil, dass die Elemente später einmal sehr leicht animiert werden können.

1. Legen Sie für dieses Beispiel zunächst eine neue Präsentation bzw. eine neue Folie mit dem Layout **Nur Titel** an (**Start** ▸ **Folien** ▸ **Layout** ▸ **Nur Titel**). Schreiben Sie »Produkteigenschaften« in das Titelfeld, und blenden Sie mit Alt + F9 die Führungslinien ein.

2. Ziehen Sie mit gedrückter ⇧-Taste eine kreisförmige AutoForm auf der Folie auf. Sie finden diese Formen über **Start** ▸ **Zeichnung** ▸ **Formen** ▸ **Standardformen** ▸ **Kreis**. Verschieben Sie den Mittelpunkt des Kreises mit gedrückter linker Maustaste genau auf den Schnittpunkt der Führungslinien.

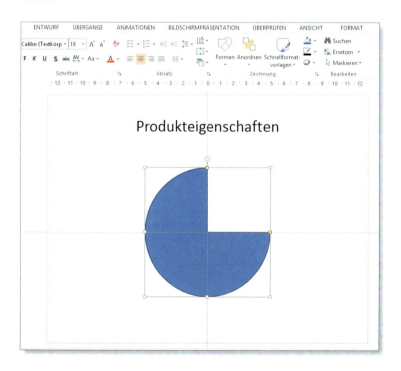

3. Um nur ein Viertel der »Torte« anzuzeigen, klicken Sie den Rautenmarker an (die gelbe Raute am höchsten Punkt des Kreises) und ziehen ihn mit gedrückter Maustaste nach links unten, bis nur noch ein Viertel des Kreises übrig ist. Arbeiten Sie an dieser Stelle sehr genau.

> **TIPP**
>
> **Zoom**
> Wenn Sie den Kreis oder ein anderes Element anklicken und über die Zoomfunktion vergrößern, wird die Ansicht automatisch immer so vergrößert, dass dieses Objekt im Fokus bleibt.

4. Klicken Sie dann diesen Viertelkreis an, und drücken Sie `Strg` + `D`, um das Stück zu duplizieren. Legen Sie das neue Viertel bündig auf das erste, sodass beide Formen deckungsgleich sind. Die Führungslinien helfen Ihnen dabei, denn sie »ziehen« das Viertel quasi an.

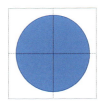

5. Drehen Sie nun das neue Viertel mithilfe des Drehmarkers (der grüne »Knopf« über dem Kreis) um 90° nach rechts, um den Kreis mit Vierteln zu füllen. Genauso machen Sie es mit den letzten beiden Vierteln.

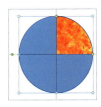

6. Sobald der Kreis vollständig ist, markieren Sie das rechte obere Viertel. Wählen Sie über **Zeichentools ▸ Format ▸ Formenarten ▸ Fülleffekt ▸ Bild** das Bild mit dem Feuer aus (die Datei *02_Feuer.jpg* finden Sie auf der beiliegenden CD), und bestätigen Sie die Auswahl über die Schaltfläche **Einfügen**.

7. Für das linke obere Viertel wählen Sie auf die gleiche Weise das Bild *02_Himmel.jpg*, für unten links das Bild *02_Wasser.jpg* und für unten rechts das Bild *02_Rutschfest.jpg* aus.

Texte und Bilder koppeln

8. Um die Darstellung noch ein wenig zu verschönern, markieren Sie alle Viertel, indem Sie mit gedrückter linker Maustaste einen Rahmen über alle Viertel spannen und dann die Maustaste loslassen. Der Markierungsrahmen sollte um ca. 30 % größer sein als der Kreis. Wählen Sie über **Zeichentools ▸ Format ▸ Formenarten ▸ Formkontur** die Einstellung **Kein Rahmen**. Über **Zeichentools ▸ Format ▸ Formenarten ▸ Formeffekte ▸ Abschrägung** formatieren Sie dann alle Viertel als **Kreis**.

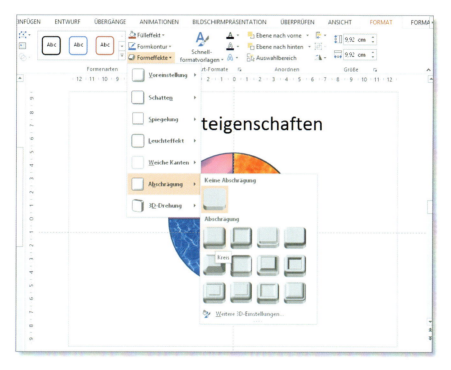

9. Nun müssen Sie noch vier zu den Vierteln passende Texte einfügen. Ziehen Sie dafür zunächst über **Start ▸ Zeichnung ▸ Formen** ein Rechteck auf. Kopieren Sie es dreimal (Strg + D), und verschieben Sie die Rechtecke an die entsprechenden Stellen. Schreiben Sie anschließend folgende Texte in die Rechtecke (dazu einfach das Rechteck anklicken und lostippen):

- windstabil
- feuerfest
- wasserdicht
- rutschsicher

93

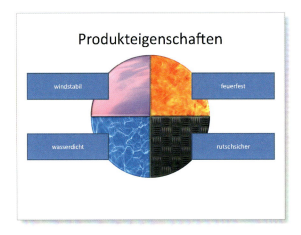

10. Nun formatieren Sie noch die Textfelder. Markieren Sie dazu alle Rechtecke (am besten, indem Sie jedes Rechteck mit gedrückter ⌜Strg⌝-Taste anklicken). Über **Start ▸ Zeichnung ▸ Schnellformatvorlagen** wählen Sie einen Effekt aus, z. B. **Intensiver Effekt – Akzent 6**. Legen Sie die Rechtecke über **Start ▸ Zeichnung ▸ Anordnen** dann hinter den Kreis (mit der Option **In den Hintergrund**). Stellen Sie darüber hinaus eine geeignete Schriftgröße ein, z. B. 24 Punkt.

11. Zum Schluss können Sie alle Rechtecke und Viertel markieren und ca. 1 cm nach unten verschieben, um sie etwas mittiger auf der Folie zu platzieren. Deaktivieren Sie die Führungslinien, indem Sie ⌜Alt⌝ + ⌜F9⌝ drücken.

Anstelle von Text-Bild-Kopplungen können Sie auch Text-Video- oder Text-Animations-Kopplungen verwenden. So etwas bietet sich an, wenn Sie etwa für eine Messepräsentation besonders ausdrucksstarke Folien einsetzen wollen, um Besucher an Ihren Stand zu locken. Bei anderen Präsentationsarten sollten Sie jedoch eher darauf verzichten, da diese Methoden oft als Spielerei aufgefasst werden.

SmartArts statt Aufzählungszeichen

Mit SmartArts haben Sie eine fantastische Möglichkeit, von der klassischen Textaufzählung wegzukommen und interessantere Alternativen zu gestalten. In der klassischen Präsentationslehre werden SmartArts auch als *Strukturgramme* bezeichnet. In der Version PowerPoint 2003 hießen sie *schematische Darstellung*. Allerdings gab es in der 2003er-Version lediglich sechs verschiedene Darstellungsarten, nämlich Zyklus, Radial, Venn, Pyramide, Zieldiagramm und Organigramm. PowerPoint 2007 stellte bereits ca. 110 SmartArts zur Verfügung, in der 2010er-Version sind es über 200 und in 2013 ca. 210 – mit der Möglichkeit, weitere online nachzuladen, was die wachsende Bedeutung der SmartArts widerspiegelt.

In der folgenden Tabelle finden Sie eine Auflistung, wann Sie welches SmartArt am besten verwenden können.

SmartArt-Typ	Zweck
Liste	Nicht aufeinander aufbauende Informationen anzeigen
Prozess	Schritte in einem Prozess oder auf einer Zeitachse anzeigen, d. h. aufeinander aufbauende Informationen
Zyklus	Einen kontinuierlichen Prozess anzeigen
Hierarchie	Entscheidungsstruktur anzeigen, Organigramm erstellen

Kapitel 2 – Texte spannender gestalten

SmartArt-Typ	Zweck
Beziehung	Verbindungen veranschaulichen
Matrix	Anzeigen, wie sich Teile auf ein Ganzes beziehen
Pyramide	Anzeigen von abhängigen und proportionalen Beziehungen
Grafik (nur in PowerPoint 2010)	Auswahl von SmartArt-Typen, in die man Grafiken bzw. Bilder einbinden kann

Die im Folgenden gezeigten Beispiele finden Sie auch auf der beiliegenden CD als Datei *02_SmartArt-Beispiele.pptx*.

Beispiel für das SmartArt »Zusammenlaufendes Radial« aus der Gruppe »Beziehung«

Beispiel für das SmartArt »Lineares Venn« aus der Gruppe »Beziehung«

Im nächsten Beispiel wurden zwei SmartArt-Grafiken übereinandergelegt: links **Vertikale Formel** aus der Gruppe **Prozess**, rechts **Vertikale Aufzählung** aus der Gruppe **Liste**.

Die letzte Abbildung dieses Abschnitts zeigt das SmartArt **Zusammenlaufendes Radial** aus der Gruppe **Beziehung**. Über **SmartArt-Tools** ▸ **Entwurf** ▸ **SmartArt-Formatvorlagen** ▸ **Farben ändern** lässt sich die farbliche Darstellung von SmartArts komfortabel ändern.

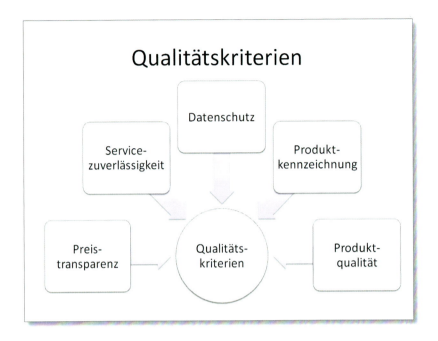

SmartArts formatieren

Das folgende Beispiel zeigt Ihnen, wie Sie SmartArts auf einfache Art und Weise optisch anpassen und aufwerten können.

1. Legen Sie zunächst folgende Ausgangsfolie mit dem Folienlayout **Titel und Inhalt** an, oder laden Sie die Präsentation *02_SmartArts.pptx* von der beiliegenden CD.

SmartArts

- über 210 SmartArts in PowerPoint 2013 verfügbar
- weitere gibt es zusätzlich online
- Vorteil: interessantere Folien

SmartArts formatieren

2. Um diese einfache Aufzählung in ein SmartArt zu konvertieren, klicken Sie auf den Textrahmen, oder markieren Sie alle Textzeilen. Über **Start ▸ Absatz ▸ In SmartArt konvertieren** können Sie sich eine Vorauswahl an SmartArts anzeigen lassen. Für eine Vorschau fahren Sie einfach mit der Maus über die einzelnen Varianten. Wählen Sie schließlich mit einem Klick **Vertikale Aufzählung** aus.

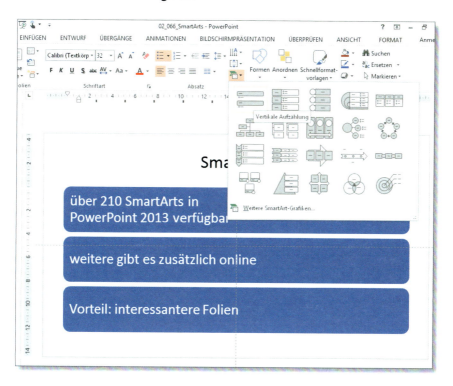

3. Nachdem Sie sich für ein SmartArt entschieden haben, erscheinen zwei zusätzliche Menüs (**SmartArt-Tools ▸ Entwurf** und **SmartArt-Tools ▸ Format**); außerdem sehen Sie links neben dem SmartArt ein Textfeld, mit dessen Hilfe Sie schnell Änderungen am Inhalt durchführen können, z. B. Text korrigieren oder löschen, ganze Zeilen löschen, Aufzählungspunkte höher oder tiefer stufen usw. Drücken Sie in diesem Textfeld nach der dritten Zeile die ⏎-Taste, und geben Sie dann »Fazit« ein – das SmartArt wird erweitert.

Kapitel 2 – Texte spannender gestalten

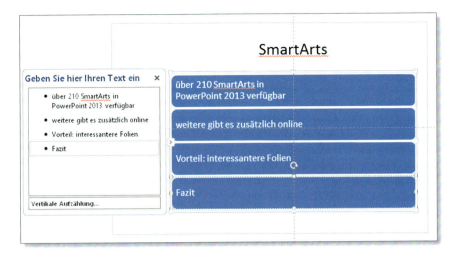

4. Klicken Sie dann mit der Maus in diese letzte Zeile, und drücken Sie entweder einfach die ⇥-Taste (*Tabulator*), oder wählen Sie alternativ **SmartArt-Tools ▸ Entwurf ▸ Grafik erstellen ▸ Tiefer stufen**. Sie sehen die Veränderung unmittelbar in der SmartArt-Grafik.

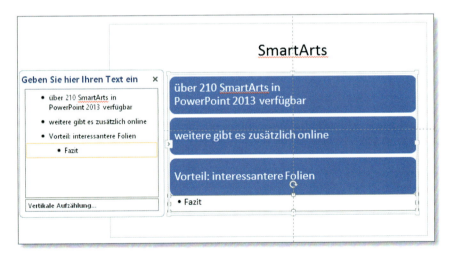

5. Um das SmartArt nun noch zu formatieren, wählen Sie **SmartArt-Tools ▸ Entwurf ▸ SmartArt-Formatvorlagen**. Wählen Sie dort als Format beispielsweise **Abgesenkt** aus, dann wirkt das SmartArt interessanter und moderner.

Die Grundstruktur des SmartArts verändern

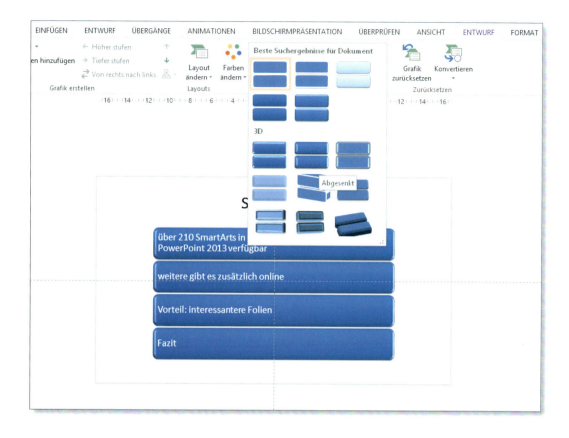

Die Grundstruktur des SmartArts verändern

Das Ziel dieses Beispiels, das Sie auf der beiliegenden CD unter *02_SmartArt_aufsteigend.pptx* finden, ist es, eine Folie mit einem SmartArt zu erstellen, das einen Prozess darstellt. Normalerweise zeigt die SmartArt-Voreinstellung den Prozess von oben nach unten an; wir wollen den Verlauf nun aber umkehren. Das klingt sehr einfach, doch ist ein solches SmartArt in PowerPoint nicht enthalten. Darum müssen wir es uns selbst »bauen«.

1. Zunächst legen Sie eine neue Folie an und wählen als Folienlayout **Titel und Inhalt** (wie immer über **Start ▶ Folien ▶ Neue Folie**). Tippen Sie als Überschrift »Wie ich die Dinge geregelt kriege« ein.

Kapitel 2 – Texte spannender gestalten

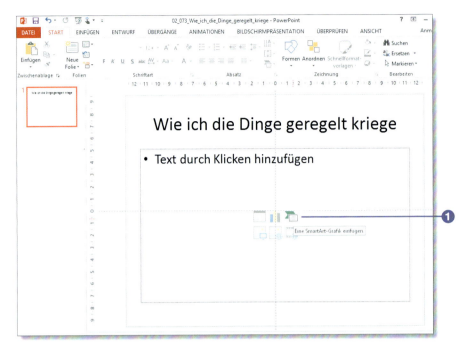

2. Klicken Sie dann auf das Symbol **SmartArt-Grafik einfügen** ❶ im Platzhalter **Inhalt**, und wählen Sie im daraufhin erscheinenden Dialogfenster **Prozess ▸ Vertikaler Prozess** aus.

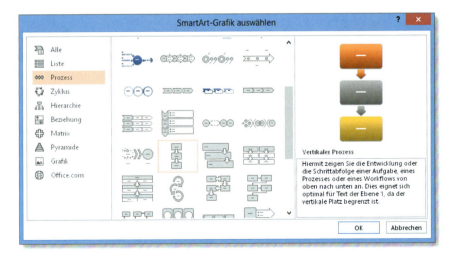

3. Tippen Sie folgende Texte in das Textfeld neben der SmartArt-Grafik ein:

   - Tun
   - Überprüfen
   - Ordnen
   - Durcharbeiten
   - Erfassen

4. Vergrößern Sie die Schrift so weit wie möglich, also auf ca. 24 bis 28 Punkt. Dazu klicken Sie einfach auf den Rahmen der SmartArt-Grafik und drücken [Strg] + [⇧] + [.]. Um die Schrift hingegen zu verkleinern, drücken Sie [Strg] + [⇧] + [,]. Ihre Folie sollte nun wie in der folgenden Abbildung aussehen.

5. Wenn Sie genau hinschauen, sehen Sie, dass die Pfeile von oben nach unten zeigen. Die Pfeile müssen also noch gedreht werden. Klicken Sie dazu den untersten Pfeil an, halten Sie die [⇧]-Taste gedrückt, und markieren Sie auch alle anderen Pfeile. Klicken Sie dann mit der rechten Maustaste auf den markierten Bereich. Im Kontextmenü wählen Sie **Form formatieren**. Im Aufgabenbereich wählen Sie **Effekte** ▸ **3D-Drehung** und stellen den Wert **Z-Drehung** auf »180°« ein und schließen den Dialog. Jetzt zeigen die Pfeile nach oben. Alternativ können Sie auch **Größe und Position** ▸ **Größe** ▸ **Drehung** wählen.

Kapitel 2 – Texte spannender gestalten

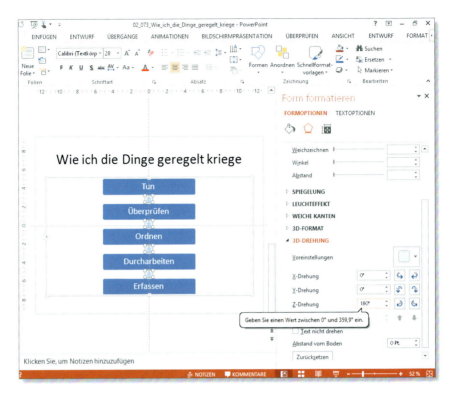

6. Zu guter Letzt verschönern Sie noch die Textboxen, indem Sie sie etwas verbreitern. Dazu markieren Sie alle Textboxen und ziehen sie über einen der Markerpunkte breiter. Fertig!

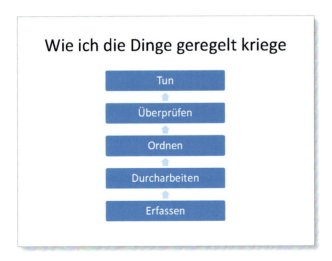

Wie Sie anhand dieses Beispiels gesehen haben, sind SmartArts auch nachträglich veränderbar und bieten Ihnen daher sehr viele flexible Möglichkeiten der Gestaltung.

Der Einsatz von Zitaten

Zitate sind ein beliebtes Mittel, um Botschaften zu transportieren. Die einfachste Variante wäre, den Text wie bei Zitaten üblich in Anführungszeichen zu setzen und so auf eine Folie zu bringen. Doch auch Zitate prägen sich mit einem zugehörigen Bild besser ein. Bilder im Hintergrund unterstützen die Wichtigkeit der Aussage, Rahmen für Texte und Bilder schaffen z. B. Klarheit und Stabilität. Die beiden folgenden Abbildungen zeigen zwei Beispiele dafür, wie sich Zitate gekonnt in Szene setzen lassen.

Die perfekte Symbiose: Das Dachfenster, um das es in diesem Zitat geht, ist zugleich der Bildrahmen, in dem der Zitierte zu sehen ist.

Kapitel 2 – Texte spannender gestalten

Diese sehr schlichte, sehr reduzierte Darstellung konzentriert sich klar auf die Botschaft.

Kapitel 3
Bilder pfiffig präsentieren

Die meisten Bilder in einer Präsentation würden besser wirken, wenn sie passender ausgewählt oder nachbearbeitet worden wären. Manchmal genügt schon eine richtige Auflösung bzw. Größe, und schon sieht das Bild wesentlich besser aus. Auch die richtige Platzierung und eine klare Bildaussage im Zusammenhang mit dem Folieninhalt spielen eine entscheidende Rolle. Sie haben bereits in Kapitel 2, »Texte spannender gestalten«, gelesen, dass Bilder besonders wichtig für die Wirkung und Nachhaltigkeit einer Präsentation sind. In diesem Kapitel lernen Sie nun, wie Sie Ihre Folien mit den passenden Bildern ideenreich gestalten.

Sie werden erfahren, was Sie bei der Verwendung von Bildern grundsätzlich beachten sollten und woher Sie Bilder überhaupt beziehen können. Wie Sie die ausgewählten Bilder bearbeiten und verändern und sie dann richtig auf der Folie platzieren, wird der nächste Schritt sein. Damit in Zusammenhang steht auch, welche Möglichkeiten Sie überhaupt haben, Bilder interessant darzustellen. Diese Frage werde ich anhand von verschiedenen Beispielen klären. Zu guter Letzt zeige ich Ihnen noch zwei »technische« Aufgaben: Wie »lösen« Sie eine Person oder ein Objekt vom Hintergrund (das sogenannte *Freistellen*), um es vor einen beliebigen anderen Hintergrund platzieren zu können? Und wie komprimieren Sie die Bilder am besten, damit Sie Ihre PowerPoint-Präsentation problemlos per E-Mail versenden können?

Die Auswahl ist entscheidend

Sie wollen sicher wissen, wie man das Beste aus den Bildern einer Präsentation herausholt. Ein überaus wichtiger Aspekt ist natürlich die Bildauswahl. Der andere wichtige Punkt ist die Bildgestaltung, auf die wir im Abschnitt »Grundlagen der Bildgestaltung« ab Seite 114 noch zu sprechen kommen.

Gehen Sie zunächst einmal davon aus, dass ein Profi seine Bilder sehr genau auswählt und sie auch verändert, wenn sie die Aussage der Folie bzw. Präsentation nicht (genügend) unterstützen. Um das passende Bild zu finden, sollten Sie für sich folgende Fragen beantworten:

- Was ist die Aussage bzw. Botschaft der Folie?
- Welches Bildmotiv könnte diese Aussage unterstützen?
- Wie und wo lässt sich ein solches Bild beschaffen?
- Was muss gegebenenfalls am Bild geändert werden, damit es interessant, spannend und professionell aussieht?

Wenn Sie die Folie selbst erstellen, dürfte Ihnen klar sein, was sie aussagen oder welche Botschaft sie vermitteln soll. Wenn Sie die Präsentation für jemand anderen überarbeiten, versuchen Sie die Folie vorher wirklich zu verstehen, oder wenden Sie sich im Falle von Rückfragen an den Auftraggeber.

Die Auswahl ist entscheidend

Seien Sie kreativ, und sammeln Sie einfach erst einmal Ideen (*Brainstorming*). Dabei ist es wichtig, dass Sie Bildideen nicht direkt bewerten, sondern erst einmal wertneutral sammeln. Sobald Sie eine gewisse Anzahl beisammen haben, beginnen Sie im zweiten Schritt mit der Auswertung. Beurteilen Sie die Bilder vor allem danach, welches die Botschaft aus Sicht der Zuschauer am besten unterstützt. Reduzieren Sie die Ideensammlung auf maximal drei Bilder. Gehen Sie dann zum nächsten Schritt über, der Bildbeschaffung (siehe den Abschnitt »Bildbeschaffung« ab Seite 110).

Wenn Sie in einem Unternehmen arbeiten, das eine Corporate-Design-konforme Bilddatenbank hat, werden Sie jetzt sagen, dass Ihnen die Bilder vorgegeben sind und Sie nicht viel Spielraum bei der Auswahl haben. In diesem Fall sollten Sie sich zumindest darauf konzentrieren, wie Sie die Bilder verändern können, um sie spannender und interessanter aussehen zu lassen. Zum besseren Verständnis habe ich hier ein Beispiel angeführt, das in der Präsentationspraxis häufiger vorkommt. Sie finden es unter *03_Umsatzentwicklung.pptx* auf der beiliegenden CD. Auf dem Chart ist die vereinfachte Umsatzentwicklung eines Unternehmens zu sehen.

Die Botschaft »Wachstum« steht auf dieser Folie im Vordergrund und wird durch das Bildmotiv unterstützt.

Das Motiv für Wachstum kann z. B. eine Pflanze sein, ein Münzstapel, ein Stapel Geldscheine oder Ähnliches. Die Wahl ist natürlich auch davon abhängig, in welcher Branche die Präsentation eingesetzt werden soll.

Die folgende Tabelle zeigt noch weitere Beispiele für mögliche Motive.

Aussage	Mögliches Bildmotiv
Sachen, Ideen, Dienstleistungen usw. sind abhängig voneinander oder hängen zusammen	Zahnräder, die ineinandergreifen, Fischernetz, gewebter Teppich, Turmbau
»Wir haben ein individuell zusammenstellbares System.«	Baukasten mit einzelnen Bauelementen aus Holz, Kunststoff usw., Lego-Bausteine
Marktführer	Sportler, der sein Ziel erreicht (z. B. Marathonläufer oder Radfahrer), Siegertreppchen, Berggipfel
»Wir liefern Qualität.«	Diamant oder Brillant neben dem Produkt, Glanzpunkt auf dem Produkt
»Wir sind serviceorientiert.«	Butler mit weißen Handschuhen, Silbertablett, jemand, der einem Reiter aufs Pferd hilft

Bildbeschaffung

Die Bildrecherche und -beschaffung (auf Neudeutsch auch *Artbuying* genannt) ist ein wichtiger Bestandteil der Erstellung einer professionellen Präsentation. Der erste Punkt, den Sie klären sollten, ist das *Budget*. Wie viel dürfen Sie gute Bilder kosten? Gerade wenn Sie Zeit sparen und dennoch eine optimale Wirkung erreichen wollen, ist es sinnvoll, auf kostenpflichtige Angebote zurückzugreifen. Professionelle Bilddatenbanken bieten Ihnen dann schnelle Suchfunktionen und einen umfangreichen Bildbestand. Auch ohne Budget werden Sie natürlich fündig werden, allerdings müssen Sie dann etwas mehr Zeit für die Bildsuche einplanen und kostenfreie Bildarchive nutzen.

Ein zweiter wichtiger Punkt sind die *Nutzungsrechte*. Sie brauchen immer zumindest die Freigabe desjenigen, der das Bild erstellt hat (z. B. der Fotograf). Manchmal brauchen Sie auch die Freigabe durch das Motiv: Wenn z. B. die Person, die auf dem Bild zu sehen ist, mit einer Verwendung in einer Präsentation nicht einverstanden ist, dürfen Sie es nicht nutzen. Wenn Sie auf der sicheren Seite sein wollen, klären Sie die rechtliche Frage, bevor Sie ein Bild erwerben.

In diesem Zusammenhang möchte ich noch einen Hinweis zu den Begriffen *lizenzfrei* und *lizenzpflichtig* einfügen. Lizenzfreie Bilder können Sie frei verwenden, d. h., Sie können sie in Ihrer Präsentation, im Internet, in einer Broschüre, in einem Videoclip oder Ähnlichem einsetzen. Lizenzpflichtige Bilder bezahlen Sie separat bei jeder Nutzung.

Einer der wichtigsten Punkte für den Einsatz von Bildern ist natürlich deren Qualität. Dazu gehört vor allem die *Auflösung*, also die Größe des Bildes. Verwenden Sie für PowerPoint nur Bilder mit einer Mindesthöhe von 600 Pixeln, andernfalls sehen sie unscharf (»verpixelt«) und damit unschön aus.

> **INFO**
>
> **Bildgröße**
>
> Die optimale Bildauflösung für den Einsatz in Präsentationen beträgt im Standardformat, also 4:3, 960 × 720 Pixel und im Breitbildformat, d. h. im 16:9-Format, 1.280 × 720 Pixel.

Bei Anlage einer neuen Präsentation unter PowerPoint 2013 wird grundsätzlich das Verhältnis Breitbild mit 16:9-Format verwendet. Eine PowerPoint-Folie im Seitenverhältnis von 4:3 hat eine Größe von 25,4 × 19,05 cm und bei 16:9 eine Größe von 33,867 × 19,05 cm. Wenn Sie ein Bild vollflächig auf die Folie legen möchten, brauchen Sie eine Pixelauflösung von 1.280 × 720 bzw. 960 × 720 Pixel. Die Information zur Pixelgröße erhalten

Sie, wenn Sie im Datei-Explorer mit der Maus über den Dateinamen fahren: Ein sogenannter *Quicktipp* wird eingeblendet. Sie können auch mit der rechten Maustaste auf die Bilddatei klicken und über **Eigenschaften** die Größe im Kontextmenü (unter Windows XP über **Eigenschaften ▸ Dateiinfo ▸ Erweitert**, unter Windows 7 über **Eigenschaften ▸ Details ▸ Bild**) herausfinden. Alternativ laden Sie das Bild einfach in PowerPoint und schauen, wie groß es im Verhältnis zur Folie ist.

Wenn Sie Bilder über Dritte beschaffen wollen, z. B. Ihre Marketingabteilung oder eine Werbeagentur, kann es sein, dass Sie gefragt werden, welche Auflösung das Bild haben soll. Meistens erwartet man dann einen dpi-Wert von Ihnen. *dpi* ist die Abkürzung für *Dots per Inch*, also Punkte pro Zoll. Bei einer DIN-A4-Seite genügen 96 dpi.

Nach diesen Vorbemerkungen finden Sie hier nun einige Anregungen und Hinweise zu Bildquellen. In der folgenden Tabelle habe ich zunächst einmal vier Gruppen von Bildarchiven im Internet aufgeführt. Sie unterscheiden sich durch die Größe des Archivs, die Art der Bildmotive, die Suchqualität (Schnelligkeit und Suchergebnis) und den Preis für die Bilder.

URLs	Besonderheiten	Preise pro Bild
www.gettyimages.de	Die größte Bilddatenbank der Welt. Hier finden Sie zu fast jedem Suchbegriff ein Bild, zu Politik, Wirtschaft usw. Die Datenbank umfasst sowohl lizenzfreie (LF) als auch lizenzpflichtige (LP) Bilder.	lizenzfreie Fotos ab 10 €, lizenzpflichtige Fotos ab 100 €
www.ccvision.de, *www.mev.de*, *www.istockphoto.de*, *www.fotolia.de*	Diese Datenbanken enthalten sehr schöne Fotostrecken (Bildfamilien) und viele unterschiedliche Bildstile. Sehr professionelle Bilder, gute Suchergebnisse.	zwischen 1 und 100 €
www.imagepoint.biz, *www.photos.com*, *www.shutterstock.com*	Hierbei handelt es sich um kleinere Datenbanken mit weniger Auswahl.	zwischen 1 und 30 €

Bildbeschaffung

URLs	Besonderheiten	Preise pro Bild
www.pixelio.de, www.photocase.de, www.freepixels.com, www.fotodatenbank.com	Diese Datenbanken werden meistens von Privatpersonen gespeist. Die Qualität ist sehr durchwachsen, die Auswahl eher klein, die Suchergebnisse sind mäßig. Dafür sind die meisten Bilder kostenfrei.	zwischen 0 und 5 €

Auch Suchmaschinen wie Google, Yahoo, MSN usw. bieten eine Bildersuche an. So finden Sie meist schnell ein passendes Bild. So schnell und praktisch diese Art der Bildsuche jedoch ist, so problematisch ist sie häufig auch. Oft ist die Bildqualität stark beeinträchtigt, die Auflösung zu gering und die Nutzungsrechte sind nicht geklärt. Aus professioneller Sicht fällt die Entscheidung häufig gegen diese Bilder aus. Wenn Sie dennoch Suchmaschinen nutzen wollen, klären Sie auf jeden Fall die rechtlichen Aspekte. Mit ein wenig Geschick finden Sie einen Urheber und können diese Punkte direkt mit ihm klären.

Auch über Wissensportale wie Wikipedia findet man häufig Bilder mit Motiven, die von allgemeinem und öffentlichem Interesse sind, z. B. Gebäude und Kultureinrichtungen oder auch Prominente. Der Vorteil: Diese Bilder sind immer mit einem rechtlichen Hinweis zur Nutzung versehen. Wenn Sie Glück haben, finden Sie hier das eine oder andere Bild zum Nulltarif.

Sie können natürlich auch Fotos (Digitalfotos, Papierfotos, Dias usw.) oder Zeichnungen aus Ihrem eigenen Archiv und von Verwandten, Freunden oder Bekannten verwenden. Die Bilder haben einen hohen persönlichen Bezug und darüber hinaus den Vorteil, dass sie passend erstellt werden können. Lassen Sie sich dennoch eine schriftliche Freigabe für die Verwendung des Motivs vom Fotografen und ggf. auch von den darauf abgebildeten Personen geben. Jede Person besitzt das Recht am eigenen Bild – von daher ist die Einwilligung der abgebildeten Person sehr wichtig.

Bilder lassen sich nicht nur fotografieren, sondern auch mithilfe spezieller Software erstellen, z. B. mit 3D-Programmen (wie 3ds Max oder Cinema

4D) oder Zeichenprogrammen (CorelDRAW, Adobe Illustrator, Smooth-Draw, Artweaver u.a.). Der Vorteil: Sie schaffen ein eigenes Werk, das einzigartig ist und Ihre Präsentation damit von vielen anderen abheben wird. Bedenken Sie allerdings auch, dass Sie für die Erstellung einige Zeit veranschlagen müssen.

Bei Business-Präsentationen sind schnell einige Hundert Euro für Bilder aus Bildarchiven ausgegeben. Wenn Sie nur ein kleines Budget haben, versuchen Sie, einen Fotografen auf Stunden- oder Halbtagsbasis zu buchen. Ein Fotograf kann Ihnen einzigartiges Material produzieren, und darüber hinaus gewährleistet diese Methode Ihnen Rechtssicherheit. Gerade wenn es um individuelle Fotos, ganze Bildstrecken oder einen bestimmten Bildstil geht, ist der Fotograf aus meiner Sicht zu bevorzugen.

Grundlagen der Bildgestaltung

Nachdem Sie ein passendes Bild gefunden haben, lernen Sie in diesem Abschnitt, es professionell und wirkungsvoll zur Geltung zu bringen. Dabei gibt es einige Punkte zu beachten.

Der *Bildstil* beschreibt die Art und Weise, wie ein Motiv dargestellt wird. Das lässt sich am besten mit einer Schrift vergleichen: Hier können Sie die Schriftart (Times, Arial, Brush oder handgeschrieben), den Schriftschnitt (z. B. kursiv oder fett), die Schriftfarbe und vieles andere einstellen. Bei einem Bild funktioniert das ähnlich. Ein Bildstil lässt sich an vielen Dingen festmachen, z. B.:

- Bildgröße
- Bildausschnitt (Großaufnahme, Nahaufnahme, Totale, Halbtotale usw.)
- Motivanschnitt
- Farbgebung
- Verhältnis von Schärfe/Unschärfe
- Bildeffekte

Professionelle Präsentationen heben sich vor allem dadurch hervor, dass sich ein Bildstil durch die gesamte Präsentation hindurch zieht. Beispielsweise können alle Bilder von den gleichen Farben dominiert sein. Oder denken Sie an Werbespots oder -plakate, bei denen Sie sofort wissen, um welche Firma oder welches Produkt es sich handelt, ohne dass Sie sich die Details angeschaut haben – Sie haben es lediglich aufgrund eines bestimmten Stils erkannt. Das heißt wiederum auch, dass sich Ihre Präsentation bei den Zuschauern einprägen wird, wenn Sie dafür einen eigenen Stil festlegen und ihm treu bleiben.

Den Bildstil festlegen

Mit PowerPoint können Sie sehr einfach einen Bildstil festlegen. Wie das geht, zeige ich Ihnen in diesem Abschnitt. Die dazugehörige Präsentation finden Sie auf der beiliegenden CD unter *03_Bildstil.pptx*.

1. Legen Sie zunächst eine neue Folie mit dem Layout **Titel und Inhalt** an. Klicken Sie auf der Folienmitte auf das Symbol für **Bilder**, und suchen Sie sich ein Bild aus, beispielsweise das Bild *03_Hohensalzburg.jpg* von der beiliegenden CD.

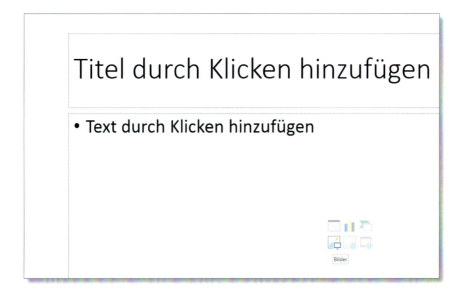

Kapitel 3 – Bilder pfiffig präsentieren

2. Wenn Sie das Bild anklicken, erscheint ein zusätzliches Menüband **Bildtools ▸ Format**, mit dessen Hilfe Sie das Bild weiter bearbeiten und gestalten können.

3. Über **Bildtools ▸ Format ▸ Bildformatvorlagen** können Sie den Bildstil also ganz einfach verändern. Hier finden Sie eine große Auswahl an vorgefertigten Bildformaten bzw. -stilen. Wählen Sie z. B. **Gedreht, weiß**. Schon haben Sie Ihr Bild mit einem besonderen Effekt versehen.

Bildstrecken

Bevor ein professioneller Fotograf überhaupt mit der Arbeit beginnt, definiert er zusammen mit dem Kunden einen bestimmten Bildstil. Erst danach finden die Fotoaufnahmen statt. Fotografen sprechen dann auch davon, dass sie *Bildstrecken* erstellen. Bildstrecken eignen sich hervorragend für die Gestaltung von Präsentationen, aber natürlich auch für Broschüren, Homepages usw. Sie tragen zu einem einheitlichen und in sich schlüssigen Auftreten bei, was besonders bei Unternehmens- und Imagepräsentationen wichtig ist, denn diese sollen das Unternehmen nach außen hin repräsentieren.

Das folgende Beispiel zeigt den Unternehmensberater und Marketingprofi Christian Görtz (*www.marketingtip.de*), fotografiert von Gregor Pfitzer. Sie finden die Fotografien unter *03_Marketing_1.jpg*, *03_Marketing_2.jpg* und *03_Marketing_3.jpg* auf der beiliegenden CD. Der einheitliche Bildstil ist geprägt von den Farben Grau, Silber, Schwarz und Rot. Außerdem sind Möbel, Accessoires, Requisiten, Lampen usw. modern, aber dezent gehalten. Der Fokus liegt immer auf den Personen. Auch das Gegenüber des Beraters tritt im gleichen Stil auf. Das Beispiel eignet sich vor allem für Dienstleistungen und Beratungsunternehmen, denn der Stil wirkt seriös, kompetent, sachlich und wegen des Rots auch aktiv.

Im zweiten Beispiel zur Schmuckkunst von Zori Rosic (Fotograf: Gregor Pfitzer) geht es darum, Anmut und Kreativität zu zeigen. Sie finden es unter *03_Schmuck.pptx* auf der beiliegeden CD. Dieser Stil zeichnet sich durch eine Kombination von Schärfe und Unschärfe aus. Dieser Bildstil eignet sich beispielsweise für Endverbraucherprodukte (Schmuck, Shampoo usw.), weil dadurch ein Highlight des Produkts hervorgehoben werden kann und die unwichtigen Details in der Unschärfe verschwinden können.

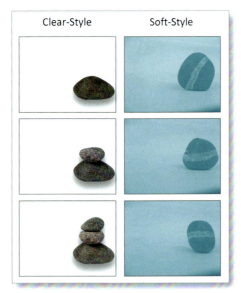

Das nächste Beispiel (Sie finden es auf der beiliegenden CD unter *03_Clear-Style_Soft-Style.pptx*) verwendet Kieselsteine als Metapher, und das in zwei Varianten, nämlich links im *Clear-Style* und rechts im *Soft-Style*. Beide Stile eignen sich für Berufe in den Bereichen Gesundheit, Coaching usw. oder für Themen wie Balance oder Ruhe. Der Clear-Style ist ein sehr klarer und reiner Bildstil. Dazu können beispielsweise ein weißer Hintergrund oder Bildelemente gehören, die sehr scharf und damit deutlich abgebildet sind. Im Gegensatz dazu wirkt der Soft-Style bei »weichen« Themen wie Sanftheit oder Ausgeglichenheit sehr gut.

Am besten sollten Sie dafür Pastellfarben und Duo-Töne (also Darstellungen mit zwei Farbtönen) verwenden.

Das letzte Beispiel (*03_Illustrationsstil.pptx* auf der beiliegenden CD) zeigt einen Stil aus Figuren und Objekten. Alle Objekte sind computergeneriert und im Duo-Ton gehalten. Dieser Illustrationsstil eignet sich z. B. für Präsentationen von IT- und Telekommunikationsunternehmen, weil er technisch und modern wirkt. Mit solchen Objekten lassen sich auch Abläufe und Prozesse besonders gut darstellen.

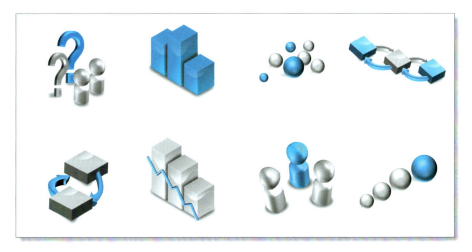

Neben diesen Bildstilen gibt es zahlreiche weitere Möglichkeiten für Bildstrecken, z. B. folgende:

- Für »schnelle« oder »sportliche« Themen kann man sehr gut Bilder mit Bewegungsunschärfe einsetzen, die die Dynamik unterstreichen.

- Wenn man zeigen will, dass man genau hinschaut oder eine Sache sehr genau nimmt, kann man Nah- bzw. Makroaufnahmen von Objekten verwenden. Wenn Sie also Nahaufnahmen von Werkzeugen zeigen, wie z. B. Lot oder Lineal, kann das mit Präzision, Bodenständigkeit usw. assoziiert werden.

Sie haben nun gelernt, was einen Bildstil oder auch eine Bildstrecke ausmachen kann. Nun können Sie zukünftig bei Präsentationen, Broschüren oder Werbematerialien versuchen, einen persönlichen Bildstil herauszufiltern.

Bildspannung

Präsentationen leben von spannenden Bildern. Spannung können Sie auf verschiedene Arten erzeugen, z. B. durch ungewöhnliche Bildmotive, ungewöhnliche Perspektiven oder interessante Bildausschnitte:

- Das Bildmotiv ist in dem Präsentationsumfeld ungewöhnlich, z. B. die Oberfläche eines Planeten im Zusammenhang mit Elektroprodukten wie Steckdosen und Lichtschaltern, das schnellste Auto der Welt im Zusammenhang mit einer Produktpräsentation über Waschmittel oder die Flügeloberfläche eines Marienkäfers im Zusammenhang mit einer Unternehmenspräsentation eines Stahlkonzerns.

- Beispiele für Bilder mit einer ungewöhnlichen Perspektive wären z. B. die Makroaufnahme einer Orange, die Luftbildaufnahme einer Schafherde oder die Weitwinkelaufnahme eines Fußballtors.

- Schon sehr lange ist bekannt, dass Bilder, die nach der Regel des Goldenen Schnitts aufgebaut sind, interessanter wirken. Eine Vereinfachung dieser Regel ist die sogenannte *3er-Regel*. Sie teilen das Bild in drei mal drei gleich große Segmente ein, wie es in der folgenden Abbildung zu sehen ist. Der Motivschwerpunkt muss an einem der Kreuzungspunkte liegen.

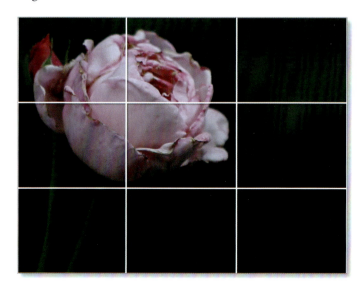

Ein Bild mithilfe der 3er-Regel verbessern

Mithilfe der 3er-Regel können Sie Bilder spannender gestalten. Wie das funktioniert, zeige ich Ihnen in diesem Abschnitt. Die dazugehörige Präsentation finden Sie auf der beiliegenden CD unter *03_Beispiel_3er-Regel_Windrad.pptx*.

1. Legen Sie zunächst eine neue Präsentation an, oder fügen Sie eine neue Folie ein. Laden Sie das Originalbild *03_Windrad.tif* von der beiliegenden CD (über **Einfügen ▸ Bilder ▸ Bilder**).

2. Ziehen Sie das Bild mithilfe der entsprechenden Marker auf, sodass es die volle Folienfläche ausfüllt.

3. Um später den gewünschten Bildausschnitt besser finden zu können, legen Sie als Hilfskonstrukt eine Tabelle in der Größe 3 × 3 (drei Spalten, drei Zeilen) über das Bild (indem Sie auf **Einfügen ▸ Tabelle** klicken). Die Tabelle wird sofort über das Bild gelegt und ist markiert, sodass Sie direkt mit ihr weiterarbeiten können.

Kapitel 3 – Bilder pfiffig präsentieren

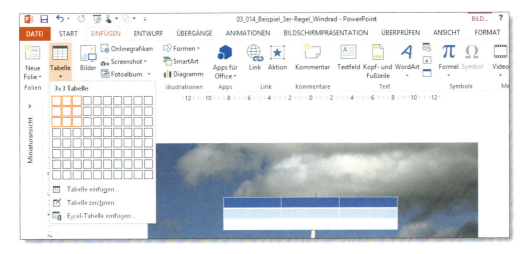

4. Wählen Sie nun über **Tabellentools ▶ Entwurf ▶ Tabellenformatvorlagen** das Tabellenformat **Keine Formatvorlage, Tabellenraster** aus.

5. Ändern Sie über **Tabellentools ▶ Entwurf ▶ Rahmenlinien zeichnen** die **Stiftfarbe** auf **Weiß, Hintergrund 1** und die **Stiftstärke** auf **3 Pt**, und klicken Sie dann im Bereich **Tabellenformatvorlagen** auf **Rahmen ▶ Alle Rahmenlinien**. Die Tabelle sollte jetzt »durchsichtig« sein und weiße Linien haben.

Ein Bild mithilfe der 3er-Regel verbessern

6. Verändern Sie die Tabelle in Höhe und Breite (**Tabellentools ▶ Layout ▶ Zellengröße**), bis Sie den optimalen Bildausschnitt gefunden haben. Setzen Sie das zentrale Motiv – das Windrad – spannend in Szene, indem Sie einen der Kreuzungspunkte der Tabelle genau auf die das Zentrum der Rotorblätter legen.

7. Klicken Sie nun das Bild an, und wählen Sie **Bildtools ▶ Format ▶ Größe ▶ Zuschneiden**. Die runden Marker werden daraufhin rechteckig und schwarz. Klicken Sie auf einen der schwarzen Marker, und verändern Sie den Bildausschnitt durch Ziehen mit gedrückter Maustaste. Schneiden Sie das Bild genau auf die Tabelle zu.

Kapitel 3 – Bilder pfiffig präsentieren

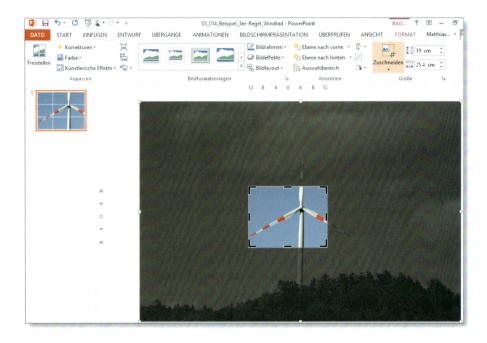

8. Löschen Sie die Tabelle und ziehen Sie den Bildausschnitt auf Foliengröße auf. Das Ergebnis sieht dann aus, wie in der nebenstehenden Abbildung zu sehen.

> **TIPP**
>
> **Hilfslinien nutzen**
>
> Falls Sie während des Zuschneidens Probleme haben, sich an der Tabelle zu orientieren, nutzen Sie die Hilfslinien (Sie blenden sie mit [Alt]+[F9] ein). Verschieben Sie die Linien an die Tabelle, und beschneiden Sie das Bild genau bis zur Hilfslinie.

Funktionen der Bildbearbeitung

In diesem Abschnitt stelle ich Ihnen Funktionen vor, die aus meiner Sicht für die Bearbeitung von Bildern (in der PowerPoint-Sprache häufiger *Grafiken* genannt) sehr wichtig sind. Zunächst gebe ich Ihnen jedoch eine komplette Befehlsübersicht.

Jedes Mal, wenn Sie ein Bild anklicken (markieren), erscheint ein zusätzliches Menü, **Bildtools**, in dem eine Menge nützlicher Funktionen zu finden sind.

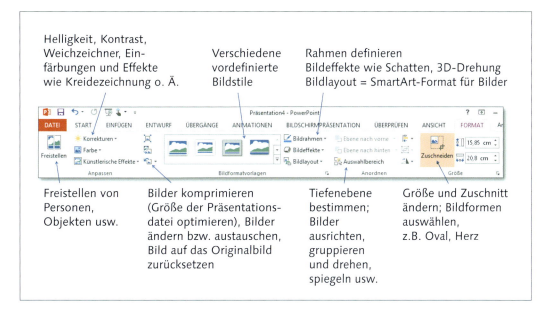

Die erste hier vorgestellte Funktion (**Bildtools ▶ Format ▶ Anpassen ▶ Bild zurücksetzen**) ist der kleine Bruder der bekannten und äußerst hilfreichen Funktion **Rückgängig machen**. Der Unterschied besteht darin, dass die Bildbearbeitung selbst dann noch rückgängig gemacht werden kann, wenn die PowerPoint-Datei schon mehrmals gespeichert, geschlossen und geöffnet wurde. Mithilfe der Funktion **Bild zurücksetzen** wird das Bild also wieder in den Ausgangszustand zurückversetzt, also in den Zustand, in dem es beim ersten Mal in PowerPoint eingefügt wurde. Wenn das Bild danach eingefärbt, verzerrt, gestaucht, gedreht oder verkleinert wurde, werden mit dieser Funktion die Originalparameter wiederhergestellt.

Wenn Sie die zum Befehl **Bild zurücksetzen** gehörige Dropdown-Liste aufklappen, erscheint die Option, das Originalbild mitsamt seiner Originalgröße wiederherzustellen (**Bild und Größe zurücksetzen**). **Bild zurücksetzen** hingegen löscht alle Bildeffekte und setzt Rahmen, Rahmenfarbe, Helligkeit, Kontrast usw. zurück (die Größe bleibt jedoch erhalten).

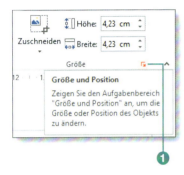

Um die Bildgröße zu verändern, ziehen Sie einfach mit gedrückter linker Maustaste einen der Bildmarker in die gewünschte Richtung. Wenn Sie es sehr genau nehmen, wählen Sie **Bildtools ▶ Format ▶ Größe** und geben dort die Breite oder Höhe des Bildes in Zentimetern an.

Mehr Details zur Größe des Bildes, zu Drehung, Position usw. finden Sie, wenn Sie den Dialogfeldstarter ❶ (den kleinen Pfeil unten rechts) in der Gruppe **Größe** anklicken, und dadurch in den Aufgabenbereich wechseln.

Um den Bildausschnitt eines Bildes zu verändern, benutzen Sie die Funktion **Zuschneiden** in der Befehlsgruppe **Größe**. Sie erkennen den Zuschneiden-Modus daran, dass die Marker des Bildes rechteckig und schwarz sind. Klicken Sie einen Marker an, und verschieben Sie ihn mit gedrückter linker Maustaste.

> **INFO**
>
> **Bild bleibt in Originalgröße bestehen**
>
> Solange keine Bildkomprimierung durchgeführt wird, bleibt das Bild auch nach dem Zuschneiden in Originalgröße in der PowerPoint-Datei erhalten! Die beschnittenen Teile werden quasi nur ausgeblendet.

Darüber hinaus lässt sich die Form des Bildes verändern, wenn Sie **Zuschneiden ▶ Auf Form zuschneiden** wählen. Normalerweise ist ein Bild rechteckig beschnitten; hier können Sie es in eine Ellipse oder eine andere Form ändern.

Funktionen der Bildbearbeitung

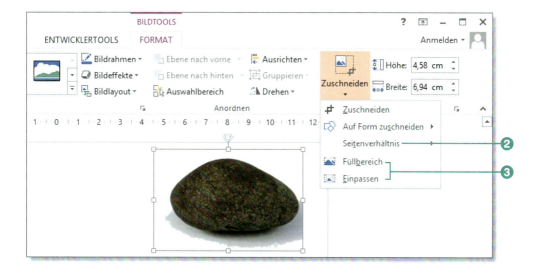

Sehr hilfreich ist auch die Möglichkeit, ein Bild unter Einhaltung eines Seitenverhältnisses zu beschneiden (im Dropdown-Menü heißt der Befehl entsprechend **Seitenverhältnis** ❷). Das spart viel Zeit. Wenn Sie beispielsweise einen quadratischen Ausschnitt aus einem Digitalfoto brauchen, stellen Sie ein Verhältnis von 1:1 ein. Das klassische Verhältnis für Digitalbilder, Monitore und Fernseher war bislang 4:3 (das ändert sich jedoch gerade in Richtung 16:9).

Die Befehle **Füllbereich** und **Einpassen** ❸ im gleichen Menü helfen Ihnen außerdem, wenn Sie mit Seitenverhältnissen arbeiten. Probieren Sie es aus, indem Sie ein Bild anklicken, ein Verhältnis von 1:1 einstellen und dann **Zuschneiden ▸ Füllbereich** aufrufen. Testen Sie auch den Befehl **Einpassen**, und schauen Sie sich den Unterschied an. Hier wird das Bild einfach in den bestehenden Ausschnittsbereich eingepasst.

Um ein Bild zu drehen (2D), können Sie den Marker oberhalb des Bildes benutzen. Klicken Sie ihn an, und ziehen Sie damit das Bild mit gedrückter Maustaste nach links oder rechts.

Alternativ können Sie mit der Funktion **Drehen** (auf dem Menüband in der Befehlsgruppe **Anordnen**) arbeiten, was den Vorteil hat, dass Sie exakte Gradzahlen eingeben können. Die gleichen Befehle finden Sie auch über **Start ▸ Zeichnung ▸ Anordnen**. Mit **Vertikal umdrehen** oder **Horizontal spiegeln** lässt sich das Bild spiegeln; mit dem Menüpunkt **Weitere Drehungsoptionen** lassen sich auch hierbei ganz genaue Gradwerte für die jeweilige Drehung einstellen. Probieren Sie es einfach einmal aus.

Wenn Sie ein Bild räumlich drehen möchten (3D), wählen Sie **Bildtools ▸ Format ▸ Bildformatvorlagen ▸ Bildeffekte**. Hier finden Sie eine Reihe von vordefinierten Drehungen und Perspektiven.

Diese Funktion ist sehr nützlich, wenn Sie einer Folie Tiefe verleihen möchten. Wenn Sie dreidimensionale Objekte und Anordnungen einsetzen, hat der Zuschauer den Eindruck, als schaue er in die Tiefe des Raumes. Die Folie wirkt dadurch interessanter und spannender. Sie können die 3D-Drehung z. B. sehr gut verwenden, wenn Sie eine Serie von Urlaubsbildern oder Software-Screenshots gestaffelt hintereinander auf einer Folie zeigen oder zwei Bilder räumlich gegenüberstellen wollen. Eine Präsentation mit Beispielen finden Sie auf der beiliegenden CD unter *03_Stadt-bei-Nacht.pptx*. Weitere Einsatzgebiete zeige ich Ihnen im Abschnitt »Einen Bilderwürfel aufbauen« ab Seite 147.

Funktionen der Bildbearbeitung

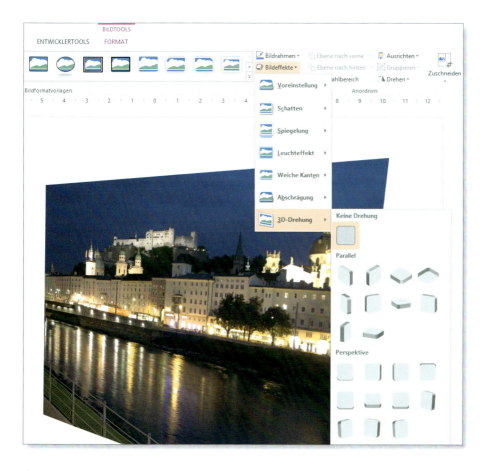

Über **Weitere 3D-Einstellungen** können Sie wie gehabt exakte, gradgenaue Einstellungen vornehmen. Alternativ gelangen Sie zu den 3D-Einstellungen, wenn Sie mit der rechten Maustaste auf das Bild klicken und aus dem Kontextmenü **Grafik formatieren** und im Aufgabenbereich **Effekte ▸ 3D-Drehung** wählen.

Die Bearbeitung der Bildqualität, z. B. in Bezug auf Helligkeit, Kontraste oder Weichzeichnung (Unschärfe), erfolgt über den Auswahlbefehl **Bildtools ▸ Format ▸ Anpassen ▸ Korrekturen** ❶ (auf Seite 130). Hier können Sie außerdem das Bild umfärben oder mit künstlerischen Effekten versehen. Alternativ klicken Sie mit der rechten Maustaste auf das Bild und wählen im Kontextmenü **Grafik formatieren** und **Bild ▸ Bildkorrekturen** im Aufgabenbereich.

Kapitel 3 – Bilder pfiffig präsentieren

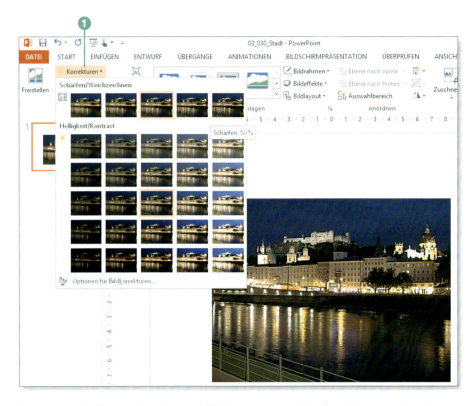

PowerPoint bietet zahlreiche Möglichkeiten, ein Bild zu korrigieren – Sie müssen nicht unbedingt eine Bildbearbeitungssoftware einsetzen.

Eine farbliche Veränderung, nämlich die Reduzierung auf einen *Duo-Ton*, erzeugen Sie mit **Bildtools ▶ Format ▶ Anpassen ▶ Farbe** ❷. Alternativ klicken Sie mit der rechten Maustaste auf das Bild und rufen dann den Befehl **Grafik formatieren ▶ Bild ▶ Bildfarbe** auf. Diese Funktion, die das Bild in nur zwei Farben darstellt, bietet Ihnen einige Möglichkeiten:

- Sie können damit sehr leicht einen bestimmten Bildstil erzeugen.

- Eingefärbte Bilder oder ClipArts wirken eher aus einem Guss, wenn sie mit dieser Färbefunktion behandelt wurden.

- Sie könnten alle Symbole in einer Präsentation einheitlich färben, um einen hohen Wiedererkennungswert zu schaffen.

- Der Hintergrund einer Folie lässt sich ganz hell oder ganz dunkel darstellen, sodass der Text im Vordergrund gut zu erkennen ist.

Funktionen der Bildbearbeitung

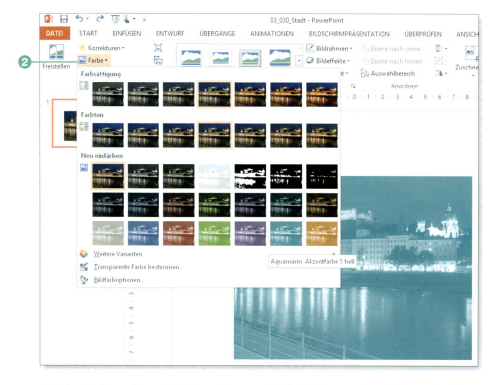

Mit der Option »Neu einfärben« können Sie die Wirkung eines Bildes entscheidend verändern.

Seit PowerPoint 2010 gibt es die Funktion **Künstlerische Effekte** ❸. Sie lässt sich beispielsweise für folgende Fälle nutzen:

- Definition eines Bildstils

- Gestaltung einer Titelfolie, die inspirierend ist und ein wenig wie ein Gemälde wirkt (mit der Option **Markierung**)

- Skizzierung einer Produktidee (z. B. mit **Bleistiftskizze**) oder einer Bauskizze (mit **Bleistift: Graustufen**)

- Hervorhebung eines Produkts mithilfe der metaphorischen Wirkung des Leuchtens (**Leuchteffekt: diffus**)

- Hervorhebung der Konturen für einen modernen, auffälligen Effekt (**Leuchteffekt: Ränder**)

Kapitel 3 – Bilder pfiffig präsentieren

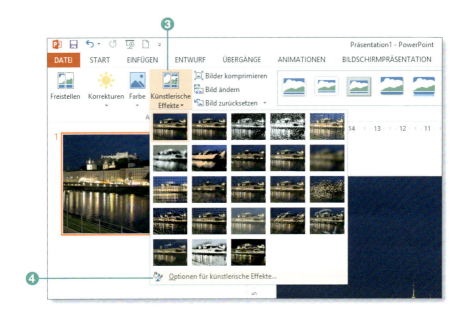

Wenn Sie im gleichen Menü unten den Befehl **Optionen für künstlerische Effekte** ❹ aufrufen (das geht auch über rechte Maustaste ▸ **Grafik formatieren** und **Effekte** ▸ **Künstlerische Effekte** im Aufgabenbereich), können Sie weitere Einstellungen vornehmen. Ein weiterer interessanter Effekt in der Dropdown-Liste ist z. B. **Heller Bildschirm**. Das Bild wird hier in kleine Quadrate eingeteilt. Deren Größe lässt sich im Aufgabenbereich **Grafik formatieren** über den Schieberegler bei **Rastergröße** verstellen.

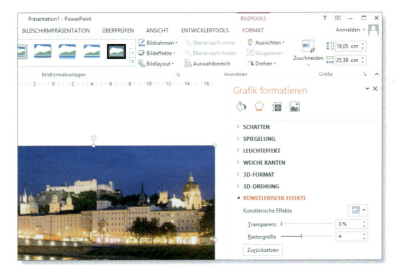

Wenn Sie nun ein Bild auf eine bestimmte Art und Weise formatiert haben und diesen Bildstil auf Ihre gesamte Präsentation anwenden wollen, können Sie das über die Funktion **Bildtools ▶ Format ▶ Anpassen ▶ Bild ändern** ❺ sehr leicht tun (alternativ nutzen Sie den Befehl **Bild ändern** im Kontextmenü). So können Sie die Bilder austauschen, ohne sie jedes Mal neu mit den Effekten versehen zu müssen.

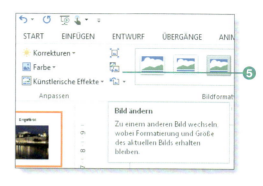

Wenn Sie viele Bilder verwenden, wird die PowerPoint-Datei immer größer und verbraucht damit mehr Speicherplatz. Das macht auch den Versand per E-Mail nicht leichter. Eine Lösung bietet hier die Funktion **Bilder komprimieren** ❻ in der Gruppe **Anpassen**. Hier können Sie die Auflösung der Bilder, also

den dpi-Wert anpassen. Diese Komprimierung ist für einzelne Bilder, aber auch für die gesamte Präsentation möglich. Im folgenden Abschnitt zeige ich Ihnen, wie Sie diese Funktion für Ihre Präsentation verwenden.

Die Dateigröße minimieren

Im Folgenden lernen Sie, wie einfach das Minimieren der Größe von PowerPoint-Dateien sein kann.

1. Öffnen Sie eine PowerPoint-Datei mit einem oder mehreren Bildern. Klicken Sie das Bild an, dessen Dateigröße Sie verkleinern wollen, und wählen Sie **Bildtools ▶ Format ▶ Anpassen ▶ Bilder komprimieren**. Das Dialogfenster **Bilder komprimieren** erscheint.

2. Hier können Sie auswählen, ob die Komprimierung nur für das aktuelle oder für alle Bilder gelten soll. Wenn Sie das Häkchen bei **Nur für dieses Bild übernehmen** wegnehmen, werden alle Bilder in der Präsentation komprimiert.

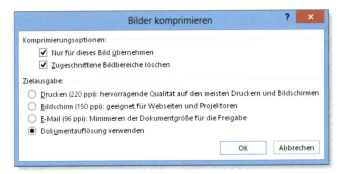

3. Die stärkste Komprimierung erhalten Sie, wenn Sie **E-Mail (96 ppi)** auswählen. Aber keine Sorge, Sie werden in der Präsentation keinen Unterschied in der Bildqualität bemerken.

4. Klicken Sie dann auf **OK**. Alle Bilder der Präsentation werden komprimiert. Die Komprimierung kann ein paar Minuten dauern, je nachdem, wie viele Bilder es sind.

> **INFO**
>
> **dpi und ppi**
>
> Die Auflösung oder Punktdichte eines Bildes wird in dpi oder ppi angegeben. Die Abkürzung dpi steht für *Dots per Inch* (Punkte pro Zoll) und wird vor allem im Bereich des Vierfarbdrucks verwendet; ppi ist die Abkürzung für *Pixel per Inch* (Pixel pro Zoll) und gilt für den digitalen Bereich (bei der Bildschirmdarstellung).

Freistellen von Bildern

Sie kennen möglicherweise folgende Problematik: Sie haben ein Bild von einer Person vor einem Gebäude oder im Park gemacht, wollen aber eigentlich nur die Person und nicht den Hintergrund zeigen. Vielleicht möchten Sie auch ein Logo, ein bestimmtes Produkt, ein Auto, ein Haus, eine Maschine oder ein anderes Objekt losgelöst vom Hintergrund in Ihre Präsentation einbinden. Um nur das Hauptmotiv eines Bildes zeigen zu können, muss es *freigestellt* werden. Mit PowerPoint 2003 und 2007 gibt es dafür zwei Möglichkeiten, in der Version 2010 ist noch eine weitere hinzugekommen. Manchmal ist es sogar sinnvoll, zwei Möglichkeiten miteinander zu kombinieren.

Ein Bild mit der Transparenzfunktion freistellen

Am einfachsten stellen Sie ein Bild über die Transparenzfunktion frei. Sie hat allerdings den Nachteil, dass nur eine Farbe im Bild transparent, also durchscheinend markiert werden kann. Die Funktion bietet sich dann besonders an, wenn der Hintergrund in einem Bild einfarbig ist, z. B. bei Logos oder *Packshots* (Produktfotos). Als Beispiel wenden wir die Transparenzfunktion hier auf ein Logo an, die dazugehörige Präsentation finden Sie auf der beiliegenden CD unter *03_Freistellen_mit_Transparenzfunktion.pptx*.

1. Laden Sie das Bild *03_Logo_freistellen.jpg* von der beiliegenden CD.

2. Damit man die Freistellung später besser erkennen kann, bauen wir zunächst einen Schlagschatten ein. Klicken Sie dazu das Logo an, und wählen Sie über **Bildtools ▸ Format ▸ Bildformatvorlagen** die Option **Schlagschattenrechteck** aus.

3. Duplizieren Sie das Logo mit der Tastenkombination [Strg]+[D], und positionieren Sie das Duplikat rechts neben dem Original.

4. Klicken Sie das zweite Logo an, und wählen Sie **Bildtools ▶ Format ▶ Anpassen ▶ Farbe ▶ Transparente Farbe bestimmen**. Der Cursor verändert sich – am Mauszeiger erscheint ein Stift.

5. Klicken Sie mit diesem Stift auf den weißen Hintergrund des Logos, um diesen transparent zu machen. Sie können auch probeweise auf eine andere Farbe klicken und sehen, was passiert.

Ein Bild mithilfe eines Pfades freistellen

Die zweite Möglichkeit, das Freistellen mithilfe eines Pfades, löst das Farbproblem. Auf diese Weise können Sie nahezu jedes Motiv freistellen, z. B. eine Person, eine Maschine, ein Haus, ein Spielzeug oder Ähnliches. Der Trick besteht darin, die Kontur des Objekts mithilfe eines Pfades festzulegen. Diese Technik wird auch in Bildbearbeitungsprogrammen wie Adobe Photoshop oder CorelDRAW genutzt. Sie finden die entsprechende Präsentation auf der beiliegenden CD unter *03_Freistellen_mit_Pfad.pptx*.

1. Um eine Person auf einem Bild freizustellen, legen Sie zunächst eine neue Folie mit dem Layout **Leer** an. Blenden Sie mit [Alt] + [F9] die Führungslinien aus, falls diese zu sehen sind, und entfernen Sie das Raster, indem Sie auf einem leeren Bereich der Folie die rechte Maustaste drücken und **Raster und Führungslinien** aus dem Kontextmenü wählen. Im

Ein Bild mithilfe eines Pfades freistellen

Dialog **Raster und Linien** entfernen Sie dann das Häkchen bei **Objekte am Raster ausrichten** ❶.

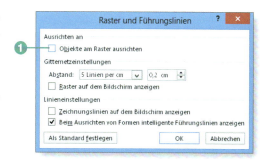

2. Fügen Sie daraufhin das Bild *03_Frau_freistellen.jpg* von der beiliegenden CD ein, oder laden Sie über **Einfügen ▸ Bilder ▸ Bilder** ein anderes Bild, dessen Motiv Sie freistellen wollen, in Ihre Folie.

3. Vergrößern Sie das Bild so weit, bis der freizustellende Teil in etwa der Größe der Folie entspricht. Sollten Teile des Bildes über die Folie hinausragen, verkleinern Sie das Bild mit der Funktion **Zuschneiden**. Es ist sehr wichtig, dass Sie das komplette freizustellende Objekt sehen, ohne scrollen zu müssen!

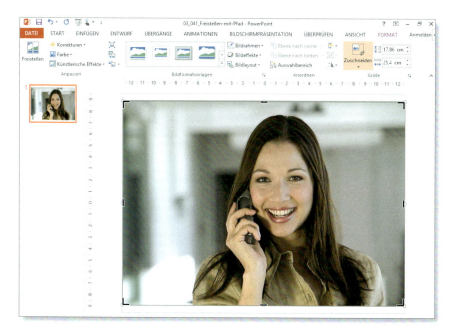

4. Der nächste Schritt ist, eine Form zu bauen, die die Kontur des Objekts abbildet. Wählen Sie dazu **Start ▸ Zeichnung ▸ Formen ▸ Linien ▸ Freihandform**. Fahren Sie dann mit dem Mauszeiger an den Konturen des

Objekts entlang. Dazu klicken Sie auf eine Stelle der Kontur und setzen so einen Punkt, dann bewegen Sie den Mauszeiger zur nächsten Stelle und setzen mit einem Klick wieder einen Punkt. Das machen Sie so lange, bis das Objekt komplett umrundet ist. Sobald Sie wieder beim Startpunkt angelangt sind, klicken Sie diesen an. Daraufhin wird die Fläche automatisch geschlossen. Falls Sie den Startpunkt nicht anklicken können oder sich der Pfad nicht schließt, drücken Sie Esc, und brechen damit den Vorgang ab. Im weiteren Verlauf zeige ich Ihnen, wie Sie den Pfad nachträglich noch schließen können.

5. Natürlich lassen sich die Konturen auch nachträglich noch korrigieren. Zunächst ändern Sie über **Start ▸ Zeichnung ▸ Fülleffekt ▸ Weitere Füllfarben ▸ Transparenz** die Transparenz der Freihandform auf 50 %, damit Sie das Motiv und die Konturen besser sehen. Klicken Sie dann mit der rechten Maustaste auf die Freihandform, und wählen Sie **Punkte bearbeiten** aus dem Kontextmenü. Verschieben Sie die betreffenden Punkte, indem Sie sie anklicken und mit gedrückter linker Maustaste an die richtige Stelle ziehen.

6. Wenn Sie einen Punkt mit der rechten Maustaste anklicken, erhalten Sie weitere Optionen. Hier können Sie z. B. angeben, ob es sich um einen Übergangs- oder um einen Eckpunkt handelt. Durch das Anklicken wird die Kurve an dem entsprechenden Punkt verändert. Wenn Sie an dieser Stelle eine Rundung benötigen, stellen Sie **Übergangspunkt** ein; wenn Sie spitze Ecken oder Kanten haben möchten, wählen Sie **Eckpunkt**. Sie können Punkte auch glätten, wenn Ihnen der Übergang zu stufig erscheint (mit dem Befehl **Punkt glätten**).

> **TIPP**
>
> **Arbeiten Sie genau**
>
> Je mehr Punkte Sie auf die Kontur des Motivs setzen, desto feiner wird die Maske und desto höher die Qualität der Freistellung.

7. Nun schneiden Sie das Bild zu, und zwar so, dass der Zuschnitt genau an die Kanten der Freihandform anstößt. PowerPoint 2013 zeigt das sehr genau mithilfe der beweglichen Führungslinien an. Das Bild muss von seiner Breite und Höhe her genauso groß sein wie die Form.

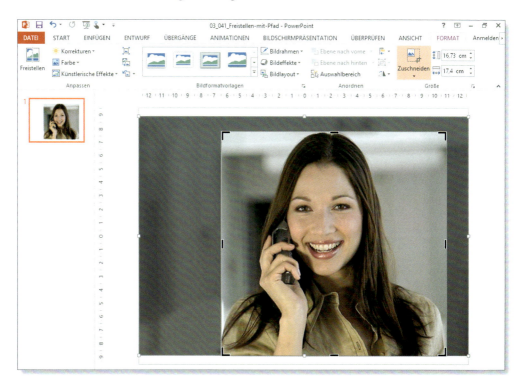

8. Schalten Sie dann den Zuschneiden-Modus aus, indem Sie erneut auf den Befehl **Zuschneiden** oder einfach in den Hintergrund und dann wieder auf das Bild klicken. Verschieben Sie dann das Bild so, dass es mittig auf der Folie liegt.

9. Um das Bild auf Ihrer Festplatte zu speichern, klicken Sie es mit der rechten Maustaste an und wählen **Als Grafik speichern** aus dem Kontextmenü. Geben Sie der Datei einen passenden Namen. Wichtig: Merken Sie sich, wo Sie den Ausschnitt speichern!

10. Klicken Sie die Freihandform mit der rechten Maustaste an, und wählen Sie **Form formatieren** aus dem Kontextmenü. Wechseln Sie dann zum Aufgabenbereich **Grafik formatieren ▸ Füllung ▸ Bild- oder Texturfüllung**. Wählen Sie dort über die Schaltfläche **Datei** ❶ den Bildausschnitt aus, den Sie eben gespeichert haben, und schließen Sie den Dialog.

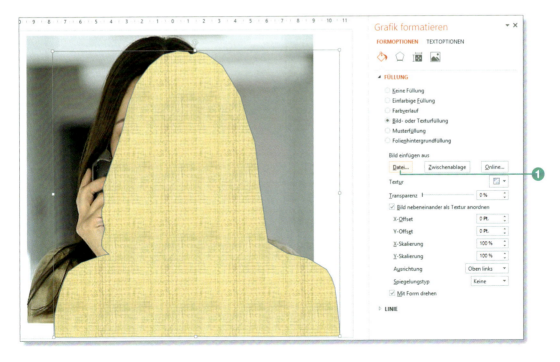

Die Freistellen-Funktion nutzen

11. Löschen Sie das Bild, z. B. mit der `Entf`-Taste. Jetzt ist nur noch das freigestellte Motiv, also die Frau auf der Folie zu sehen.

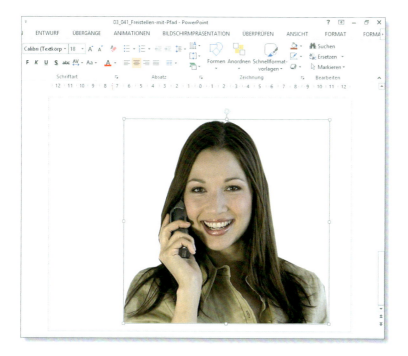

12. Nun können Sie das freigestellte Motiv noch etwas verschönern. Entfernen Sie beispielsweise über **Start ▸ Zeichnung ▸ Formkontur ▸ Kein Rahmen** die Umrisslinie. Über **Start ▸ Zeichnung ▸ Formeffekte ▸ Weiche Kanten** können Sie außerdem die Umrisskante weicher gestalten.

Sie haben nun eine Methode zum Freistellen kennengelernt, die sehr häufig gut funktioniert. Seit PowerPoint 2010 gibt es jedoch eine neue Freistellen-Funktion, die vieles erleichtert. Diese zeige ich Ihnen im folgenden Abschnitt.

Die Freistellen-Funktion nutzen

In PowerPoint 2013 gibt es eine Funktion zum Freistellen, die in 80 % aller Fälle sehr gut funktioniert, denn mit ihr lassen sich gleich mehrere Farben im Bild transparent setzen. Die übrigen Fälle können Sie mithilfe eines Pfades freistellen oder – wenn es ganz schwierig wird – über »echte« Grafikprogramme bearbeiten.

Über **Bildtools ▸ Format ▸ Anpassen ▸ Freistellen** finden Sie verschiedene Befehle, mit denen Sie die Bildbereiche sehr leicht freistellen können, indem Sie den Hintergrund transparent setzen (**Zu entfernende Bereiche markieren**). Darüber hinaus lässt sich noch genauer bestimmen, welche Bereiche nicht ausgespart werden sollen (**Zu behaltende Bereiche markieren**). Ich zeige Ihnen anhand eines Beispiels, worauf es dabei ankommt. Auf der beiliegenden CD finden Sie die dazugehörige Präsentation unter *03_Freistellen-Funktion_2010.pptx*.

1. Legen Sie eine neue Folie mit dem Layout **Leer** an. Laden Sie die Datei *03_Stift-und-Papier.jpg* von der beiliegenden CD.

2. Rufen Sie dann den Befehl **Bildtools ▸ Format ▸ Anpassen ▸ Freistellen** auf.

3. Im Bild erscheint ein Markierungsrahmen. Ziehen Sie ihn ganz auf. PowerPoint erkennt die Konturen und färbt den Bereich, der entfernt wird, pink ein.

Die Freistellen-Funktion nutzen

4. Wenn Sie die Markierung noch verändern wollen, klicken Sie im Menüband auf **Freistellen ▸ Zu behaltende Bereiche markieren**. Der Mauscursor wird zu einem Stift. Klicken Sie damit in die Bereiche, die zum Objekt gehören und daher nicht freigestellt werden sollen. Diese Bereiche werden mit Pluszeichen markiert.

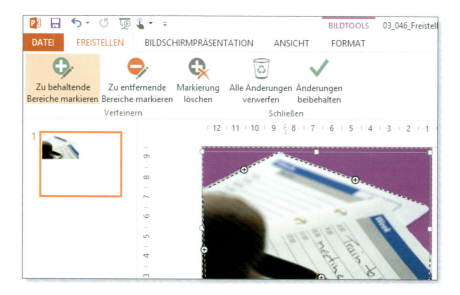

5. Wenn Sie einen Bereich fälschlicherweise angeklickt haben, können Sie die Markierung auch wieder entfernen. Klicken Sie dazu im Menüband auf **Markierung löschen** oder auf **Alle Änderungen verwerfen**. Zum Schluss bestätigen Sie alles mit **Änderungen beibehalten**. Daraufhin werden die ausgewählten Bereiche freigestellt.

6. Falls die Kontur nicht optimal ist, nutzen Sie wie zuvor die Funktion **Bildtools ▸ Format ▸ Bildformatvorlagen ▸ Bildeffekte ▸ Weiche Kanten**.

Sie haben inzwischen drei Möglichkeiten zum Freistellen von Motiven kennengelernt. Die einfache Transparenzfunktion nutzen Sie am besten bei einfarbigen Hintergründen, die neue Freistellen-Funktion können Sie jederzeit verwenden, und die Pfad-Freistellung hilft, wenn die anderen beiden Methoden versagen.

Texte auf Bildern platzieren

Der Begriff *Absoften* kommt aus der Werbesprache und bedeutet, ein Bild verblassen zu lassen. Dadurch können bestimmte Informationen in den Hintergrund treten, sind aber immer noch präsent. Die Palette der Anwendungsmöglichkeiten ist sehr breit: Zum Beispiel können in einer Aufzählung die Texte und Bilder abgesoftet werden, die gerade nicht aktiv sind. An der eigentlichen Aufzählung wird nichts verändert, aber die Zuschauer können jederzeit sehen, an welcher Stelle der Präsentation sich der Sprecher gerade befindet.

Ein weiterer wichtiger Anwendungsfall ist die Hervorhebung von Texten auf einem Bild. Da Texte immer möglichst kontrastreich gestaltet werden sollten, damit sie einfach zu lesen sind, kann man das Bild absoften und dadurch die Texte stärken. Letzteren Fall stelle ich Ihnen nun Schritt für Schritt vor.

1. Legen Sie eine neue Folie mit dem Layout **Leer** an, und laden Sie ein beliebiges Bild in die Folie, das auf deren volle Größe gebracht werden kann (oder laden Sie die Datei *03_Absoften.pptx* von der beiliegenden CD).

2. Über **Start** ▸ **Zeichnung** ▸ **Formen** ▸ **Textfeld** legen Sie ein Textfeld über das Bild. Schreiben Sie einen Text hinein, der zum Bild passt. Da das Bild im Beispiel sehr dunkel ist, ist die schwarze Schrift sehr schlecht lesbar.

3. Sie haben jetzt zwei Möglichkeiten: Sie können das Bild über **Bildtools ▸ Format ▸ Anpassen ▸ Farbe ▸ Neu einfärben** so anpassen, dass der Kontrast von Text und Bild deutlicher und der Text besser lesbar wird. Sie können das Bild aber auch einfach über **Bildtools ▸ Format ▸ Anpassen ▸ Korrekturen** absoften (im gleichen Menü gibt es auch den Befehl **Optionen für Bildkorrekturen**, in dessen Dialogfenster Sie manuelle Anpassungen vornehmen können). In unserem Beispiel haben wir den Kontrast verringert und die Helligkeit erhöht.

Ein Bild fräsen

Die Silhouette eines Bildmotivs lässt sich sehr schön als Gestaltungselement verwenden. Wird das Ganze noch mit dem Bild selbst kombiniert, entsteht eine interessante Optik. So kann z. B. die Metapher »Schuldenberg« mit einer Bergsilhouette spannend gestaltet werden. Das Beispiel lässt sich auch auf andere Bereiche übertragen, denken Sie z. B. an einen Getreideberg, Milchberg, Stahlberg oder Aufgabenberg.

Das folgende Beispiel zeigt eine Variante für den Schuldenberg. Wenn Sie das Prinzip umsetzen können, gelingt Ihnen damit auch sehr einfach der Transfer auf andere Möglichkeiten.

Kapitel 3 – Bilder pfiffig präsentieren

1. Laden Sie die Folie *03_Schuldenberg.pptx* von der dem Buch beiliegenden CD.

2. Zeichnen Sie ein Rechteck über das Bild (**Start ▸ Zeichnung ▸ Formen ▸ Rechteck**). Es soll genauso groß sein wie das Bild. Legen Sie das Rechteck in den Hintergrund (über **Start ▸ Zeichnung ▸ Anordnen ▸ In den Hintergrund**).

3. Markieren Sie das Bild, und drücken Sie `Strg` + `X` (Ausschneiden). Klicken Sie mit der rechten Maustaste auf das Rechteck. Im Kontextmenü wählen Sie **Form formatieren** und im Aufgabenbereich **Formoptionen ▸ Füllung ▸ Bild- oder Texturfüllung ▸ Zwischenablage**. Jetzt ist das Bild als Füllung in dem Rechteck eingefügt.

4. Zeichnen Sie nun die Bergsilhouette (**Start ▸ Zeichnung ▸ Formen ▸ Linien ▸ Freihandform**). Achten Sie dabei darauf, dass mindestens einer der Punkte der Freihandform am oberen Bildrand oder sogar außerhalb gesetzt wird. In der Abbildung sehen Sie das beispielsweise bei der linken Bergzacke. Wenn Sie die Silhouette korrigieren wollen, schließen Sie zunächst die Freihandform oder drücken `Esc` und klicken dann mit der rechten Maustaste im Kontextmenü auf **Punkte bearbeiten**. Verschieben Sie die Punkte nach Bedarf.

5. Markieren Sie zuerst das Bild und anschließend die Freihandform. Die Reihenfolge ist wichtig, andernfalls erhalten Sie nicht das gewünschte

Ergebnis. Wählen Sie **Zeichentools ▶ Format ▶ Formen einfügen ▶ Formen zusammenführen ▶ Subtrahieren**.

6. Veredeln Sie die Darstellung des Bergs, in dem Sie einen Schatten oder eine Abschrägung hinzufügen (**Zeichentools ▶ Format ▶ Formenarten ▶ Formeneffekte**). Durch die Abschrägung wirkt der Schuldenberg plastischer.

7. Wenn Sie eher weniger Farben möchten, färben Sie das Bild ein (**Bildtools ▶ Format ▶ Anpassen ▶ Farbe**). Zwar ist der Schuldenberg genauso hoch wie vorher, wirkt aber durch die Einfärbung etwas reduzierter.

Einen Bilderwürfel aufbauen

Der Bilderwürfel ist eine schöne Methode, um buchstäblich verschiedene Seiten eines Themas zu zeigen, wie z. B.:

- Vergangenheit, Gegenwart, Zukunft
- Umsatz, Gewinn, Prognose
- Wachstum, Märkte, Branchen
- Vorteile, Nachteile, Fazit

Um in PowerPoint einen Bilderwürfel mit einer 10°-Perspektive zu erstellen, gehen Sie wie folgt vor:

1. Legen Sie eine neue Folie mit dem Layout **Leer** an. Schalten Sie das Raster aus (dazu klicken Sie mit der rechten Maustaste neben die Folie und löschen das Häkchen bei **Raster und Führungslinien ▶ Objekte am Raster ausrichten**). Über **Start ▶ Zeichnung ▶ Formen ▶ Rechteck** zeichnen Sie ein Quadrat und geben eine Seitenlänge von 6 × 6 cm an (über **Zeichentools ▶ Format ▶ Größe**).

2. Wählen Sie dann über die rechte Maustaste den Befehl **Form formatieren** und im Aufgabenbereich **Formoptionen ▶ Effekte ▶ 3D-Format**, und geben Sie im Bereich **Tiefe** den Wert »6 pt« ein.

3. Dann klicken Sie unten auf den Eintrag **3D-Drehung**. Wählen Sie über den kleinen Pfeil am Feld **Voreinstellungen** die Option **Perspektive rechts (Stufe 1)** aus. Darunter geben Sie dann für **X-Drehung** den Wert »340°«, für **Y-Drehung** den Wert »10°« und für **Z-Drehung** den Wert »0°« ein.

4. Nun sehen Sie schon einen Würfel auf der Folie. Damit jede Seite des Würfels ein Bild zeigen kann, müssen Sie das Sei-

tenteil und das Oberteil noch detaillierter bearbeiten. Duplizieren Sie also den Würfel, und klicken Sie mit der rechten Maustaste auf das Duplikat. Im Kontextmenü wählen Sie wieder **Form formatieren**, im Aufgabenbereich dann **Formoptionen ▶ Effekte ▶ 3D-Format ▶ Tiefe** und setzen die Tiefe auf den Wert »0 pt«.

5. Wechseln Sie zu **3D-Drehung**, und geben Sie dort für **X-Drehung** den Wert »73,2°«, für **Y-Drehung** den Wert »9°« und für **Z-Drehung** den Wert »1°« ein. Verändern Sie nun noch die Höhe der Fläche auf 5,75 cm, indem Sie mit der rechten Maustaste darauf klicken, **Größe und Position** aus dem Kontextmenü wählen und diesen Wert im Feld **Höhe** angeben. Dann verschieben Sie die Form mit gedrückter linker Maustaste bzw. mithilfe der Richtungstasten an die richtige Stelle an der linken Würfelseite.

6. Um auch die Oberseite anzupassen, duplizieren Sie wieder den Originalwürfel. Reduzieren Sie die Tiefe des Duplikats auf den Wert »0 pt«. Geben Sie als Parameter für die Drehung folgende Werte ein: »283°« für die **X**-Achse, »290°« für die **Y**-Achse und »78,1°« für die **Z**-Achse. Über den Befehl **Größe und Position** aus dem Kontextmenü setzen Sie die Breite der Fläche auf den Wert »5,74 cm«. Verschieben Sie auch diese Fläche an die entsprechende Stelle.

7. Um dem Würfel noch einen Schatten zu geben, duplizieren Sie das Oberteil, und klicken mit der rechten Maustaste auf das Duplikat. Im Kontextmenü wählen Sie **Form formatieren**, im Aufgabenbereich dann **Formoptionen ▶ Füllung und Linie ▶ Füllung** und setzen die Füllfarbe auf Grau (z. B. **Schwarz, Text 1, heller 50 %**) mit einer Transparenz von 50 %. Bestätigen Sie Ihre Änderungen mit **Schließen**.

8. Wählen Sie über **Zeichentools ▶ Format ▶ Formenarten ▶ Formeffekte** die Option **Weiche Kanten ▶ 50 Punkt** aus. Ziehen Sie den Schatten etwas größer, verschieben Sie ihn an die richtige Stelle unter dem Würfel, und legen Sie ihn in den Hintergrund (**Zeichentools ▶ Format ▶ Anordnen ▶ In den Hintergrund**).

9. Wählen Sie das Würfelobjekt aus, das Sie als Erstes auf der Folie angelegt haben, und reduzieren Sie dessen Tiefe auf »0 pt« (indem Sie mit der rechten Maustaste darauf klicken und **Form formatieren** ▸ **Formoptionen** ▸ **Effekte** ▸ **3D-Format** ▸ **Tiefe** wählen).

10. Um nun ein Bild auf einer Fläche einzufügen, klicken Sie mit der rechten Maustaste auf die entsprechende Fläche und klicken dann über **Form formatieren** ▸ **Formoptionen** ▸ **Füllung und Linie** ▸ **Füllung** ▸ **Bild- oder Texturfüllung** auf die Schaltfläche **Datei**. Suchen Sie sich das erste Bild aus, und fügen Sie es mit einem Klick auf **Öffnen** ein. Verfahren Sie dann bei den anderen Flächen genauso.

11. Wenn Sie möchten, können Sie zu guter Letzt noch die Linienfarbe des Würfels anpassen: Klicken Sie ihn mit der rechten Maustaste an, und wählen Sie **Form formatieren** ▸ **Formoptionen** ▸ **Füllung und Linie** ▸ **Linie**.

In der PowerPoint-Datei *03_Bilderwürfel.pptx* auf der beiliegenden CD finden Sie verschiedene Würfel mit unterschiedlichen Perspektiven. Sie können sie einfach in Ihre Präsentation übernehmen und mit Ihren Bildern bestücken. Falls Ihr Bild nicht die passenden Maße hat, benutzen Sie das Werkzeug **Bildtools** ▸ **Format** ▸ **Zuschneiden**.

Kapitel 4
Mehr Pep mit Grafikelementen

In diesem Kapitel soll es darum gehen, wie Sie mit Formen interessante Grafikelemente erstellen und damit Ihre Folien aufpeppen. Im Gegensatz zu Bildern können grafische Elemente sehr gut an Vorgaben wie das Corporate Design angepasst werden. Formen lassen sich skalieren (vergrößern/verkleinern) und schnell in der Kontur verändern. Sie bieten damit genügend Flexibilität in der Gestaltung. Lassen Sie sich überraschen, und freuen Sie sich auf die Beispiele und Anleitungen!

Da es hierbei vor allen Dingen ums Gestalten geht, enthält dieses Kapitel sehr viele Schritt-für-Schritt-Anleitungen zu unterschiedlichen Themen. Sie werden lernen, wie Sie mit Formen arbeiten. Wichtig ist dabei natürlich zunächst, wie Sie neue Formen erstellen und mit Formen »zeichnen« können. Außerdem zeige ich Ihnen, wie Sie ClipArts und Vektorgrafiken in Formen verwandeln und selbst Piktogramme bauen können. Alle diese Grafikelemente eignen sich wunderbar dazu, Aussagen plakativ zu machen oder z. B. Prozesse anschaulich darzustellen.

> **TIPP**
>
> **Vektorgrafiken**
>
> Vektorgrafiken sind einfache Computergrafiken, die nicht aus einzelnen Pixeln aufgebaut sind, sondern mittels Kurven dargestellt werden. Sie sind nicht durch eine bestimmte Auflösung in ihrer Größe begrenzt und können daher ohne Qualitätsverluste beliebig skaliert werden.

Formen als Grundlage für Grafikelemente

Grafikelemente bestehen in erster Linie aus Formen und können beispielsweise Dreiecke, Vierecke, Prozessflusssymbole, 2D-Zeichnungen oder auch 3D-Figuren sein. Mit Formen können Sie Kugeln, Figuren oder Piktogramme »bauen« oder Autos und Eisenbahnen »zeichnen«. Formen kommen vor allem in Verbindung mit Texten, Bildern und Prozess- oder Workflow-Darstellungen zum Einsatz.

Seit PowerPoint 2010 gehört die Möglichkeit, Formen miteinander zu kombinieren, d. h. Schnittmengen, Vereinigungen usw., zur Standardausstattung. (In der Fachsprache wird dabei von *booleschen Operationen* gesprochen, falls Sie diesen Begriff einmal hören sollten.)

Formen sind ein grundlegender Bestandteil von PowerPoint. Wenn Sie lernen, damit zu arbeiten, erleichtern sie Ihnen das Erstellen von Objekten und

Formen als Grundlage für Grafikelemente

die Gestaltung ganzer Folien und Präsentationen, und vor allem können Sie mit ihrer Hilfe eine individuelle Symbolik schaffen. Eine große Auswahl an Basisformen finden Sie über **Start ▸ Zeichnung ▸ Formen** (oder auch über **Einfügen ▸ Illustrationen ▸ Formen**).

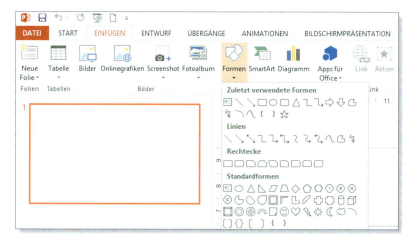

In PowerPoint 2013 können Sie aus über 150 vorgefertigten Formen wählen.

Formen können Sie zum einen über **Start ▸ Zeichnung ▸ Schnellformatvorlagen** formatieren und zum anderen über **Zeichentools ▸ Format ▸ Formenarten**. Die erste Möglichkeit ist meist die schnellere bzw. bequemere.

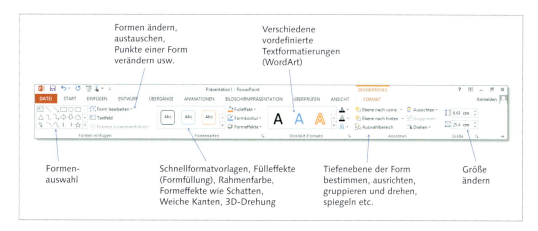

Zahlreiche Optionen stehen Ihnen zur Verfügung, um Formen nach dem Einfügen weiter zu bearbeiten.

153

Das Seitenverhältnis beibehalten

Als Einstiegsübung zur Gestaltung mit Formen lernen Sie die grundlegende Funktion **Seitenverhältnis beibehalten** kennen. Wenn Sie eine Form eingefügt haben und nachträglich ihre Größe verändern wollen, halten Sie beim Aufziehen die ⇧-Taste gedrückt. So wird das Verhältnis von Seitenlänge und Seitenbreite beibehalten. Wenn Sie die Form also bei gedrückter ⇧-Taste breiter ziehen, wird auch die Höhe proportional verändert. Wenn Sie eine neue Form anlegen und dabei die ⇧-Taste drücken, wird die Form schon beim Aufziehen mit gleicher Höhe und Breite angelegt, was zu einem Quadrat, einem Kreis oder Ähnlichem führt. Zur Verdeutlichung dient die folgende Anleitung.

1. Legen Sie eine neue Folie mit dem Folienlayout **Leer** an. Klicken Sie auf **Start ▸ Zeichnung ▸ Formen ▸ Rechtecke**, und wählen Sie **Rechteck** aus.

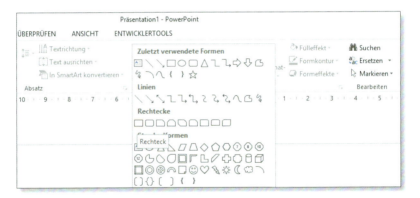

2. Wenn Sie die Form ausgewählt haben, wird der Mauscursor zu einem Kreuz. Ziehen Sie mit gedrückter linker Maustaste ein Rechteck auf der Folie auf.

3. Klicken Sie irgendwo neben der Form auf die Folie, um das Einfügen abzuschließen. Nun klicken Sie die Form wieder an und ziehen sie mit gedrückter linker Maustaste an einem der Eckmarker größer. Drücken Sie dabei die ⇧-Taste. Höhe und Breite werden gleich skaliert, d. h., das Rechteck wird proportional vergrößert (und bleibt somit ein Rechteck).

4. Probieren Sie das Ganze beispielsweise mit einer Ellipse aus (**Start ▸ Zeichnung ▸ Formen ▸ Standardformen ▸ Ellipse**). Mit gedrückter ⇧-Taste bleibt die Ellipse beim Vergrößern eine Ellipse; wenn Sie beim Anlegen die ⇧-Taste drücken, wird die Form zum Kreis. Aus einem Rechteck wird beim Anlegen mit gedrückter ⇧-Taste sofort ein Quadrat. Probieren Sie das ruhig auch einmal mit anderen Formen aus.

Wenn Sie eine Form komplett austauschen, z. B. ein Rechteck durch einen Kreis ersetzen wollen, können Sie das über **Zeichentools ▸ Format ▸ Formen einfügen ▸ Form bearbeiten ▸ Form ändern** tun.

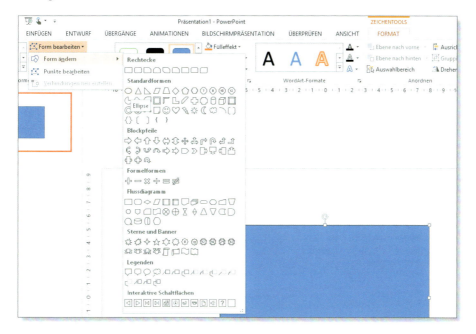

Text in Formen

Am häufigsten werden Formen in Kombination mit Text verwendet, z. B. bei Workflow- oder Prozessdarstellungen. Um eine Form mit Text zu versehen, legen Sie sie an und tippen einfach los. Bei nur einer Form wird automatisch diese mit dem Text gefüllt.

Kapitel 4 – Mehr Pep mit Grafikelementen

Wenn Sie mehrere übereinanderliegende oder verschachtelte Formen verwenden, klicken Sie die Form an, in die Sie etwas schreiben wollen, und drücken Sie [F2]. Der Cursor blinkt dann in der jeweiligen Form, und Sie können mit dem Schreiben beginnen.

Um bereits vorhandenen Text innerhalb von Formen zu ändern, klicken Sie einfach mit der Maus in den Text. Bei mehreren Formen arbeiten Sie auch hier wieder mit der Taste [F2].

Es gibt drei Möglichkeiten, den Text in einer Form zu formatieren:

1. Sie können die üblichen Formatierungen der Befehlsgruppe **Start ▸ Schriftart** verwenden.

2. Indem Sie die Form mit der rechten Maustaste anklicken, rufen Sie im Kontextmenü den Befehl **Form formatieren** auf und nehmen im Aufgabenbereich unter **Textoptionen ▸ Textfeld** entsprechende Einstellungen vor. Sie können z. B. die Abstände des Textes zum Rand der Form verändern.

3. Bei der letzten Möglichkeit markieren Sie den Text und gelangen über die rechte Maustaste und den Kontextmenübefehl **Form formatieren** in den Aufgabenbereich zum Bearbeiten des Textfeldes (**Textoptionen ▸ Textfeld**).

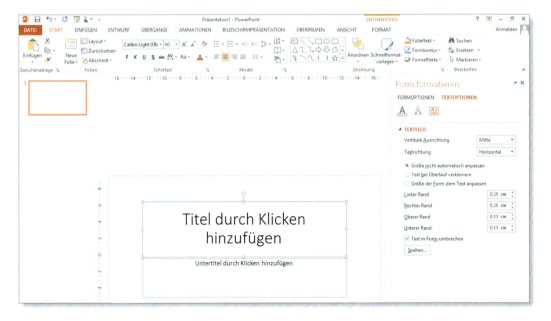

Formen ausrichten

Bilder in Formen

Wenn Sie die vorhergehenden Kapitel bereits gelesen haben, haben Sie schon Möglichkeiten kennengelernt, Bilder zu beschneiden oder in Form zu schneiden. Eine weitere Variante besteht darin, die Form mit einem Bild zu füllen. Klicken Sie dazu mit der rechten Maustaste auf die Form, und wählen Sie dann im Kontextmenü den Befehl **Form formatieren** (wenn Sie den Text angeklickt haben, heißt der Befehl **Grafik formatieren**). Im Aufgabenbereich fügen Sie über **Formoptionen ▶ Füllung und Linie ▶ Füllung ▶ Bild- oder Texturfüllung** und die Schaltfläche **Datei** ein Bild ein. Wenn Sie doch lieber ein anderes Bild nehmen würden, können Sie auf die gleiche Weise ein neues einfügen. Die entsprechende Beispieldatei *04_Herzlich_willkommen.pptx* können Sie sich von der beiliegenden CD herunterladen.

Formen ausrichten

Die folgenden grundlegenden Funktionen werden Sie sehr häufig brauchen, wenn Sie viel mit Formen gestalten. Soll eine Folie ordentlich aussehen, müssen z. B. die Abstände stimmen und die Elemente auf der gleichen Höhe oder bündig ausgerichtet sein. PowerPoint unterstützt Sie dabei mit Funktionen zum Ausrichten und Verteilen von Objekten.

1. Legen Sie auf einer Folie drei gleich große Rechtecke an, und verteilen Sie sie beliebig auf der Folie.

2. Markieren Sie jetzt alle Rechtecke (indem Sie einen Markierungsrahmen darüber aufziehen oder sie mit gedrückter ⇧-Taste nacheinander anklicken).

3. Über **Start** ▸ **Zeichnung** ▸ **Anordnen** ▸ **Objekte positionieren** ▸ **Ausrichten** oder über **Zeichentools** ▸ **Format** ▸ **Anordnen** ▸ **Objekte positionieren** ▸ **Ausrichten** finden Sie eine Auswahl an Ausrichtungen und Verteilungen. Wählen Sie in unserem Fall **Oben ausrichten**, dann werden alle Rechtecke an der Oberkante des obersten Rechtecks ausgerichtet (bei **Unten ausrichten** entsprechend an der Unterkante des untersten Rechtecks auf der Folie).

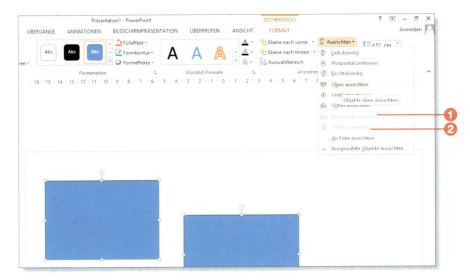

4. Wenn Sie dann im Menü auf **Horizontal verteilen** ❶ klicken, werden die Abstände der Rechtecke zueinander angepasst, sodass sie alle mit dem gleichen Abstand nebeneinanderliegen. Mit **Vertikal verteilen** ❷ werden die Formen so angeordnet, dass sie mit dem gleichen Abstand übereinanderliegen.

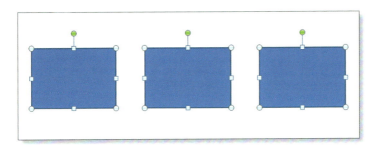

Ebenen

PowerPoint legt alle Elemente einer Folie, also jeden Text, jedes Bild, jede Grafik, jede Gruppe usw., auf einer zugehörigen Ebene ab.

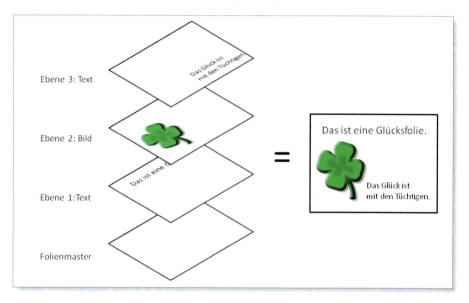

Die Abbildung zeigt beispielhaft den Aufbau einer PowerPoint-Folie mit allen Ebenen.

Manchmal müssen die Ebenen verändert werden, um z. B. mehrere übereinanderliegende Bilder zu vertauschen. In den meisten Fällen wird diese Funktion jedoch bei Formen gebraucht, z. B. wenn Sie ein Textfeld auf eine farbige Form legen wollen.

Sie verändern die Tiefenebene eines Objekts, indem Sie es anklicken und dann **Start ▸ Zeichnung ▸ Anordnen ▸ Objekte sortieren** wählen (eine andere Möglichkeit ist **Zeichentools ▸ Format ▸ Anordnen**). Es gibt vier Ebenenfunktionen. Mit **In den Hintergrund** ❶ (auf Seite 160) verschieben Sie das Objekt hinter alle anderen Objekte der Folie, **In den Vordergrund** holt das Objekt vor alle anderen auf der Folie befindlichen Elemente. Mit **Ebene nach vorne** und **Ebene nach hinten** bringen Sie das jeweilige Objekt genau auf die gewünschte Ebene.

Kapitel 4 – Mehr Pep mit Grafikelementen

Elemente gruppieren

Eine Gruppe ist eine Sammlung von Folienelementen, die zusammengefasst ein neues Folienelement ergibt. Der Vorteil ist, dass auf diese Weise mehrere Elemente wie ein Einzelelement behandelt und leichter bearbeitet werden können, z. B. beim Skalieren. Gerade in der Arbeit mit Formen ist diese Funktion sehr nützlich.

1. Legen Sie eine Folie mit drei Rechtecken an. Markieren Sie die Formen, und drücken Sie [Strg]+[⇧]+[G]. Wie Sie sehen, sind die Rechtecke nun nicht mehr einzeln markiert, sondern nur noch mit einem Rahmen versehen. Sie wurden gruppiert. (Sie können auch eine Gruppe bilden, indem Sie mit der rechten Maustaste auf den markierten Bereich klicken und **Gruppieren** wählen. Die dritte Möglichkeit ist **Start ▸ Zeichnung ▸ Anordnen ▸ Objekte gruppieren**.)

2. Wenn Sie nun an einem der neuen Eckmarker ziehen, verändert sich die Größe aller Rechtecke gleichzeitig.

3. Zum Auflösen der Gruppe drücken Sie [Strg]+[⇧]+[H]. Auch diesen Befehl erreichen Sie alternativ über die rechte Maustaste oder über **Start ▸ Zeichnung ▸ Anordnen ▸ Objekte gruppieren ▸ Gruppierung aufheben**.

Formen kombinieren

Gruppierungen spielen in der Präsentationsgestaltung eine wichtige Rolle. Merken Sie sich am besten die beiden Tastaturkürzel, oder – noch besser – wenden Sie sie häufig an.

Formen kombinieren

Gerade wenn es darum geht, neue Formen für eine Präsentation zu schaffen, ist die Funktion **Formen zusammenführen** sehr viel wert. Sie ist jetzt standardmäßig in das Menü eingebunden. In PowerPoint 2010 musste sie noch über die Symbolleiste manuell als Befehl hinzugefügt werden.

> **TIPP**
>
> **So geht's mit PowerPoint 2010**
>
> Damit Sie diese Funktionen mit PowerPoint 2010 nutzen können, müssen Sie den Befehl **Formen kombinieren** in die Symbolleiste für den Schnellzugriff laden.
>
> Öffnen Sie dazu die PowerPoint-Optionen (**Datei ▸ Optionen ▸ Symbolleiste für den Schnellzugriff**). In der Dropdown-Liste **Befehle auswählen** wählen Sie **Alle Befehle** aus.
>
> In der daraufhin erscheinenden Liste suchen Sie den Befehl **Formen kombinieren** und fügen ihn über die Schaltfläche **Hinzufügen** der Leiste hinzu. Schließen Sie die Optionen. Der Befehl **Formen kombinieren** mit seiner Auswahl an Funktionen erscheint dann in Ihrer Symbolleiste für den Schnellzugriff.

Die Funktion **Formen zusammenführen** beinhaltet fünf verschiedene Befehle:

1. **Vereinigung:** Mehrere Formen werden zu einer Form verschmolzen.
2. **Kombinieren:** Mehrere Formen werden zu einer Form verschmolzen, wobei die Schnittmenge außen vor gelassen wird.
3. **In Einzelmengen zerlegen:** Mehrere Formen werden in einzelne Teile aufgespalten, wobei der Überlappungsbereich die Zerlegung bestimmt.

4. **Schnittmenge bilden:** Die Schnittmenge mehrerer Formen bleibt als Ergebnis bestehen.

5. **Subtrahieren:** Die erste Form bleibt abzüglich der Schnittmenge bestehen. Alle weiteren Formen werden gelöscht.

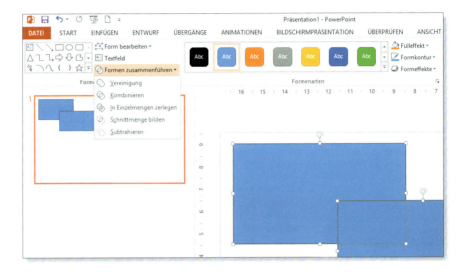

Die folgende Abbildung zeigt die Wirkung der Funktionen. Sie können Formen nur dann miteinander kombinieren, wenn mindestens zwei Formen markiert sind.

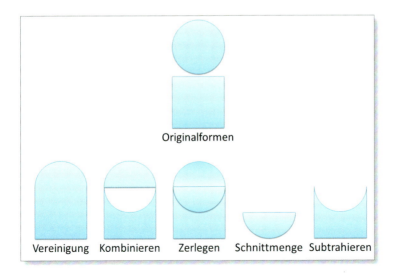

Zwei Seiten einer Medaille darstellen

Das Beispiel, das wir im Folgenden zusammen anlegen werden, eignet sich sehr gut dazu, zwei Seiten einer Medaille zu zeigen oder zwei gegenüberliegende Pole zu verdeutlichen.

1. Legen Sie zunächst auf einer leeren Folie einen Kreis an. Dazu wählen Sie **Start ▸ Zeichnung ▸ Formen ▸ Ellipse** und klicken dann einmal auf die leere Folie. Duplizieren Sie den Kreis (Strg + D), und legen Sie beide Kreise mithilfe der Ausrichtefunktionen exakt übereinander, indem Sie sie markieren und **Start ▸ Zeichnung ▸ Anordnen ▸ Objekte positionieren ▸ Ausrichten ▸ Oben ausrichten** bzw. **Linksbündig** wählen. Das müssen Sie deshalb tun, weil ein Kreis mit dem Rechteck verschmolzen wird, wir aber in der Mitte noch einen Kreis zeigen wollen.

2. Zeichnen Sie dann ein Rechteck (**Start ▸ Zeichnung ▸ Formen ▸ Rechteck**).

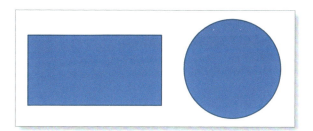

3. Verschieben Sie das Rechteck so über die beiden Kreise, dass beide Formen einander überlappen.

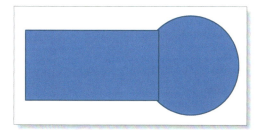

4. Markieren Sie zuerst das Rechteck und danach mit gedrückter Strg-Taste den oberen Kreis. Rufen Sie die Funktion **Zeichentools ▸ Format ▸**

Formen einfügen ▶ Formen zusammenführen ▶ Subtrahieren auf. Rechteck und Kreis werden miteinander verbunden.

5. Markieren Sie das Rechteck bzw. das, was davon noch übrig geblieben ist, und duplizieren Sie es mit `Strg` + `D`. Verschieben Sie es mithilfe der Pfeiltaste `→` auf der gleichen Höhe auf die andere Seite des Kreises.

6. Über **Start ▶ Zeichnung ▶ Anordnen ▶ Objekte positionieren ▶ Drehen ▶ Horizontal spiegeln** drehen Sie das Rechteck und schieben es dann mit der Pfeiltaste `←` auch auf der rechten Seite an den Kreis heran.

7. Verteilen Sie die drei Elemente gleichmäßig auf der Folie (**Start ▶ Zeichnung ▶ Anordnen ▶ Objekte positionieren ▶ Ausrichten ▶ Horizontal verteilen**). Beschriften und formatieren Sie die Formen nach Wunsch.

Natürlich können Sie die Darstellung auch für andere Einsatzzwecke verwenden, beispielsweise um ein Ungleichgewicht zu verdeutlichen. Bilden Sie dazu einfach eine Gruppe aus allen Elementen, und drehen Sie anschließend die Gruppe mithilfe der Drehmarker.

Formen punktgenau bearbeiten

Einige Formen lassen sich über eine genaue Punktbearbeitung erstellen und nachbearbeiten. Diese Möglichkeit brauchen Sie z. B. für das Freistellen oder auch, um neue Formen zu kreieren. Ob sich eine Form auf diese Weise nachbearbeiten lässt, erkennen Sie daran, dass Ihnen im Kontextmenü der Form der Menüpunkt **Punkte bearbeiten** angeboten wird bzw. dass Sie über

Formen punktgenau bearbeiten

Zeichentools ▶ Format ▶ Formen einfügen ▶ Form bearbeiten den Befehl **Punkte bearbeiten** wählen können.

Um eine Form punktgenau zu bearbeiten, gehen Sie folgendermaßen vor:

1. Legen Sie eine Freihandform an, indem Sie **Start ▶ Zeichnung ▶ Formen ▶ Freihandform** wählen. Setzen Sie dann mit einem Mausklick den ersten Punkt auf die Folie, bewegen Sie die Maus an eine andere Stelle, und setzen Sie den nächsten Punkt usw., bis Sie wieder am Ausgangspunkt angelangt sind. Wenn Sie ihn anklicken, schließt sich die Fläche. Wenn Sie das Erstellen der Freifläche (Freihandform) abbrechen wollen, drücken Sie die Esc-Taste.

2. Klicken Sie mit der rechten Maustaste auf die Fläche und im Kontextmenü auf **Punkte bearbeiten**, um sich alle Punkte anzeigen zu lassen.

3. Wenn Sie die Fläche noch verändern möchten, können Sie die einzelnen Punkte mit gedrückter linker Maustaste verschieben. Wenn Sie mit der rechten Maustaste auf einen Punkt klicken, bieten sich Ihnen noch mehr Möglichkeiten. Mit **Punkt glätten** ❶ wird die Kontur z. B. runder und damit harmonischer.

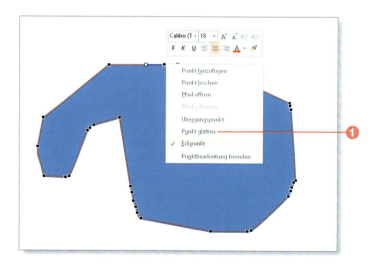

Sie müssen aber nicht selbst »malen«, sondern können auch vorgefertigte Teile aus ClipArts verwenden, wie Sie im Folgenden sehen werden.

Formen extrahieren und weiterbearbeiten

Wenn Sie eine zu Ihrem Thema passende ClipArt-Grafik gefunden haben und sie auf Ihrer Folie verwenden, wollen Sie sie vielleicht einfärben, ein wenig ihre Kontur verändern oder lediglich einen Teil der Grafik verwenden. Üblicherweise werden ClipArts als Bild eingefügt und können deshalb nur eingeschränkt verändert werden.

Mithilfe der hier vorgestellten Extraktions- bzw. Zerlegetechnik lassen sich z. B. ClipArts oder andere Vektorgrafiken (aus anderen Programmen wie Adobe Illustrator, CorelDRAW usw.) in PowerPoint weiterbearbeiten. Im Beispiel dieses Abschnitts isolieren wir die Glühbirne aus einem ClipArt, das einen Mann mit Glühbirne zeigt, damit wir sie später allein verwenden können.

1. Wählen Sie **Einfügen ▶ Bilder ▶ Onlinegrafiken** ❶, und geben Sie »Glühbirne« in das Suchfeld ❷ ein. Wenn Sie das hier gezeigte ClipArt-Männchen mit Glühbirne nicht finden, können Sie die Präsentation inklusive Bild auch von der beiliegenden CD laden (*04_ClipArt_zerlegen.pptx*).

2. Ziehen Sie das ClipArt per Drag & Drop auf die Folie, oder klicken Sie es doppelt an, um es auf die Folie zu bringen. Dann klicken Sie mit der rechten Maustaste darauf und wählen **Gruppieren ▶ Gruppierung aufheben**. Wenn PowerPoint nachfragt, ob die Grafik umgewandelt werden soll, bestätigen Sie mit **Ja**.

3. Führen Sie den gleichen Schritt noch einmal aus, erst dann sehen Sie alle Einzelteile der Grafik. Um die Markierung zu entfernen, klicken Sie irgendwo auf die freie Fläche.

4. Nun können Sie einzelne Elemente verschieben, ändern oder löschen. Isolieren Sie alle Elemente, die zur Glühbirne gehören, indem Sie einen Markierungsrahmen um sie herum ziehen und alles verschieben. Am besten gruppieren Sie die Teile der Glühbirne (rechte Maustaste ▶ **Gruppieren**), damit nichts aus Versehen verrutscht.

> **TIPP**
>
> **Teil der Grafik als neue Datei speichern**
>
> Wenn Sie mit dem isolierten Teil der Grafik weiterarbeiten möchten und der Befehl **Gruppierung aufheben** nicht aktiv ist, klicken Sie mit der rechten Maustaste auf die Grafik, und wählen **Als Grafik speichern** aus dem Kontextmenü. Speichern Sie die Grafik im Format **Erweitere Windows-Metadatei**. Fügen Sie die Datei dann über **Einfügen ▸ Bilder ▸ Bilder** wieder in die Folie ein, und arbeiten Sie damit weiter.

2D-Figuren anlegen

Mithilfe von Formen lassen sich Figuren bauen, die Sie in Ihren Präsentationen einsetzen können, um diese lebendiger und interessanter zu gestalten. In diesem Abschnitt möchte ich Ihnen zeigen, wie Sie an die Sache herangehen können. Sie finden das komplette Beispiel, das Sie für Ihre Zwecke verändern und erweitern können, auch auf der beiliegenden CD (*04_2D-Figuren.pptx*).

Die hier gezeigten Figuren lassen sich in vielen Präsentationen zu unterschiedlichen Zwecken einsetzen, beispielsweise:

- zur Darstellung eines Workflows, z. B. von der Bestellannahme bis zur Rechnungsstellung
- für die Funktionen im Unternehmen, z. B. Controlling, Telefonzentrale
- als Hinweis- oder Signalgeber, z. B. mit einem Schild in der Hand: Ist eine Sache okay? Geht der Gewinn nach oben? Wird ein Verlust prognostiziert?
- als Kennzeichnung für das jeweilige Kapitel, z. B. Buchhaltung, Personalwesen oder Marketing

2D-Figuren anlegen

Die Basisfiguren sehen Sie in der folgenden Abbildung.

1. Blenden Sie mit [Alt]+[F9] die Hilfslinien ein, und legen Sie zunächst eine Führungslinie im unteren Drittel der Folie an. Das ist die Grundlinie, auf der alle Figuren zu stehen kommen.

2. Um den Rumpf der männlichen Figur anzulegen, wählen Sie **Start ▸ Zeichnung ▸ Formen ▸ Flussdiagramm ▸ Flussdiagramm: Verzögerung** und ziehen die Form auf einer leeren Folie auf. Größe und Position spielen erst einmal keine Rolle.

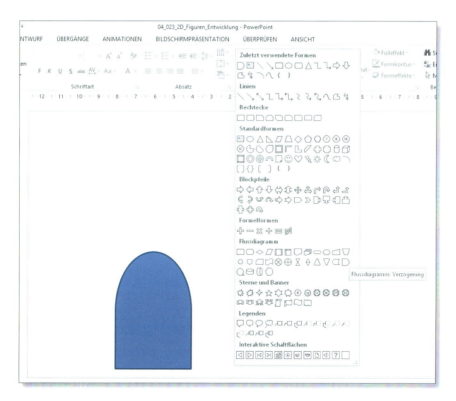

3. Drehen Sie dann das Objekt über **Zeichentools ▸ Format ▸ Anordnen ▸ Drehen ▸ Linksdrehung 90°**. Geben Sie in der Befehlsgruppe **Größe** bei **Höhe** »4 cm« und bei **Breite** »6 cm« ein.

4. Für den Kopf der Figur wählen Sie **Zeichentools ▸ Format ▸ Formen einfügen ▸ Standardformen ▸ Ellipse**, und zeichnen Sie mit gedrückter ⇧-Taste einen Kreis. Geben Sie unter **Zeichentools ▸ Format ▸ Größe** bei **Höhe** und **Breite** jeweils »3 cm« ein.

5. Verschieben Sie den Kopf auf den Rumpf, markieren Sie dann Rumpf und Kopf, und richten Sie den Kopf über **Zeichentools ▸ Format ▸ Anordnen ▸ Ausrichten ▸ Horizontal zentrieren** genau aus. Markieren Sie nun nur den Kopf, und verschieben Sie ihn mit den Pfeiltasten ↑ bzw. ↓ an die richtige Position.

6. Nun wird die Männerfigur noch formatiert. Markieren Sie dazu Kopf und Rumpf, und erstellen Sie eine Gruppe (mit Strg + ⇧ + G oder über die rechte Maustaste mit dem Kontextmenübefehl **Gruppieren**). Wählen Sie über **Zeichentools ▸ Format ▸ Formenarten ▸ Schnellformatvorlagen** die Vorlage **Intensiver Effekt – Aquamarin, Akzent 5**.

> **HINWEIS**
>
> **Der richtige Effekt**
>
> Um den gewünschten Effekt zu erhalten, sollten Sie bei **Entwurf ▸ Varianten ▸ Effekte ▸ Larissa 2007-2010** wählen. Wenn Sie nur **Larissa** auswählen, erhalten Sie nicht den Effekt, wie er in den Abbildungen zu sehen ist.

7. Um nun die Frauenfigur anzulegen, duplizieren Sie die Männerfigur (Strg + D), und verschieben das Duplikat nach rechts. Lösen Sie die Gruppe für die Frauenfigur auf (mit Strg + ⇧ + H oder über die rechte Maustaste mit dem Kontextmenübefehl **Gruppieren ▸ Gruppierung aufheben**).

8. Wir wollen den Rumpf der zweiten Figur verengen, um sie weiblich aussehen zu lassen. Legen Sie dazu zunächst eine zweite horizontale Führungslinie auf der Höhe der geplanten Taille an (indem Sie die erste Linie mit gedrückter Strg-Taste und gedrückter linker Maustaste verschieben).

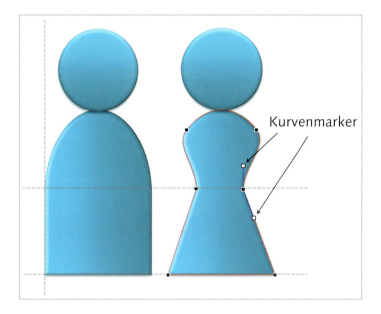
Kurvenmarker

9. Klicken Sie nun einmal auf einen leeren Bereich der Folie, und markieren Sie dann den Rumpf der Frauenfigur. Klicken Sie mit der rechten Maustaste darauf, und wählen Sie **Punkte bearbeiten** aus dem Kontextmenü.

10. Zoomen Sie jetzt an den Rumpf heran, damit Sie feiner arbeiten können, und bearbeiten Sie die Punkte an der Taille, d. h., Sie ziehen die Punkte mit gedrückter linker Maustaste zur Rumpfmitte. Orientieren Sie sich dabei an der zweiten horizontalen Führungslinie. Diese Bearbeitung verlangt sehr viel Fingerspitzengefühl; wenn der Punkt sich nicht dahin bewegt, wo Sie ihn haben wollen, nutzen Sie die Funktion **Rückgängig** (oder Strg + Z), und setzen Sie neu an. Um die Krümmung der Außenlinie zu verändern, können Sie die *Kurvenmarker* verwenden (sie erscheinen als dünne blaue Linien mit einem Marker am

Ende, wenn Sie einen der Bearbeitungspunkte anklicken). Wenn Sie fertig sind, beenden Sie den Punktebearbeitungsmodus, indem Sie einfach auf einen leeren Bereich der Folie klicken. Mit `Strg`+`⇧`+`G` gruppieren Sie Kopf und Rumpf wieder.

11. Zu guter Letzt legen Sie die Kinderfiguren an. Duplizieren Sie die Männer- und die Frauenfigur. Markieren Sie beide Figuren, und klicken Sie mit der rechten Maustaste darauf. Im Kontextmenü wählen Sie **Größe und Position**.

12. Im Dialogfenster setzen Sie im Bereich **Skalierung** das Häkchen bei **Seitenverhältnis sperren**. In das Feld **Höhe skalieren** geben Sie »60 %« ❶ ein. Schließen Sie den Dialog.

13. Mit `Strg`+`⇧`+`H` lösen Sie die Gruppierung der beiden kleinen Figuren. Klicken Sie dann den Rumpf der einen Figur an, und ziehen Sie ihn schmaler. (Alternativ klicken Sie mit der rechten Maustaste auf den Rumpf, und wählen dann **Größe und Position ▸ Größe ▸ Breite skalieren**. Stellen Sie im Feld **Breite** z. B. den Wert »70 %« ein.) Daraufhin müssen Sie Kopf und Rumpf jeweils wieder zentriert ausrichten. Zum Schluss gruppieren Sie jeweils wieder beide Teile der Figuren.

Damit haben Sie die Basisfiguren erstellt. Der nächste Schritt ist die Zuordnung von bestimmten Merkmalen, damit die Figuren eine Bedeutung bekommen und für spezielle Aussagen stehen können: Beispielsweise können Sie Accessoires wie Taschen oder Kommunikationsmittel, andere ClipArts oder Symbole ergänzen.

1. Um z. B. Figuren mit Taschen zu erstellen, gehen Sie wie folgt vor: Für den Koffer des Mannes zeichnen Sie ein abgerundetes Rechteck (**Start ▸ Zeichnung ▸ Formen ▸ Rechtecke ▸ Abgerundetes Rechteck**) und einen Halbbogen (**Formen ▸ Standardformen ▸ Halbbogen**). Passen Sie die Größen entsprechend an, und verschieben Sie die Einzelteile an die richtige Position.

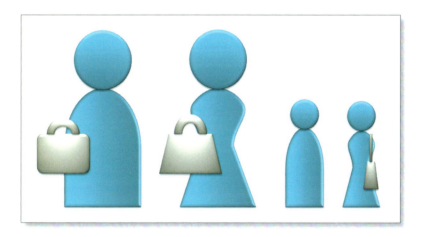

2. Die Accessoires sollen in farbigem Kontrast zu den Figuren stehen. Dennoch wählen Sie zunächst die gleiche Formatierung wie für die Figuren: **Start ▸ Zeichnung ▸ Schnellformatvorlagen ▸ Intensiver Effekt – Aquamarin, Akzent 5**. (Alternativ nutzen Sie den gleichen Pfad wie zuvor: **Zeichentools ▸ Format ▸ Formenarten ▸ Schnellformatvorlagen**.) Anschließend verändern Sie die Farbe über **Schnellformatvorlagen** und **Andere Designfüllungen** in **Formatvorlage 6**. Sie können natürlich auch Farben wählen, die zu Ihrem Corporate Design passen. Für die Damen- und Kindertasche gehen Sie genauso vor, verwenden aber eine andere Grundform (**Start ▸ Zeichnung ▸ Formen ▸ Standardformen ▸ Trapezoid**).

Um den Figuren andere Gegenstände »in die Hand zu geben«, können Sie ebenso gut ClipArts verwenden. Wenn Ihnen ein Symbol fehlt und Sie es nicht bauen wollen, laden Sie eine ClipArt-Grafik herunter (**Einfügen ▶ Onlinegrafiken**) und wenden zur Formatierung wie gehabt die **Schnellformatvorlagen** darauf an.

Falls die heruntergeladenen Bilder nicht ganz Ihren Vorstellungen entsprechen, zerlegen Sie sie und entfernen dann die störenden Bestandteile (siehe den Abschnitt »Formen extrahieren und weiterbearbeiten« ab Seite 166). Das geht allerdings nur mit Vektorgrafiken, nicht aber mit Bildern oder Bitmaps.

Schließlich können Sie die Figuren auch mit Symbolen versehen, z. B. für Zustimmung, Ablehnung oder Tendenzen. Dazu ziehen Sie einen Kreis auf und beschriften ihn (z. B. indem Sie einfach etwas hineinschreiben); anschließend nehmen Sie die Schnellformatvorlagen wie zuvor beschrieben.

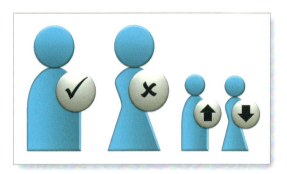

Die Symbole aus der PowerPoint-Datei *04_2D-Figuren.pptx* auf der beiliegenden CD können Sie ganz einfach austauschen. Duplizieren Sie zuerst die Figur mit dem Symbol. Markieren Sie dann nur das Symbol, z. B. den Haken, indem Sie darauf klicken und `Strg`+`A` drücken. Wählen Sie über **Einfügen ▶ Symbole ▶ Symbol** ein anderes Symbol.

Mit diesen unbegrenzten Möglichkeiten können Sie Ihre Figurensammlung stetig erweitern. Am besten duplizieren Sie immer eine Folie mit Figuren und verändern diese dann. Damit bauen Sie sich eine eigene Bibliothek für Ihre Präsentationen auf. Um dann eine Figur zu nutzen, kopieren Sie sie (`Strg`+`C`) und fügen sie in die neue Präsentation ein (`Strg`+`V`).

3D-Figuren bauen

In sehr vielen Präsentationen geht es um Strategien, Taktiken und Maßnahmen. Eine Möglichkeit der Visualisierung solcher Themen sind Schachfiguren. Sie lassen sich sehr gut mithilfe der 3D-Funktionen von PowerPoint bauen.

Der große Vorteil dieser individuellen Kreationen: Sie können Ihre Sammlung verändern und an spezielle Bedürfnisse anpassen, z. B. in Bezug auf die Farbgebung. Solche Elemente lassen sich darüber hinaus leicht animieren, sodass Veränderungen und verschiedene Zustände sehr gut gezeigt werden können. Auf der beiliegenden CD finden Sie alle Figuren in der Präsentation *04_3D-Figuren.pptx*.

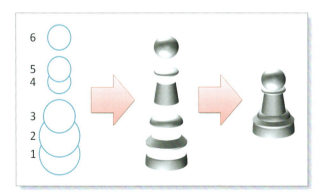

1. Wir fangen mit der leichtesten Figur an, dem Bauern. Um dessen 3D-Basis zu bauen, legen Sie erst einmal eine leere Folie an und zeichnen den ersten Kreis (indem Sie ihn über **Start ▸ Zeichnung ▸ Formen ▸ Ellipse** mit gedrückter ⇧-Taste aufziehen). Klicken Sie mit der rechten Maustaste darauf, und wählen Sie **Größe und Position** aus dem Kontextmenü. Im Aufgabenbereich geben Sie für Höhe und Breite jeweils »2,8 cm« an.

2. Wechseln Sie rechts im Dialog zum Bereich **Effekte** ▸ **3D-Drehung** ❶. Stellen Sie unter **Y-Drehung** dann den Wert »290°« ein.

3. Wechseln Sie nun wiederum in den Bereich **3D-Format**, und wählen Sie unter **Abschrägung oben** die Option **Kreis** ❷ aus. Setzen Sie dessen **Stärke** ❸ auf »3 pt« und die **Höhe** ❹ auf »20 pt«.

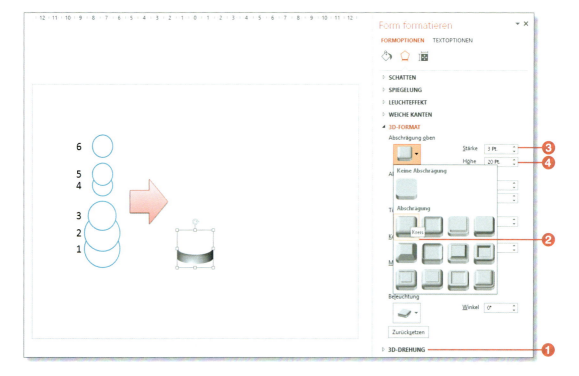

4. Um den zweiten Baustein der Figur zu erstellen, duplizieren Sie den ersten Kreis mit [Strg]+[D], klicken mit der rechten Maustaste darauf und wählen im Kontextmenü **Form formatieren**, im Aufgabenbereich dann **Formoptionen** ▸ **Effekte** ▸ **3D-Format** ▸ **Abschrägung oben** ▸ **Starke Abschrägung**. Für die **Stärke** ❺ und **Höhe** ❻ geben Sie jeweils »12 pt« an. Unter **Abschrägung unten** nehmen Sie **Kreis** und geben als Parameter für **Breite** ❼ und **Höhe** ❽ jeweils »6 pt« an.

3D-Figuren bauen

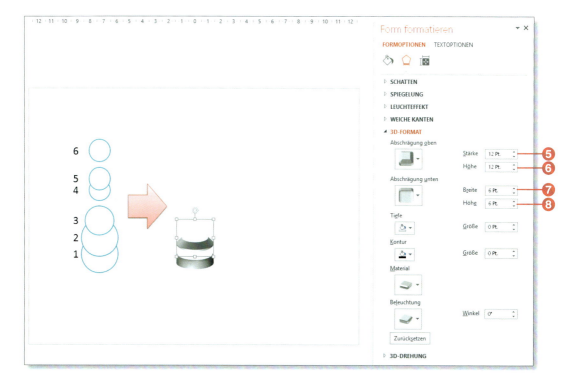

5. Verändern Sie mit der Maus oder mit den Pfeiltasten die Position des zweiten Kreises so, dass er passend über dem ersten Kreis sitzt.

6. Nun duplizieren Sie den zweiten Kreis, indem Sie ihn markieren und `Strg`+`D` drücken. Ändern Sie seine Größe auf dem bekannten Weg: Für **Breite** und **Höhe** geben Sie jeweils »2,2 cm« an. Im Bereich **3D-Format** wählen Sie unter **Abschrägung oben** die Option **Kreis**. Setzen Sie **Stärke** und **Höhe** auf »13 pt«. Für **Abschrägung unten** wählen Sie die Vorgabe **Keine**. Platzieren Sie den Kreis an der richtigen Stelle über den beiden anderen.

7. Nun machen wir uns daran, den Rumpf der Figur, einen Zwischenring und die Kugel als Kopf zu gestalten. Für den Rumpf duplizieren Sie den dritten Kreis. Unter **Größe** stellen Sie für **Breite** und **Höhe** jeweils »1,6 cm« ein. Unter **Abschrägung oben** wählen Sie **Starke Abschrägung** mit einer **Stärke** von »6 pt« und einer **Höhe** von »40 pt«. Bei **Abschrägung unten** geben Sie **Keine** an. Verschieben Sie das Teil über die drei anderen Bausteine.

177

8. Jetzt ist der Zwischenring dran: Duplizieren Sie den Rumpf. Bei **Abschrägung oben** geben Sie **Kreis** an und versehen ihn mit einer **Stärke** von »20 pt« und einer **Höhe** von »6 pt«. Für **Abschrägung unten** wählen Sie ebenfalls **Kreis** und geben eine **Breite** von »20 pt« und eine **Höhe** von »6 pt« an. Positionieren Sie auch diesen Ring entsprechend.

9. Zu guter Letzt setzen Sie der Figur die Kugel auf. Wieder duplizieren Sie zunächst den Zwischenring. Für **Abschrägung oben** wählen Sie dann **Kreis** und geben bei **Stärke** und bei **Höhe** »20 pt« an. Auch unter **Abschrägung unten** wählen Sie **Kreis**, mit einer **Breite** und einer **Höhe** von jeweils »20 pt«. Verschieben Sie die Kugel über die anderen Teile.

10. Nun fehlen noch einige Abschlussarbeiten. Markieren Sie alle Elemente der Figur und richten Sie sie über **Start ▸ Zeichnung ▸ Anordnen ▸ Objekte positionieren ▸ Ausrichten ▸ Horizontal zentrieren** mittig aus. Dann gruppieren Sie alle Elemente (`Strg`+`⇧`+`G`), um sie anschließend einzufärben (rechte Maustaste ▸ **Form formatieren**). Wählen Sie für die Füllung wie auch für die Linienfarbe (für die Kontur der Form) den gleichen Farbton, z. B. Weiß bzw. Grau (für helle Figuren) oder Schwarz (für dunkle Figuren).

Sie haben nun das Prinzip gesehen, wie die Figuren aufgebaut werden. Versuchen Sie die übrigen Figuren selbstständig aufzubauen. Dennoch möchte ich Ihnen ein paar Tipps zu König, Dame und Springer nicht vorenthalten.

Nachdem Sie einen Kreis gezeichnet haben, denken Sie daran, ihn wie eben beschrieben zu drehen (indem Sie **Form formatieren ▸ Formoptionen ▸ Effekte ▸ 3D-Drehung** wählen und im Feld **Y-Drehung** den Wert »290°« angeben).

- **König:** Das Kreuz für die »Krone« zeichnen Sie über **Start ▸ Zeichnung ▸ Formen ▸ Standardformen ▸ Zierrahmen**. Nutzen Sie den Ziehmarker (die kleine gelbe Raute), um die Form selbst schmaler zu machen. Um das Kreuz perspektivisch zu zeigen, wählen Sie **Form formatieren ▸ Formoptionen ▸ Effekte ▸ 3D-Drehung ▸ Voreinstellungen ▸ Parallel ▸ Von der Achse 1 nach rechts**. (Eventuell müssen Sie die Perspektive noch über die

3D-Figuren bauen

Werte der X- und Z-Achse nachjustieren.) Bei **3D-Format ▸ Abschrägung** wählen Sie für **Oben** und **Unten** jeweils die Option **Kreis** und geben als Parameter bei **Stärke** und **Höhe** jeweils »3 pt« an.

- **Dame:** Für die Abschrägung des zweithöchsten Elements der Dame zeichnen Sie einen Kreis und wählen **3D-Format ▸ Abschrägung oben ▸ Weiche Abrundung** mit einer **Stärke** von »20 pt« und einer **Höhe** von »6 pt«. Für **Abschrägung unten ▸ Starke Abschrägung** geben Sie eine **Breite** von »8 pt« und eine **Höhe** von »20 pt« an. Die Halbkugel ganz oben auf der Figur können Sie mit folgenden Parametern bauen: Unter **3D-Format ▸ Abschrägung oben** wählen Sie **Kreis** und geben für **Stärke** und **Höhe** jeweils »12 pt« an.

- **Springer:** Den Kopf des Springers erstellen Sie am einfachsten, indem Sie über **Einfügen ▸ Onlinegrafiken** als Suchbegriff »Schach« eingeben. Dort suchen Sie sich ein passendes Pferdebild aus und zerlegen die ClipArt-Grafik so, dass Sie den Pferdekopf weiterverwenden können (siehe Abschnitt »Formen extrahieren und weiterbearbeiten« ab Seite 166). Gehen Sie dann weiter vor wie bei dem Kreuz auf der Königsfigur.

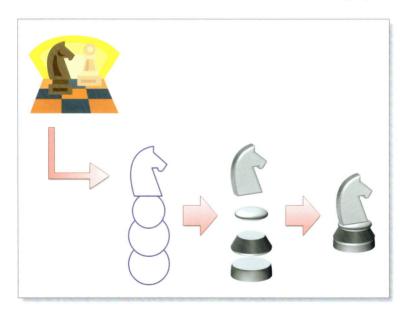

Eine 3D-Kugel gestalten

Ich zeige Ihnen in diesem Abschnitt, wie man eine schöne 3D-Kugel gestaltet, denn sie eignet sich für viele Einsatzgebiete, z. B. als Aufzählungszeichen, in Phasendiagrammen, für Schaubilder und Infografiken. Die dazugehörige Präsentation finden Sie auf der beiliegenden CD unter *04_3D-Kugel.pptx*.

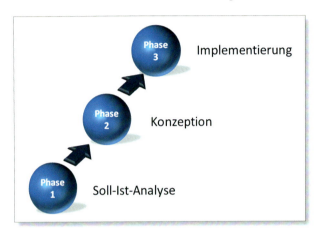

1. Legen Sie eine leere Folie an, und ziehen Sie über **Start** ▸ **Zeichnung** ▸ **Formen** ▸ **Ellipse** mit gedrückter ⇧-Taste einen Kreis auf. Über das Kontextmenü (rechte Maustaste) wählen Sie **Größe und Position** und tippen im Aufgabenbereich bei **Breite** und **Höhe** jeweils »4 cm« ein. Im Bereich **Linienfarbe** wählen Sie **Keine Linie**.

2. Im gleichen Dialogfenster im Bereich **3D-Format** setzen Sie folgende Parameter: Bei **Abschrägung** ▸ **Oben** wählen Sie **Kreis** und geben für **Stärke** und **Höhe** jeweils »2 cm« an. (Geben Sie den Wert tatsächlich in Zentimetern an; er wird dann automatisch in Punkt umgerechnet.) Für **Abschrägung** ▸ **Unten** nehmen Sie ebenfalls die Option **Kreis** mit einer **Stärke** und **Höhe** von jeweils »2 cm«.

3. Weiter unten im Bereich **3D-Format** finden Sie Möglichkeiten, die Oberflächenstruktur zu verändern und die Lichtsituation (Lichteffekte und Schatten) anzupassen. Bestätigen Sie Ihre Eingaben mit **Schließen**. Zum Schluss wählen Sie über **Start** ▸ **Zeichnung** ▸ **Formeffekte** ▸ **Schatten** ▸

Perspektive ▸ Perspektivisch diagonal oben rechts, um noch mehr Räumlichkeit zu schaffen.

Versuchen Sie noch weitere Ideen mithilfe von Kugeln darzustellen, z. B. Kräfteverhältnisse oder Stärken und Schwächen.

Piktogramme erstellen

Piktogramme sind grafische Symbole, die Sie sehr gut einsetzen können, um Ihrem Publikum eine Orientierung zu ermöglichen. Denken Sie beispielsweise an einen Elektromarkt und seine Werbeprospekte. Die Eigenschaften der einzelnen Geräte sind häufig mit Piktogrammen kombiniert, z. B. die Umdrehungszahl bei Bohrmaschinen, der Prozessortakt von Computern oder auch die Garantiedauer. Je häufiger Sie diese Symbole sehen, desto schneller und sicherer können Sie die Eigenschaften einordnen. Die Piktogramme machen es uns also leicht, einer Sache einen Wert zuzuordnen.

Sie werten mit Piktogrammen nicht nur die Präsentation optisch auf, sondern helfen dem Zuschauer auch, ihre Inhalte schneller zu verstehen. Auf der beiliegenden CD finden Sie mehr als 100 Piktogramme für unterschiedlichste Einsatzzwecke (*04_Piktogramme.pptx*).

Die hier vorgestellten Piktogramme bestehen aus der Piktogrammbasis, z. B. einem Rahmen und einer farbigen Grundfläche, und dem Symbol selbst. Sie können die auf der CD mitgelieferten Piktogramme einfach verändern, indem Sie zunächst die Gruppierung lösen (über **Start** ▸ **Zeichnung** ▸ **Anordnen** ▸ **Objekte gruppieren** ▸ **Gruppierung aufheben** oder mit ⌈Strg⌉+⌈⇧⌉+⌈H⌉) und dann die grüne gegen eine andere Farbbasis austauschen. Sie können die Piktogrammauswahl auch erweitern, indem Sie zusätzliche Symbole einfügen bzw. erstellen.

Um ein Symbol aus einer Schriftart einzufügen, legen Sie ein Textfeld an (**Einfügen** ▸ **Text** ▸ **Textfeld**) und fügen dann über **Einfügen** ▸ **Symbole** ▸ **Symbol** ein Symbol Ihrer Wahl ein. Vergrößern Sie über **Start** ▸ **Schriftart** die Schriftgröße, und setzen Sie die Schriftfarbe auf **Weiß, Hintergrund 1**. Platzieren Sie das Textfeld mittig über der Basis, und gruppieren Sie beide.

> **Basis erstellen**
>
> Eine Anleitung dazu, wie Sie eine neue Piktogrammbasis erstellen, finden Sie ebenfalls auf der beiliegenden CD in der Datei *04_Piktogramme.pptx*.
>
> Was auch immer Sie an den Piktogrammen verändern, vergessen Sie nicht, hinterher wieder alle Teile zu gruppieren (⌈Strg⌉+⌈⇧⌉+⌈G⌉). Das erspart Ihnen unnötiges Verschieben von Elementen.

Eine 3D-Siegertreppe anfertigen

Die Siegertreppe kann für das Ergebnis eines Wettbewerbs (sportlich, innerbetrieblich usw.) verwendet werden. Darüber hinaus lassen sich solche Siegertreppen erweitern und für Gegenüberstellungen von Produkten und Dienstleistungen verwenden. Das hier dargestellte Erstellungsprinzip lässt sich auch auf Treppen mit mehr als drei Plätzen verwenden. Die dazugehörige Präsentation finden Sie unter *04_Siegertreppe.pptx* auf der beiliegenden CD.

1. Beginnen Sie mir einer leeren Folie und zeichnen Sie ein Quadrat (**Start ▸ Zeichnung ▸ Formen ▸ Rechtecke**, wählen Sie das **Rechteck** aus). Über die rechte Maustaste wählen Sie im Kontextmenü **Größe und Position** und stellen im Aufgabenbereich bei **Höhe** und **Breite** jeweils »4 cm« ein. Wählen Sie als Formkontur »keine Linie« aus (über das Kontextmenü **Form formatieren** oder über **Start ▸ Zeichnung ▸ Formkontur**). Wenn Sie möchten, können Sie die Füllfarbe verändern – auch nachträglich.

2. Duplizieren Sie mit `Strg`+`D` das Quadrat zweimal und setzen Sie alle in einer Reihe nebeneinander.

3. Verändern Sie bei dem linken Quadrat die **Höhe** auf »3 cm« (Kontextmenü: **Größe und Position**, anschließend im Aufgabenbereich **Größe und Eigenschaften ▸ Größe ▸ Höhe**) und bei dem rechten auf »2 cm«.

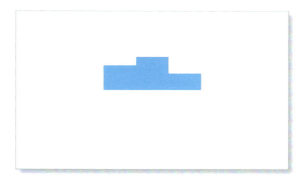

4. Markieren Sie alle Rechtecke und wählen Sie **Zeichentools ▸ Format ▸ Formen einfügen ▸ Formen zusammenführen ▸ Vereinigung**.

5. Platzieren Sie drei Textfelder (**Start** ▸ **Zeichnung** ▸ **Formen**) mit der Bezeichnung »2«, »1« und »3« von links nach rechts auf das Podest. Formatieren Sie die Schriftart, -größe und -farbe entsprechend.

6. Markieren Sie das Podest und die drei Textfelder und wählen Sie **Zeichentools** ▸ **Format** ▸ **Formenarten** ▸ **Formeffekt** ▸ **3D-Drehung** aus (alternativ über das Kontextmenü). Wählen Sie als **Voreinstellung Perspektive rechts (Stufe 1)** und stellen Sie folgende Parameter ein: **X-Drehung**: »340°«, **Y-Drehung**: »15°«, **Z-Drehung**: »0°« und **Perspektive** »50°«. Prüfen Sie, ob die Position der Textfelder stimmt und verschieben Sie sie – falls notwendig – am besten mit den Cursortasten.

7. Klicken Sie auf einen leeren Bereich der Folie und markieren Sie danach nur das Podest. Wechseln Sie über rechte Maustaste in das Kontextmenü zu **Form formatieren**, sodann im Aufgabenbereich zu **Effekte** ▸ **3D-Format** und ändern Sie **Tiefe** auf »140 pt«. Wenn Ihnen die Darstellung nicht gefällt, passen Sie die **Beleuchtung** (**Weich**, **Winkel** »90°«) an.

8. Platzieren Sie abschließend Namen, Produkte usw. auf die Siegertreppe.

TIPP

Siegertreppe mit mehr Stufen

Wenn Sie mehr als drei Stufen haben möchten, duplizieren Sie am Anfang das Quadrat mehr als zweimal und ändern Sie anschließend die Höhen.

3D-Schlüssel bauen

Ein Schlüssel wird in Präsentationen meistens symbolisch verwendet, z. B. um das Schlüssel-Schloss-Prinzip darzustellen. Zwei Dinge müssen passen, wenn sie zusammengehören sollen. In dem nachfolgenden Beispiel (*04_Schlüssel.pptx* auf der beiliegenden CD) geht es darum, eine Lösung für ein Problem zu finden. Das Problem oder die Herausforderung wird symbolisch als Schlüsselloch und die Lösung als Schlüssel dargestellt.

1. Legen Sie eine Folie mit dem Folienlayout **Nur Titel** an. Schreiben Sie in die Überschrift »Herausforderung und Lösung«.

2. In der Mitte der Folie fügen Sie die Form **Rad** ein (**Start ▶ Zeichnung ▶ Formen ▶ Standardformen ▶ Rad**). Das wird der Schlüsselkopf. Wechseln Sie über die rechte Maustaste in das Kontextmenü, und klicken Sie auf **Form formatieren**. Stellen Sie im Aufgabenbereich bei **Größe und Eigenschaften ▶ Größe** die **Höhe** und **Breite** ein (»4,5 cm« bzw. »3 cm«). Wechseln Sie im Aufgabenbereich zu **Effekte ▶ 3D-Format**, und geben Sie bei **Abschrägung oben** eine **Stärke** von »12 pt« und eine **Höhe** von »6 pt« ein und weiter unten bei **Beleuchtung ▶ Winkel** »240°«.

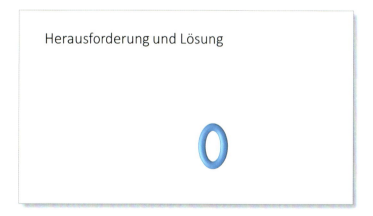

3. Fügen Sie links neben dem Schlüsselkopf einen Kreis ein. (**Start ▶ Zeichnung ▶ Formen ▶ Ellipse**). Passen Sie die Größe an, und stellen Sie im Aufgabenbereich die **Breite** und **Höhe** jeweils auf »1 cm«. Stellen Sie bei **Effekte ▶ 3D-Drehung** bei **X-Drehung** »270°« und bei **Y-Drehung** »332°«

Kapitel 4 – Mehr Pep mit Grafikelementen

ein. Bei **Effekte** ▶ **3D-Format** geben Sie bei **Abschrägung oben** eine **Stärke** von »10 pt« und eine **Höhe** von »10 pt« ein. Dasselbe machen Sie auch bei **Abschrägung unten**. Bei **Beleuchtung** wählen Sie einen **Winkel** von »70°«.

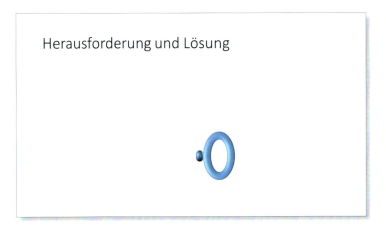

4. Duplizieren Sie die eben geformte Ellipse mit [Strg] + [D] und platzieren Sie sie neben die erste.

5. Duplizieren Sie die Ellipse erneut und setzen Sie sie wieder an. Diesmal ändern Sie jedoch die Länge und die Abschrägung. Wählen Sie dazu über den Aufgabenbereich bei **Abschrägung oben** und **Abschrägung unten** die Option **Starke Abschrägung**, und ändern Sie alle Werte auf »6 pt«. Bei **Effekte** ▶ **3D-Format** ändern Sie die **Tiefe** auf »80 pt«.

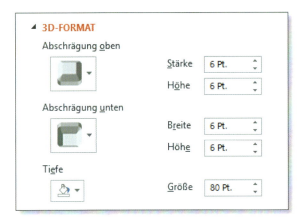

3D-Schlüssel bauen

6. Vervollständigen Sie den Schlüsselhals wie in der Abbildung. Bei dem Schlüsselhalsende wählen Sie bei **Abschrägung unten** die Option **Kreis** und ändern die Werte für **Stärke** und **Höhe** auf »12 pt«. Verlängern Sie das letzte Stück über **Effekte ▶ 3D-Format ▶ Tiefe** auf »120 pt« (in der Abildung vom Auswahlmenü **Abschrägung unten** verdeckt).

7. Zeichnen Sie zur Erstellung des Schlüsselbarts ein Rechteck unterhalb des Schlüsselendes, das einen Teil des Schlüsselbarts ergeben soll. Die Größe können Sie selbst festlegen, z. B. 2,5 cm x 0,5 cm. Duplizieren Sie nun das Rechteck sechsmal, und platzieren Sie die Rechtecke nebeneinander.

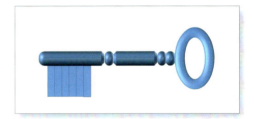

8. Verkürzen Sie anschließend die innenliegenden Rechtecke, damit die Zeichnung wie ein echter Schlüsselbart aussieht. Über **Effekte ▶ 3D-Format ▶ Abschrägung oben** stellen Sie jeweils »6 pt« ein. Bei **Beleuchtung ▶ Winkel** geben Sie den Wert »240°« ein.

9. Für das Gegenstück, nämlich das Schlüsselloch, erstellen Sie einen größeren Kreis (mit einem Durchmesser von ca. 4,5 cm, d. h. geben Sie bei **Breite** und **Höhe** je »4,5 cm« ein) und legen in den Kreis mittig

187

einen kleinen Kreis (von ca. 1 cm Durchmesser) sowie ein passendes Rechteck.

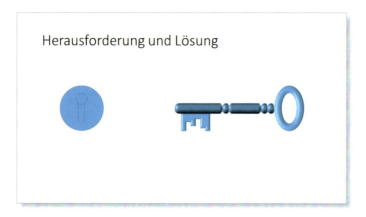

10. Klicken Sie den großen Kreis und anschließend den kleinen Kreis und das Rechteck an. Wählen Sie **Zeichentools ▶ Format ▶ Formen einfügen ▶ Formen zusammenführen ▶ Subtrahieren** aus. Sie haben jetzt nur noch eine Form, der kleine Kreis und das Rechteck sind verschwunden. Im Aufgabenbereich der neuen Form wählen Sie **Form formatieren ▶ Effekte ▶ 3D-Format ▶ Abschrägung oben** und setzen bei **Stärke** »12 pt« und bei **Höhe** »6 pt« ein. Bei **Beleuchtung ▶ Winkel** geben Sie den Wert »240°« ein.

11. Platzieren Sie Schlüssel und Schloss auf der Folie, und fügen Sie dann Textfelder hinzu.

Einen Agenda-Baum bauen

In vielen Präsentationen steht auf einer der ersten Folien eine Übersicht oder Agenda, die dem Zuhörer zeigt, was ihn erwartet. Die meisten Agenden listen die Abschnitte als einzelne Sätze der Reihe nach auf. Im folgenden Beispiel sehen Sie, wie man es auch einmal anders machen kann. Sie finden es auf der beiliegenden CD unter *04_Agendabaum.pptx*. Die Darstellung orientiert sich an der Verkehrsbeschilderung. Verkehrsschilder haben immer etwas mit Orientierung zu tun, die auch bei Präsentationen wichtig ist. Die Gestaltung eignet sich nicht nur für Agenden, sondern hilft generell, Ihre Präsentation übersichtlich zu machen. Sie können eine Übersicht über verschiedene Wege bei einer Problemlösung oder verschiedene Strategierichtungen aufzeigen.

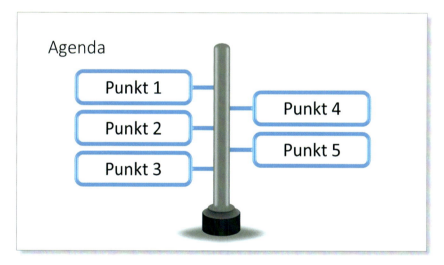

Die einzelnen Punkte sind auf dem Agenda-Baum gut zu erkennen.

1. Legen Sie eine Folie mit dem Folienlayout **Nur Titel** an. Schreiben Sie in die Überschrift »Agenda«.

2. In der Mitte der Folie fügen Sie einen Kreis ein (**Start ▶ Zeichnung ▶ Formen ▶ Standardformen ▶ Ellipse**). Das wird der Pfosten des Agenda-Baums. Wechseln Sie über rechte Maustaste ▶ **Form formatieren** in den

Aufgabenbereich. Legen Sie bei **Füllung** und **Linie** die Farbe **Weiß, Hintergrund 1, dunkler 50 %** fest. Stellen Sie bei **Größe und Eigenschaften ▶ Größe** für **Höhe** »1,3 cm« und für **Breite** »1,3 cm» ein. Wechseln Sie zu **Effekte ▶ 3D-Format**, und geben Sie bei **Abschrägung oben** eine **Stärke** von »18 pt« und eine **Höhe** von »12 pt« und bei **Abschrägung unten** eine **Breite** von »16 pt« und eine **Höhe** von »12 pt« ein. Bei **Tiefe** geben Sie den Wert »353 pt« ein. Wählen Sie bei **Material** die Option **Warm Matt** und bei **Beleuchtung** die Option **Kontrast**. Abschließend drehen Sie den Pfosten über **Effekte ▶ 3D-Drehung**. Bei **X-Drehung** geben Sie als Wert »315°«, bei **Y-Drehung** »270°« und bei **Z-Drehung** »45°« an.

3. Kommen wir zum Pfostenfundament. Fügen Sie einen Kreis mit einem Durchmesser von »3 cm« ein (**Größe ▶ Breite** »3 cm« und **Größe ▶ Höhe** »3 cm«). Wechseln Sie über die rechte Maustaste in das Kontextmenü und wählen Sie **Form formatieren**. Legen Sie im Aufgabenbereich bei **Füllung** die Farbe **Weiß, Hintergrund 1, dunkler 50 %** fest. Wechseln Sie zu **Effekte ▶ 3D-Format** und wählen Sie bei **Abschrägung oben** die Form **Konvex**. Geben Sie bei **Abschrägung oben** eine **Stärke** von »14 pt« und eine **Höhe** von »14 pt« ein. Bei **Tiefe** stellen Sie den Wert »40 pt« ein. Wählen Sie bei **Beleuchtung** die Option **Weich**.

4. Über **Effekte ▸ 3D-Drehung** belassen Sie den Wert von **X** und **Z** bei »0°« und ändern bei **Y** den Wert auf »290°«. Platzieren Sie das Pfostenfundament unterhalb des Pfostens, und legen Sie es in den Hintergrund (**Start ▸ Zeichnung ▸ Anordnen ▸ In den Hintergrund**). Korrigieren Sie die Position mit den Cursortasten. Wenn Sie Strg gedrückt halten und die Cursortasten verwenden, können Sie es pixelgenau verrücken.

5. Wir brauchen noch einen Schatten unter dem Fundament, um die räumliche Wirkung zu verstärken. Dazu fügen Sie einen Kreis mit einer Breite von »9 cm« und einer Höhe von »6 cm« ein. (**Größe ▸ Breite** »9 cm« und **Höhe** »6 cm«), und wählen Sie dann dieselbe Farbe wie beim Pfosten und Fundament. Wechseln Sie im Aufgabenbereich zu **Effekte ▸ 3D-Drehung**, und ändern Sie bei **Y** den Wert auf »290°«. Ebenfalls im Aufgabenbereich bei **Effekte ▸ Weiche Kanten** stellen Sie »40 pt« ein. Positionieren Sie den Kreis unterhalb des Fundaments, und legen Sie ihn in den Hintergrund.

6. Als Nächstes folgt das Schild, das den Agenda-Text aufnehmen soll. Platzieren Sie ein abgerundetes Rechteck neben dem Pfosten (**Start ▸ Zeichnung ▸ Formen ▸ Rechtecke ▸ Abgerundetes Rechteck**). Legen Sie die **Breite** auf »9,5 cm« und die **Höhe** auf »2,5 cm« fest. Setzen Sie die Füllfarbe des Rechtecks auf »Keine Füllung« (rechte Maustaste ▸ **Form formatieren ▸ Formoptionen ▸ Füllung und Linie ▸ Füllung ▸ Keine Füllung**). Ändern Sie die Linienfarbe bzw. die Formkontur auf ein frisches Blau und ver-

stärken Sie die Liniendicke (**Linie ▶ Einfarbige Linie Stärke ▶** »9 pt«). Bei **Effekte ▶ 3D-Format** geben Sie im Feld **Abschrägung oben** bei **Stärke** und bei **Höhe** jeweils »6 pt« ein. Wählen Sie bei **Material** die Option **Warm Matt** und bei **Beleuchtung** die Einstellung **Kontrast**.

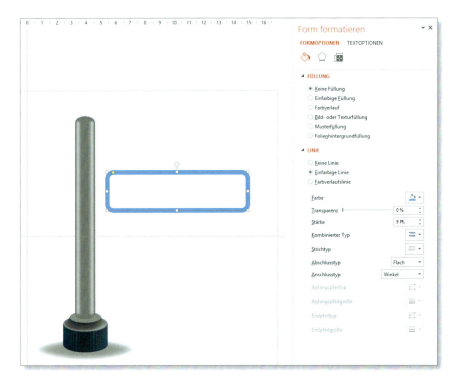

7. Fügen Sie eine gerade Linie mit der Länge von ca. 2 cm ein. (**Start ▶ Zeichnung ▶ Formen ▶ Linien**). Das ergibt das Verbindungsstück zwischen Schild und Pfosten. Stellen Sie die Linienfarbe und die Linienstärke genau wie bei dem Schild ein. Verbinden Sie die Linie mit dem Pfosten, und legen Sie sie in den Hintergrund (**Start ▶ Zeichnung ▶ Anordnen ▶ In den Hintergrund**). Rücken Sie das Schild an das Verbindungsstück heran.

8. Duplizieren Sie per ⌈Strg⌉ + ⌈D⌉ das Schild und das Verbindungsstück so oft, wie Sie Agenda-Punkte haben. Verbinden Sie die Elemente links und rechts mit dem Pfosten. Wenn Sie viel Text haben, vergrößern Sie die Schilder entsprechend.

Kapitel 5
Tabellen, Diagramme und Schaubilder intelligent konzipieren

Je nach Einsatzgebiet, z. B. bei einer Vertriebskonferenz, bei einem öffentlichen Vortrag, bei einem Fachvortrag oder einem internen Meeting, werden Zahlen, Daten und Fakten in einer Präsentation verwendet. Dieses Kapitel soll Ihnen Konzepte, Ideen und Anregungen liefern, wie Sie die Darstellung mithilfe von Tabellen, Diagrammen und Schaubildern interessanter aufbereiten können.

Kapitel 5 – Tabellen, Diagramme und Schaubilder

Sie werden lernen, welche grundlegenden Konzepte es gibt, um Zahlen, Daten und Fakten darzustellen. Sie werden SmartArts individuell anpassen und Ideen kennenlernen, die das SmartArt-Konzept erweitern. Diagramme lassen sich mit einfachen Mittel, natürlich in Abhängigkeit von der Zielgruppe, interessanter und spannender gestalten. Tabellen können Sie durch Einbindung von Grafiken aufwerten und damit den Empfängern der Präsentationen ein einprägsameres Bild der Tabelle liefern. Sie werden hier auch erfahren, wie Sie anstelle von trockenen Zahlen und Daten Schaubilder und Infografiken erstellen.

Darstellungskonzepte

Meistens stellen wir Zahlen als reine Tabellen oder als einfache Linien-, Balken-, Säulen- oder Kreisdiagramme dar. Wenn die Daten (auch die Zahlen selbst) komplexer oder umfangreicher werden, wenn eine einprägsame oder schnell verständliche Darstellung gesucht wird, ist es häufig sinnvoll, nach anderen Darstellungsvarianten zu suchen. In diesem Zusammenhang wird dann auch von Infografiken oder Schaubildern gesprochen.

In diesem Kapitel geht es also um grundlegende Darstellungskonzepte, die Ihnen dabei helfen, Ihre Daten schnell interessanter aufzubereiten. Auch diese Konzepte lassen sich individuell erweitern und anpassen.

> **INFO**
>
> **Konzepte und Beispiele**
>
> Für einen Sachverhalt gibt es immer verschiedene Darstellungsmöglichkeiten. Dem einen gefällt eine Darstellung auf Anhieb, dem anderen nicht. Probieren Sie daher aus, was am besten zur konkreten Aufgabenstellung und zu Ihrer Zielgruppe passt.

SmartArt Grafiken und auch das SmartArt-Konzept dahinter sind eine gute Möglichkeit, um Daten aufzubereiten. Das Thema wurde schon einmal in Kapitel 2, »Text spannender gestalten«, angesprochen, als es darum ging, Text mithilfe von SmartArt-Grafiken interessanter zu gestalten. Da Power-

Point die Grafiken von Haus aus mitbringt, spart es eine Menge Zeit, sie auch für die Darstellung von Zahlen, Daten und Fakten zu nutzen. Die Einsatzgebiete könnten dabei etwa folgende sein:

- Kennzahlensysteme
- Verteilungen, z. B. Ressourcenplan, Umsatz- und Gewinnverteilung
- Zuordnungen wie Firmenstrukturen oder Stellenhierarchien
- Strukturen, z. B. Anteile an einem Fond oder Inhaltsstoffe eines Produkts
- Abläufe und Prozessflüsse, wie etwa Arbeitsschritte beim Ausfüllen eines Formulars oder Regeln für die Bearbeitung eines Vorgangs
- Zusammenhänge und Abhängigkeiten, z. B. der Wasserkreislauf in der Natur oder der Zusammenhang von Widerstand, Strom und Spannung.

Die nächsten beiden Abbildungen zeigen zwei Beispiele. Das Bild rechts (*05_Umsatzüberblick.pptx* auf der beiliegenden CD) ist ein Umsatzüberblick, der mithilfe der SmartArt-Grafik **Beschriftete Hierarchie** gestaltet wurde (**Einfügen ▸ Illustrationen ▸ SmartArt ▸ Hierarchie**).

Das zweite Beispiel (*05_Produktionsleistung.pptx* auf der beiliegenden CD) zeigt eine Grafik, die mit der SmartArt-Grafik **Geschachteltes Ziel** erstellt wurde (**Einfügen ▸ Illustrationen ▸ SmartArt ▸ Beziehung**).

Eine SmartArt-Grafik verwenden

Im Folgenden erarbeiten wir den Umsatzüberblick aus dem vorherigen Abschnitt, der mithilfe der SmartArt-Grafik **Beschriftete Hierarchie** gestaltet wurde.

1. Legen Sie eine neue Folie mit dem Layout **Titel und Inhalt** an. Geben Sie als Titel »Umsatzüberblick« ein. Klicken Sie dann auf das Symbol **SmartArt-Grafik einfügen** in der Mitte der Folie, und wählen Sie im Dialogfenster **Hierarchie ▶ Beschriftete Hierarchie** aus.

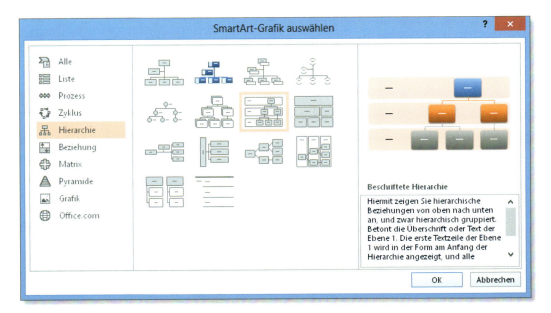

2. Die SmartArt-Grafik wird eingefügt, und links daneben erscheint ein Textfenster. Hierüber können Sie die Texte sehr einfach ändern. Wenn Sie es nicht brauchen, schließen Sie es einfach. Über die kleinen Pfeile links an der Grafik ❶ können Sie das Fenster jederzeit wieder aufklappen.

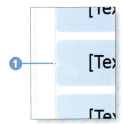

Geben Sie nun die entsprechenden Texte ein. Anstatt das Textfenster zu verwenden, können Sie Änderungen natürlich auch direkt in den Feldern der Grafik vornehmen.

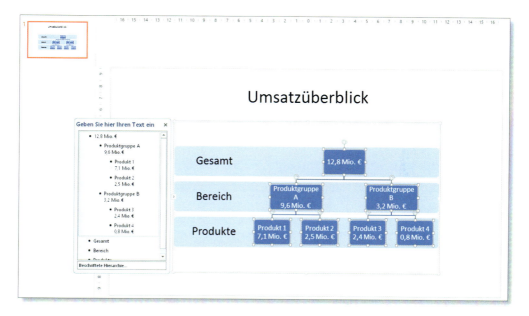

3. Wenn Sie eher grafisch arbeiten, können Sie die Anzahl der Elemente in der SmartArt-Grafik über **Form hinzufügen** sowohl horizontal als auch vertikal erhöhen. Für das Einfügen neuer Formen in die Hierarchie gibt es eine eigene Befehlsgruppe **SmartArt-Tools ▶ Entwurf ▶ Grafik erstellen**.

4. Nun kümmern wir uns um die gestalterischen Aspekte. Im Normalfall sind die Texte der SmartArt-Grafik entweder zu klein oder zu groß. Markieren Sie daher alle Einträge bis auf die Beschriftung der breiten Balken. Am besten klicken Sie ein Element an, halten die ⇧-Taste ge-

drückt und markieren das nächste Element, oder Sie öffnen die Textbox und markieren alle Textzeilen, deren Textgröße geändert werden soll. Passen Sie über **Start ▶ Schriftart** die Schriftgröße an. Stellen Sie in diesem Fall 18 Punkt ein.

5. Markieren Sie dann die Balkenbeschriftung (*Gesamt*, *Bereich*, *Produkte*), und stellen Sie eine Schriftgröße von 28 Punkt ein. Da der Umbruch bei Produktgruppe A und Produktgruppe B nun nicht mehr korrekt ist, müssen Sie die Boxen breiter ziehen. Markieren Sie dazu die erste der beiden Boxen mit einem einfachen Mausklick. Die zweite Box markieren Sie danach, indem Sie sie mit gedrückter ⇧-Taste anklicken. Visieren Sie beim Klicken am besten den Rand der Box an. Ziehen Sie beide Boxen mithilfe eines der Marker breiter, die sich rechts bzw. links an der Box befinden.

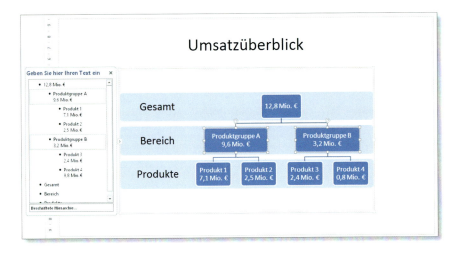

Eine SmartArt-Grafik verwenden

6. Zum Schluss können Sie über **SmartArt-Tools ▶ Entwurf ▶ SmartArt-Formatvorlagen** noch die farbliche Ausgestaltung je nach Geschmack verändern.

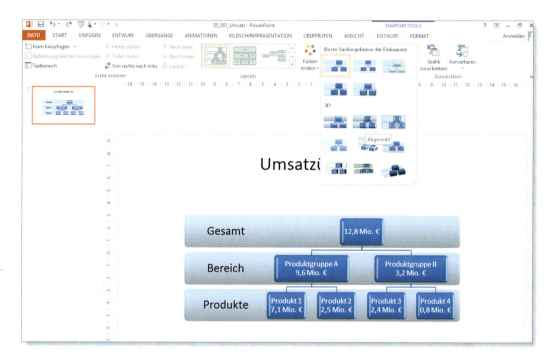

Arbeit mit dem Textfenster

Mit ⇧ + ⏎ fügen Sie einem Hierarchieelement im Textfenster weitere Zeilen hinzu.

Für ein neues Hierarchieelement drücken Sie im Textfenster einfach die ⏎-Taste.

Wenn Sie auf eine Gliederungsebene (Aufzählungsebene) tiefer gehen möchten, nutzen Sie die ⇥-Taste; wenn Sie eine Gliederungsebene höher wollen, drücken Sie die ⇧- und die ⇥-Taste.

Um im Textfenster etwas zu löschen, nutzen Sie entweder die ⬅- (Rücktaste) oder die Entf-Taste.

Erweiterte SmartArt-Konzepte

SmartArt-Grafiken werden den Grundanforderungen für die Darstellung von Zahlen, Daten und Fakten meistens gerecht. Manchmal ist es aber abwechslungsreicher und auch sinnvoll, von den in PowerPoint vorhandenen SmartArt-Konzepten abzuweichen und andere Darstellungsweisen einzusetzen. Im Folgenden finden Sie einige Ideen und Möglichkeiten, die Sie für Ihre Zwecke verwenden, anpassen und erweitern können. Laden Sie dazu die Präsentation *05_Konzepte.pptx* von der beiliegenden CD, und kopieren Sie die Muster, die Sie einsetzen wollen, in Ihre Präsentation. Wenn Sie die Gruppierung eines Musters auflösen, können Sie noch feinere Veränderungen vornehmen.

Mit Ebenen arbeiten

Mithilfe unterschiedlicher Ebenen lassen sich Zusammenhänge, Hierarchiestufen, Verteilungen usw. relativ leicht darstellen.

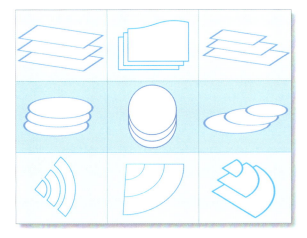

Anstatt verschiedene Zahlen, z. B. Umsätze, einfach in einer Tabelle aufzuführen, kann man sie mit wenigen Handgriffen anschaulich darstellen, indem man sie je nach Größe auf verschiedenen Ebenen anordnet. So lassen sie sich leichter miteinander vergleichen. In der obigen Abbildung bzw. auf der Folie sehen Sie neun Darstellungsmöglichkeiten. Wenn Sie eine davon verwenden möchten, kopieren Sie sie einfach auf eine neue Folie, und arbeiten Sie dann damit weiter.

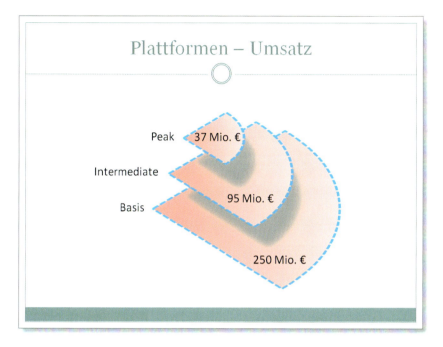

Im Folgenden werden wir gemeinsam eine Grafik erstellen, die das Konzept der Ebenen verfolgt. Die entsprechenden Folien befinden sich unter *05_Zielebenen_im_Prozess.pptx* auf der beiliegenden CD.

1. Öffnen Sie die Datei *05_Konzepte.pptx* von der beiliegenden CD, und kopieren Sie die gestapelten runden Flächen. Fügen Sie die Flächen in eine neue Präsentation ein, und zwar auf einer Folie mit dem Layout **Nur Titel**. Geben Sie in das Titelfeld den Text »3 Zielebenen« ein.

2. Markieren Sie das Objekt (alle drei Flächen), und wählen Sie **Start ▸ Zeichnung ▸ Formeffekte ▸ Voreinstellung ▸ Voreinstellung 10** aus. Wählen Sie über **Start ▸ Zeichnung ▸ Fülleffekt** als Füllfarbe eine Farbe aus, die Ihnen gefällt. Lösen Sie die Gruppierung vollständig auf (indem Sie zweimal [Strg]+[⇧]+[H] drücken).

3. Damit Sie wissen, wie groß die kleinste Fläche mindestens sein muss, schreiben Sie den Text »Hauptziel« in ein Textfeld (**Start ▸ Zeichnung ▸ Formen ▸ Textfeld**). Achtung: Den Text nicht in die Form schreiben, denn sonst müssen Sie ihn gegebenenfalls kompliziert nachbearbeiten, damit er gut wirkt! Nehmen Sie als Textfarbe eine Farbe, die

im Kontrast zur Fläche, z. B. zu Weiß, steht. Fetten Sie die Schrift, und wählen Sie als Schriftgröße z. B. 32 Punkt. Formatieren Sie den Text schließlich über **Zeichentools ▸ Format ▸ WordArt-Formate ▸ Texteffekte ▸ Spiegelung ▸ Enge Spiegelung, mit Berührung**.

4. Verschieben Sie nun die Flächen (die oberste zusammen mit dem Textfeld) in eine versetzte Position. Ziehen Sie die einzelnen Flächen größer, sodass eine Steigerung sichtbar ist.

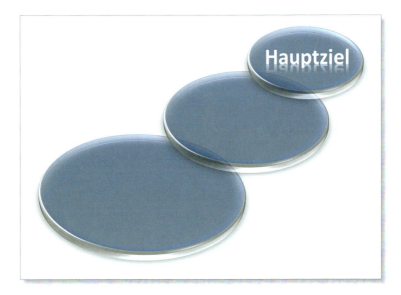

5. Duplizieren Sie nun das Textfeld »Hauptziel« zweimal (Strg + D). Verschieben Sie die Textkopien auf die beiden freien Flächen, und ändern Sie den Inhalt in »Feinziele« bzw. »Grobziele«. Fertig ist die neue Darstellung mit einer erweiterten SmartArt-Grafik!

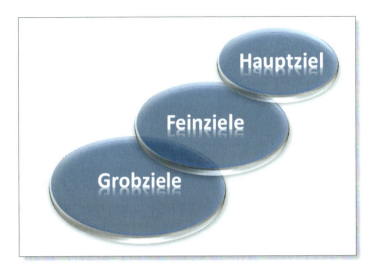

Integrierte Darstellungskonzepte

Das Konzept der integrierten Darstellung dient dazu, Teile eines Ganzen zu zeigen. Wie der Name bereits vermuten lässt, wird dabei ein einzelnes Teil oder ein grafisches Element in ein größeres Element integriert. Die folgende Abbildung zeigt Ihnen einige Ideen, beispielsweise einen Karteikasten (in der Mitte ganz rechts). Die Karteikarte ist Teil des Karteikastens, also als Element in den Kasten integriert.

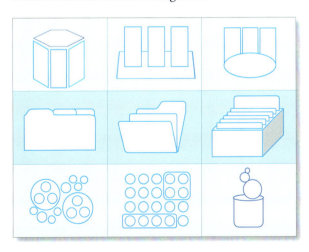

Als Beispiel dient eine Grafik zur Produktzusammensetzung. Die klassische Darstellung wäre vielleicht ein Balken- oder ein Tortendiagramm, doch anschaulicher wird es, wenn Sie eine integrierte Darstellung wählen. Dies sorgt für eine bessere Einprägsamkeit und wirkt interessanter.

Die integrierte Darstellung macht deutlich, aus welchen Elementen sich das Produkt zusammensetzt.

Ein Schichtenmodell anlegen

Ich zeige Ihnen nun ein interessantes Modell, das sowohl ein Ebenenmodell als auch eine integrierte Darstellung sein kann. Die Darstellung sieht auf den ersten Blick vielleicht simpel aus, aber nur mit einem Trick lassen sich die Schichten so darstellen. Die zu dieser Anleitung gehörige Präsentation finden Sie auf der beiliegende CD unter *05_Schichtenmodell.pptx*.

1. Beginnen Sie mit einer leeren Folie (**Start ▶ Folien ▶ Neue Folie ▶ Leer**).

2. Zeichnen Sie über **Start ▶ Zeichnung ▶ Formen ▶ Standardformen** einen **Halbbogen**. Klicken Sie den Halbbogen mit der rechten Maustaste an, und wechseln Sie über den Kontextmenü-Befehl **Größe und Position** in

Ein Schichtenmodell anlegen

den Aufgabenbereich. Dort passen Sie bei **Größe und Eigenschaften** ▸ **Größe** die Felder **Höhe** und **Breite** auf jeweils »10,4 cm« an.

3. Blenden Sie über Alt + F9 die Führungslinien ein und platzieren Sie den Halbbogen mittig auf die zwei sich kreuzenden Führungslinien. Mithilfe des außenliegenden gelben Ziehmarkers ❶ machen Sie aus dem Halbbogen jetzt einen Dreiviertelbogen. Sie können sich dabei an den Führungslinien orientieren. Mit dem anderen Ziehmarker ❷ verändern Sie die Dicke. Ändern Sie anschließend über das Kontextmenü die **Füllung** auf ein dunkles Blau.

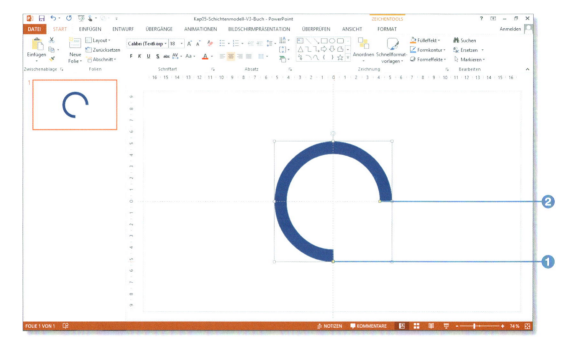

4. Duplizieren Sie den Dreiviertelbogen (Strg + D) und sperren Sie im Aufgabenbereich des neuen Bogens (rechte Maustaste ▸ **Größe und Position**) das Seitenverhältnis. Haken Sie dazu **Seitenverhältnis sperren** an. Im Feld **Breite skalieren** stellen Sie die Prozentzahl auf ca. »75 %« – abhängig davon, wie dick Ihr Bogen ist. Letztlich soll dieser neue Bogen in den ersten Bogen integriert werden, d. h. vollständig darin eingepasst werden. Verschieben und passen Sie die Größe des neuen Bogens solange an, bis er sich in den ersten einpasst. Zwischen den Bögen sollte ein Spalt verbleiben.

5. Duplizieren Sie nun den neuen Bogen ebenfalls und erzeugen Sie insgesamt vier Bögen, wie in der folgenden Abbildung zu sehen.

6. Markieren Sie alle Bögen und gruppieren Sie diese (rechte Maustaste ▸ **Gruppieren** ▸ **Gruppieren**). Die Gruppierung ist der Trick, denn nur so funktionieren die folgenden Schritte. Drehen Sie alle Bögen um 45°. Klicken Sie im Kontextmenü auf **Größe und Position**, wählen Sie anschließend im Aufgabenbereich **Größe** ▸ **Drehung** und geben dort den entsprechenden Wert ein.

7. Wechseln Sie im Aufgabenbereich zu **Formoptionen** ▸ **Effekte** ▸ **3D-Format**. Wählen Sie bei **Abschrägung oben** die Option **Starke Abschrägung** und geben bei **Stärke** und **Höhe** »3 pt« ein. Bei **Tiefe** geben Sie als **Größe** »120 pt« ein. Bei **Beleuchtung** wählen Sie **Hart** aus und ändern den Winkel auf »180°«.

8. Wechseln Sie zu **3D-Drehung** (den Befehl sehen Sie, wenn Sie **3D-Format** einklappen). Ändern Sie die **X-Drehung**, **Y-Drehung** und **Z-Drehung**, z. B. X = »55°«, Y = »320°«, Z = »340°«. Überprüfen Sie nochmal, wie sich der Winkel der Beleuchtung auf die Darstellung auswirkt. Suchen Sie einen Winkel, der die Struktur deutlich erkennen lässt.

9. Fügen Sie einen Schatteneffekt über **Effekte ▸ Schatten** ein, z. B. bei **Voreinstellungen** die Variante **Offset Diagonal unten rechts**. Ändern Sie den **Abstand** (z. B. »11 pt«) und die **Weichzeichnung** (z. B. »22 pt«).

10. Verschieben Sie das Modell nach links und fügen Sie über **Start ▸ Zeichnung ▸ Formen** das Element **Legende mit Linie 2** ein. Passen Sie die Farbe der Linie und der Füllung Ihren Wünschen an. Ich habe **Linie schwarz** und **Füllung weiß** gewählt. Lassen Sie die Linie auf ein Ringsegment zeigen. Duplizieren Sie die Legende mehrmals und lassen Sie die Linien auf die anderen Ringsegmente zeigen. Fügen Sie Ihren Text ein.

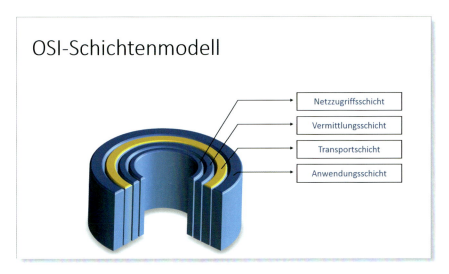

Diagrammbasierte Konzepte

Die Klassiker wie Säulen-, Balken-, Linien- und Kreisdiagramm sind Ihnen bekannt. In vielen Zusammenhängen werden die Diagramme in ihrer Grundform verwendet, d. h. wie von PowerPoint vorgegeben. Die meisten Ersteller passen die Diagramme dann noch bezüglich Größe, Farbe und Corporate Design an. Die Darstellung wirkt daher sehr sachlich, akademisch und faktenbasiert. Die Zielgruppe dieser Darstellungen sind in der

Regel »Zahlenmenschen« wie Controller, Wirtschaftsprüfer und andere, denen es leichtfällt, Zahlen und Diagramme zu erfassen und zu behalten.

Die Praxis zeigt auch, dass die Darstellung von Zahlen und Daten häufig mit der Branche und der Art der Präsentation, z. B. Bilanzpressekonferenzen einer Bank, Mathematik-Vorlesungen an einer Universität oder Verkaufsveranstaltungen eines Konsumgüterherstellers, zusammenhängt.

Das bedeutet für einen Teil der Präsentationen, dass die sachliche Optik vollkommen ausreicht. Andere Zielgruppen wiederum, also die »Nicht-Zahlenmenschen«, brauchen Gedächtnisanker, um sich Zahlen und Daten besser merken zu können. Für sie müssen die Diagramme visuell attraktiver oder auch emotionaler gestaltet werden. Neben der besseren Merkbarkeit steigt die Aufmerksamkeit, und es kommt mehr Abwechslung in die Präsentation.

Diagramme mit Bild

Die einfachste Form, ein Diagramm lebendiger zu gestalten, ist das Hinzufügen eines passenden Bildes. Das Bild sollte natürlich Bezug zum Inhalt des Diagramms haben.

Die Tabelle zeigt einige Beispiele für Diagramme mit Bild, die Sie als Anregungen für eigene Kreationen betrachten können.

Diagrammthema	Bildidee
Umsatz eines bestimmten Produkts, z. B. Äpfel	Abbildung des jeweiligen Produkts
Marktanteil des Unternehmens	Logo des Unternehmens

Diagramme mit Bild

Diagrammthema	Bildidee
Produktionsleistung eines Standorts	signifikantes Gebäude des Standorts
Distribution (Verteilung) eines Produkts über ein Gebiet	Produkt oder Gebiet
Anteil eines bestimmten Rohstoffs am Gesamtprodukt	Abbildung des Rohstoffs oder der chemischen Formel
Vergleich verschiedener Produkte	Korb oder Einkaufswagen mit den Produkten

Wir haben im Verlauf dieses Buches schon diverse Beispiele dafür gesehen, wie man Daten mit Bildern kombinieren kann. Die folgende Abbildung zeigt ein weiteres Diagramm, das mit einem passenden Bild aufgefrischt wurde.

Kapitel 5 – Tabellen, Diagramme und Schaubilder

Von Piktogrammen überlagerte Diagramme

Eine weitere Möglichkeit, Diagramme attraktiver zu gestalten, ist die Überlagerung mit Piktogrammen. Ebenso wie Bilder sollten sie natürlich im Zusammenhang mit den Inhalten stehen. Piktogramme haben jedoch den Vorteil, dass sie – dezent eingesetzt – auch in sachlichen Präsentationen akzeptiert werden und die Folie attraktiver machen.

Außerdem können Piktogramme sehr gut über Diagramme gelegt werden, ohne dass sie die Information verdecken. Achten Sie dabei darauf, dass Sie eine geeignete Position für das Piktogramm finden, z.B. unten links oder unten rechts auf dem Diagramm, und dass es nicht zu viel vom Diagramm abdeckt. Am sinnvollsten sind ein- oder zweifarbige Piktogramme, damit der Zuschauer nicht zu sehr abgelenkt wird. Schauen Sie sich dazu folgendes Beispiel an.

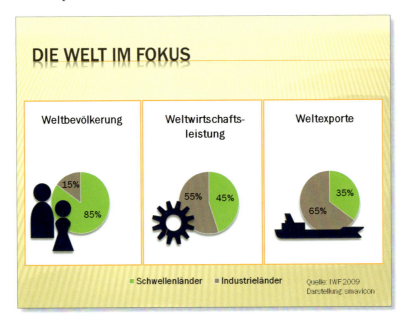

Die folgende Tabelle enthält einige Beispiele für Diagramme, die durch Piktogramme überlagert werden.

Diagrammthema	Idee für ein Piktogramm
Umsatz weltweit	Erdkugel, kleine Weltkarte
Wachstum	zickzack, bzw. aufwärts verlaufende Kurve, Pflanze, Keimling, geöffnete Hände mit Keimling, krabbelndes Kind
Gewinn	Währungszeichen, Prozentzeichen, Stapel von Münzen oder Geldscheinen
Marktposition	Siegertreppchen, mehrere Kreise, Kugeln, Sportler, Schach, Brettspiel
Verteilung	asymmetrischer Stern, Netz mit Knoten, Pfeile in verschiedene Richtungen

Ein Diagramm mit Piktogrammen überlagern

In diesem Abschnitt zeige ich Ihnen, wie Sie ganz einfach ein Diagramm mit Piktogrammüberlagerung erstellen. Als Datenbasis dienen uns dabei Verkaufszahlen von Äpfeln. Die dazugehörige Präsentation finden Sie auf der beiliegenden CD unter *05_Abverkauf Äpfel in Mio.pptx*.

1. Öffnen Sie eine Folie mit dem Layout **Titel und Inhalt**, und klicken Sie auf **Einfügen ▸ Illustrationen ▸ Diagramm ▸ Balken ▸ Gruppierte Balken**.

2. In der Datentabelle, die daraufhin erscheint, verkleinern Sie den Wertebereich, indem Sie alle bis auf eine Datenreihe löschen (behalten Sie nur die Spalte **Datenreihe 1** bei). Geben Sie als Kategorien »Ost«, »West«, »Nord«, »Süd« und für die Datenreihe »Abverkauf in Mio. €« ein. Schließen Sie dann die Tabelle.

3. Über **Diagrammtools ▶ Entwurf ▶ Diagrammlayouts ▶ Schnelllayout** versehen Sie das Diagramm mit **Layout 2**. Formatieren Sie das Diagramm mit der Vorlage **Formatvorlage 12** über **Diagrammtools ▶ Entwurf ▶ Diagrammformatvorlagen** oder über das Pinselsymbol rechts neben dem Diagramm und **Formatvorlage**. Ändern Sie die Farbe über das Farbmenü, rechts neben dem Diagramm **Pinselsymbol ▶ Farbe**, und wählen Sie einen Grünton. Alternativ können Sie auch über **Diagrammtools ▶ Entwurf ▶ Diagrammformatvorlagen ▶ Farben ändern** eine Auswahl treffen.

4. Deaktivieren Sie alle überflüssigen Elemente wie **Achsen ▶ Primär horizontal ▶ Diagrammtitel** oder **Gitternetzlinien** und **Legende**. Klicken Sie dazu auf das Plus-Symbol direkt rechts neben dem Diagramm, und entfernen Sie die entsprechenden Häkchen. Alternativ dazu können Sie auch das Menü **Diagrammtools ▶ Entwurf ▶ Diagrammlayouts ▶ Diagrammelement hinzufügen** (bis PowerPoint 2010 hieß dieses Menü **Diagrammtools ▶ Layout ▶ Beschriftungen**) nutzen.

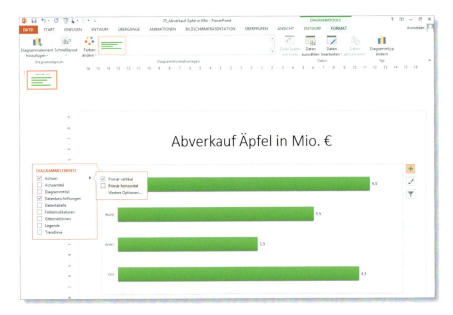

5. Für dieses Beispiel eignet sich naturgemäß ein Apfel-Piktogramm. Solche Symbole können Sie beispielsweise über Onlinegrafiken oder aus Schriften einfügen. Hier suchen wir das Bild über **Start ▶ Einfügen ▶**

Onlinegrafiken (bis PowerPoint 2010 hieß dieses Menü ClipArt) aus. Geben Sie in das Suchfeld »Apfel« ein, und wählen Sie eine geeignete Grafik aus. Mit einem Doppelklick wird das ClipArt auf die Folie gelegt. Platzieren Sie es über die Balken.

6. Über **Bildtools ▸ Format ▸ Anpassen** können Sie das Piktogramm farblich anpassen. Hier heben wir es außerdem durch einen Schatten vom Diagramm ab. Über **Bildtools ▸ Format ▸ Bildformatvorlagen ▸ Bildeffekte ▸ Schatten ▸ Außen** wählen Sie **Offset diagonal unten links** aus. Anschließend klicken Sie im selben Dialog ganz unten auf **Weitere Schatten**. Setzen Sie den Wert im Feld **Abstand** so weit nach oben, bis Ihnen der Abstand des Schattens zum Apfel zusagt.

7. Markieren Sie den Rahmen des Diagramms, und vergrößern Sie über **Start ▸ Schriftart** die Schriftgröße.

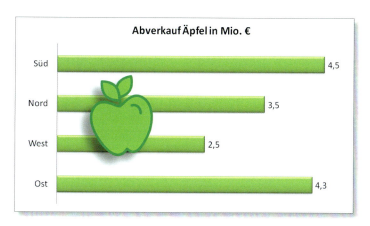

Diagramme mit Tiefenebenen

Diagramme sind in PowerPoint aus unterschiedlichen Ebenen aufgebaut, z. B. einer Hintergrundebene mit einem Bild, darüber einer Balkengrafik und im Vordergrund einem halbtransparenten Logo. Die Balken im Diagramm können auch halbtransparent sein, damit mehr vom Hintergrund zu sehen ist. Das Spannende an der Darstellung sind die übereinander gelagerten transparenten Flächen (*Layer-Technik*; von engl. *layer* = Schicht) – damit werden zusätzliche Informationsebenen möglich.

Im Folgenden zeige ich Ihnen einige Beispiele für Diagramme mit Tiefenebenen. Man kann z. B. ein zum Thema passendes Bild als Hintergrundebene mit reduzierter Farbe einfügen. Im Beispiel, einem Diagramm zur Entwicklung der sozialversicherungspflichtigen Beschäftigung, liegen darüber die Säulen, die halbtransparent den Hintergrund zeigen und einen Schatten haben, um sich besser abzuheben. Im Vordergrund sehen Sie das halbtransparente Logo.

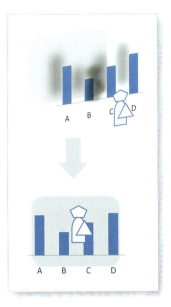

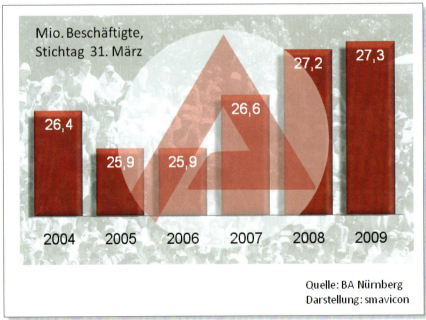

Der Hintergrund lässt sich jedoch auch mit einem abgedunkelten Bild darstellen, darüber das halbtransparente Logo und davor die Balken, die das Hintergrundmotiv wieder aufgreifen.

Ein Diagramm mit Tiefenebenen erstellen (1)

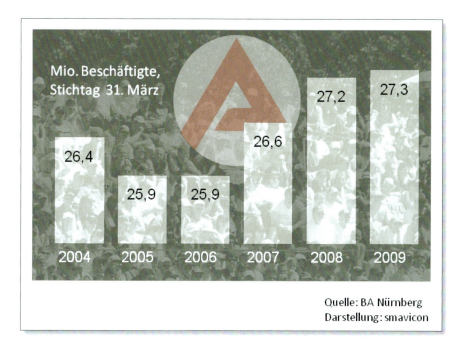

Ein Diagramm mit Tiefenebenen erstellen (1)

In diesem Abschnitt legen wir Schritt für Schritt ein Exemplar eines Diagramms mit Tiefenebenen an.

1. Legen Sie zunächst eine Folie mit dem Layout **Nur Titel** an, und wählen Sie dann **Einfügen ▸ Illustrationen ▸ Diagramm ▸ Säulen ▸ Gruppierte Säulen**. Geben Sie die Werte in die Excel-Tabelle ein, wie in der folgenden Abbildung zu sehen, und reduzieren Sie die Anzahl der Säulen, indem Sie z. B. Spalten löschen und/oder den Diagrammauswahlbereich verkleinern. Schließen Sie Excel.

2. Ändern Sie das Diagrammlayout über **Diagrammtools ▸ Entwurf ▸ Diagrammlayouts ▸ Schnelllayout** in **Layout 2**. Um den Diagrammtitel, die Legende usw. zu entfernen, klicken Sie auf das Plus-Zeichen rechts neben dem Diagramm oder gehen in die Befehlsgruppe **Diagrammtools ▸**

Entwurf ▸ **Diagrammelement hinzufügen**, und wählen hier erst unter **Diagrammtitel** die Option **Keine** und dann unter **Legende** ebenfalls **Keine** (bis PowerPoint 2010 hieß dieses Menü **Diagrammtools ▸ Layout ▸ Beschriftungen**).

3. Ziehen Sie nun das Diagramm breiter. Klicken Sie in das Diagramm, und markieren Sie alle Säulen (ein Klick auf die erste Säule genügt). Mit der rechten Maustaste und dem Kontextmenüpunkt **Datenreihen formatieren** gelangen Sie in den Aufgabenbereich. Unter **Reihenoptionen** verringern Sie die **Abstandsbreite** auf »50 %«, denn breitere Säulen wirken optisch interessanter als sehr schmale.

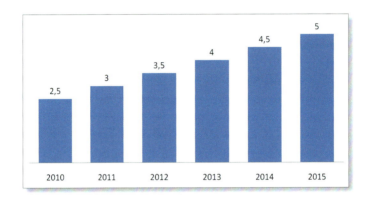

4. Um die Säulen zu formatieren, rufen Sie das Kontextmenü der Zeichnungsfläche auf. Wenn Sie den Mauszeiger auf dem Diagramm positionieren und kurz warten, erscheint die Bezeichnung des Elements, über dem die Maus gerade steht. Sie können das aber auch über **Diagrammtools ▸ Layout ▸ Aktuelle Auswahl** herausfinden. Klicken Sie also mit rechts auf die Zeichnungsfläche, und fügen Sie dann über **Zeichnungsfläche formatieren ▸ Füllung ▸ Bild- oder Texturfüllung** und die Schaltfläche **Datei** das Bild *05_Frachtschiff.jpg*[1] von der beiliegenden CD ein. Markieren Sie dann die Säulen, und wählen Sie über die rechte Maustaste im Kontextmenü **Datenreihen formatieren**. Im Aufgabenbereich wählen Sie **Füllung und Linie ▸ Füllung ▸ Einfarbige Füllung**. Suchen Sie sich eine passende Farbe aus. Außerdem stellen Sie die **Transparenz** auf »50 %«.

---

[1] Quelle: *www.piqs.de* (Urheber: hecht1969, »Frachtschiff«, CC-Lizenz (BY 2.0)).

Ein Diagramm mit Tiefenebenen erstellen (2)

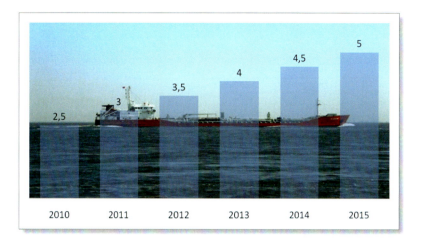

Größe des Motivs

Um eine möglichst gute Wirkung zu erzielen, sollten Sie ein Motiv wählen, dessen Breite und Höhe zum Diagramm passt. Beschneiden Sie das Bild gegebenenfalls, damit es genau über die gesamte Anzahl an Säulen oder Balken passt.

Ein Diagramm mit Tiefenebenen erstellen (2)

In diesem Abschnitt zeige ich Ihnen eine weitere Möglichkeit, ein Diagramm mit Tiefenebenen anzulegen.

1. Legen Sie eine Kopie der Folie aus dem vorherigen Beispiel an. Klicken Sie mit der rechten Maustaste auf den Diagrammrahmen, und wählen Sie **Als Grafik speichern** aus dem Kontextmenü. Verwenden Sie als Dateiformat **Windows-Metadatei** (*.wmf), und merken Sie sich den Speicherort. Dann entfernen Sie das ursprüngliche Diagramm von der Folie, indem Sie es markieren und [Entf] drücken.

2. Um das Hintergrundbild zu bearbeiten, laden Sie zunächst das gespeicherte Diagramm auf die Folie (**Einfügen ▸ Bilder ▸ Bilder**). Über **Start ▸**

Kapitel 5 – Tabellen, Diagramme und Schaubilder

Zeichnung ▸ Anordnen ▸ Objekte gruppieren ▸ Gruppierung aufheben lösen Sie die Grafik auf. Wenn Sie den Befehl ausführen, werden Sie gefragt, ob die Grafik zu einem Microsoft-Office-Zeichnungsobjekt verändert werden soll. Bestätigen Sie mit **Ja**.

3. Rufen Sie den Befehl **Gruppierung aufheben** noch einmal auf. Dann löschen Sie die überflüssigen Farbflächen mit `Entf`. Beschneiden Sie das Hintergrundbild so, dass es oben, links und rechts bündig mit den Säulen ist (**Bildtools ▸ Format ▸ Größe ▸ Zuschneiden** ❶). Klicken Sie mit der rechten Maustaste auf das Bild, und wählen Sie **Als Grafik speichern** aus dem Kontextmenü. Speichern Sie das Hintergrundbild als PNG-Datei.

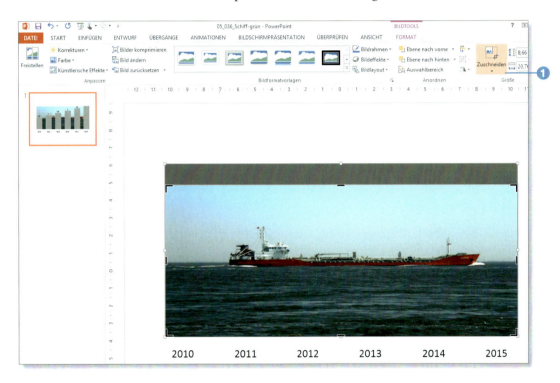

4. Klicken Sie die Säulen an. Diese wurden durch die Speicherung als Windows-Metadatei in ein Bild gewandelt. Über die rechte Maustaste und **Grafik formatieren ▸ Füllung und Linie ▸ Füllung ▸ Bild- oder Texturfüllung** und die Schaltfläche **Datei** wählen Sie das eben gespeicherte Hintergrundbild (die PNG-Datei) aus.

Diagramme mit bildhaften Werten

5. Formatieren Sie die Säulen nun über **Bildtools ▸ Format ▸ Anpassen ▸ Farbe ▸ Neu einfärben** in einer hellen Variante. Dann drücken Sie so lange die ⇥-Taste, bis Sie das Hintergrundbild markiert haben, und wählen dafür bei **Neu einfärben** eine dunkle Farbvorlage. Natürlich können Sie auch den Hintergrund hell und die Säulen dunkel gestalten. Zum Schluss gruppieren Sie alle Elemente (mit Strg + ⇧ + G), damit Sie einfacher damit weiterarbeiten können.

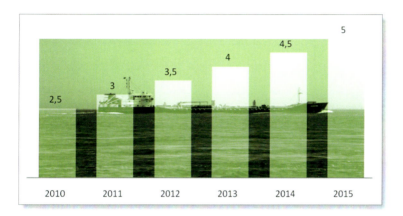

TIPP

Zuschneiden

Damit Sie genauer zuschneiden können, klicken Sie mit der rechten Maustaste auf den Folienhintergrund, und klicken Sie dann auf **Raster und Führungslinien** aus dem Kontextmenü. Entfernen Sie das Häkchen bei **Objekte am Raster ausrichten**.

Diagramme mit bildhaften Werten

Eine sehr beliebte und weitverbreitete Art der Informationsdarstellung ist die Darstellung von Diagrammen mit bildlichen bzw. piktogrammähnlichen Werten. Diese Variante eignet sich immer dann, wenn es um konkrete Produkte oder um (Dienst-)Leistungen geht. Die folgende Abbildung zeigt einige Möglichkeiten.

Kapitel 5 – Tabellen, Diagramme und Schaubilder

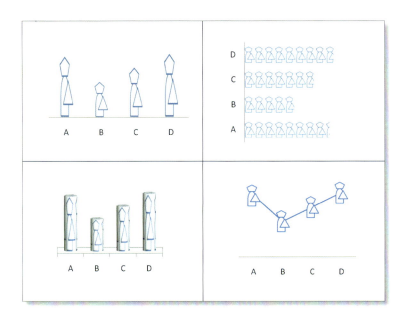

Dabei lassen sich manche Symbole/Bilder sehr gut stapeln, d. h. übereinander- oder auch nebeneinanderlegen, und andere wiederum können leicht gestreckt (eigentlich eher verzerrt) werden. Ob Sie die Bilder stapeln oder strecken, können Sie im Diagramm einstellen (**Datenreihen formatieren ▶ Füllung**). In der Regel eignet sich das Strecken besonders dann, wenn die Werte nicht stark voneinander abweichen oder wenn jeder Wert ein anderes Bild hat. Stapeln lassen sich alle Bilder.

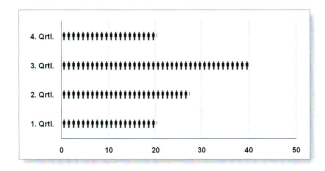

Im Folgenden zeige ich Ihnen Möglichkeiten, wie Sie bildhafte Werte einsetzen können. Im Bild links geht es um die Anzahl neuer Seminarteilnehmer, daher sind die Balken mit einem stilisierten Männchen gefüllt. Die Größe der Figur ist so gewählt, dass ihre Anzahl tatsächlich auch den Werten auf der x-Achse entspricht, z. B. zeigen zehn Männchen wirklich zehn Teilnehmer an. Sie können aber auch größere Bilder nehmen und diese nur symbolisch verwenden.

Diagramme mit bildhaften Werten

Um eine Grafik zur Umsatzverteilung spannender zu gestalten, kann man das Produkt, um das es geht, als Symbol für den Wert benutzen. Die nebenstehenden Beispiele zeigen den sprunghaften Anstieg der Umsatzentwicklung von Kürbissen zu Halloween und die Entwicklung des Weinverkaufs in Flaschen.

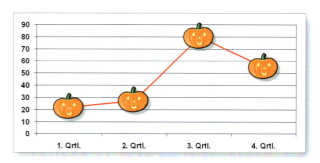

Im Gegensatz zu den vorherigen Beispielen wird im nebenstehenden Säulendiagramm nicht in jeder Säule mit dem gleichen Symbol gearbeitet, sondern mit unterschiedlichen Bildern für die einzelnen Rubriken. Das Diagramm wirkt dadurch insgesamt interessanter.

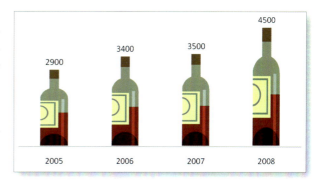

Wie Sie solche Folien erstellen, zeige ich Ihnen Schritt für Schritt in den nächsten Abschnitten.

Die Piktogramme machen die Folie attraktiver und die Information schneller erfassbar.

Eine Liniengrafik mit bildhaften Datenpunkten gestalten

Liniengrafiken gibt es wie Sand am Meer. Wenn sie in einem Zusammenhang gezeigt werden, der nicht höchste Seriosität verlangt, lohnt es sich, Datenpunkte bildhaft zu gestalten. Die Optik hebt die Grafik aus der Masse hervor und bleibt womöglich besser in Erinnerung als viele andere. Beispiele für ClipArts, die Sie in Diagrammen verwenden können, finden Sie auf der beiliegenden CD in der Datei *05_Diagramm_ClipArts.pptx*. Die zur Anleitung gehörende Präsentation liegt als *05_Diagramm_Linie_Aepfel.pptx* ebenfalls auf der CD.

1. Erstellen Sie eine Folie im Layout **Titel und Inhalt**, und klicken Sie dann auf **Einfügen ▸ Illustrationen ▸ Diagramm**. Wählen Sie **Linie ▸ Linie mit Datenpunkten** aus. In der Datentabelle, die sich öffnet, verkleinern Sie den Wertebereich, indem Sie zwei Datenreihen löschen. Für die Kategorien tippen Sie »1980«, »1990«, »2000« und »2010« und für die Datenreihe »Verkaufte Äpfel in Mrd.« ein. Schließen Sie das Diagramm.

2. Ändern Sie das Diagrammlayout – falls es nicht standardmäßig bei Ihnen so eingestellt ist – über **Diagrammtools ▸ Entwurf ▸ Diagrammlayouts** in **Layout 1**, und löschen Sie die Legende des Diagramms (Plus-Zeichen neben dem Diagramm oder über das Menü **Diagrammtools**).

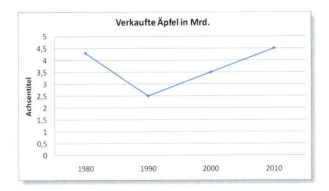

3. Statt der einfachen Datenpunkte sollen hier Bildchen von Äpfeln eingefügt werden. Prinzipiell können Sie alles als Datenpunkte einfügen:

Eine Liniengrafik mit bildhaften Datenpunkten gestalten

Schriftsymbole, ClipArts, Bilder usw. Beachten Sie bei Schriftsymbolen, dass es manchmal besser ist, die Schrift als Grafik zu speichern (rechte Maustaste ▸ **Als Grafik speichern**) und dann wieder einzufügen (**Einfügen ▸ Bilder ▸ Bilder**) – z. B. wenn Sie Speicherplatz sparen wollen oder sich die Schriftart nicht passend ins Diagramm einfügen lässt.

> **TIPP**
>
> **Bildgröße festlegen**
>
> Legen Sie die Größe des Symbols fest, bevor Sie es in das Diagramm einfügen, denn dann sehen Sie bereits, wie es aussehen wird, und Sie sparen sich die Formatierung des Symbols über die Datenreihenoptionen.

4. Klicken Sie auf einen leeren Bereich der Folie. Über **Einfügen ▸ Bilder ▸ Onlinegrafiken** (bis PowerPoint 2010 hieß dieses Menü **ClipArt**) fügen Sie nun ein geeignetes Bild eines Apfels in die Folie ein (dazu geben Sie »Apfel« in das Suchfeld ein. Bis PowerPoint 2010 haken Sie zudem auch **Office.com-Inhalte berücksichtigen** an). Wenn Sie auf das passende Bild klicken, wird es auf der Folie platziert. Passen Sie dann zunächst einmal seine Größe an.

5. Zum Einfügen des Symbols in das Diagramm markieren Sie es und drücken dann [Strg]+[C]. Klicken Sie nun in das Diagramm, und wählen Sie alle Datenpunkte aus (ein einfacher Klick auf die Linie genügt). Fügen Sie den Apfel mit [Strg]+[V] ein.

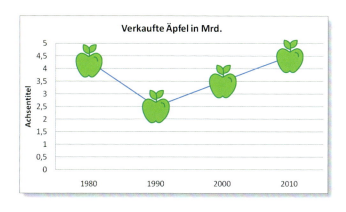

223

Eine Balkengrafik mit bildhaften Werten erstellen

Das folgende Beispiel basiert auf den gleichen Werten wie das vorherige, aber diesmal erstellen wir daraus ein Balkendiagramm. Sie finden es unter *05_Diagramm_Balken_Aepfel.pptx* auch auf der beiliegenden CD.

1. Legen Sie eine Kopie der Liniengrafik aus dem vorherigen Beispiel an. Benennen Sie die Kopie um, und arbeiten Sie damit weiter.

2. Zunächst ändern Sie das Diagramm über **Diagrammtools** ▸ **Entwurf** ▸ **Typ** ▸ **Diagrammtyp ändern** ▸ **Balken** in ein einfaches Balkendiagramm (**Gruppierte Balken**).

3. Normalerweise bleibt das Symbol erhalten und sieht dann oft sehr breit aus. Falls es verschwunden ist, gehen Sie genauso vor wie soeben beim Einfügen in die Liniengrafik: Markieren Sie das Symbol, kopieren Sie es mit [Strg] + [C], klicken Sie einen Balken an, und fügen Sie das Bild mit [Strg] + [V] wieder ein. Alternativ können Sie auch mit der rechten Maustaste auf die Balken im Diagramm klicken und dann über **Datenreihen formatieren** ▸ **Füllung und Linie** ▸ **Füllung** ▸ **Bild- oder Texturfüllung** ▸ **Datei** ein Bild auswählen (Sie müssen es aber zuvor gespeichert haben).

4. Um den Symbolen eine passende Größe zu geben, markieren Sie alle Balken. Klicken Sie dann mit der rechten Maustaste auf den markierten Bereich, und wählen Sie **Datenreihen formatieren** ▸ **Reihenoptionen**. Über den Schieberegler unter **Abstandsbreite** können Sie die Größe der Symbole verändern.

5. Nun sind die Äpfel aber immer noch zu breit. Klicken Sie deshalb wieder mit der rechten Maustaste auf die markierten Balken, wählen Sie **Datenreihen formatieren** ▸ **Füllung und Linie** ▸ **Füllung**, und aktivieren Sie nun unten im Dialog die Option **Stapeln** (statt **Strecken**). Sie können hier angeben, wie viele Symbole (Bilder) pro Einheit (x-Achse) erscheinen sollen, z. B. 1 Apfel pro Einheit oder 1 Apfel für 10 Einheiten usw. (**Stapeln und teilen mit**). Probieren Sie einfach einmal verschiedene Werte aus.

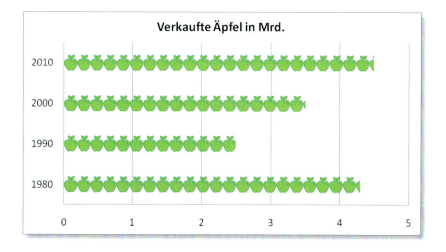

Eine Säulengrafik mit bildhaften Werten anlegen

Nachdem Sie sowohl ein Linien- als auch ein Balkendiagramm erstellt haben, kommt nun die Säulengrafik an die Reihe. Als Beispiel (*05_Diagramm_Säulen_Wein.pptx* auf der beiliegenden CD) dient hier das Diagramm zum Weinverkauf, das wir in diesem Kapitel bereits kennengelernt haben.

1. Kopieren Sie das Balkendiagramm, und wählen Sie dann **Diagrammtools ▸ Entwurf ▸ Typ ▸ Diagrammtyp ändern ▸ Säule ▸ Gruppierte Säulen**. In der Excel-Tabelle löschen Sie zwei Datenreihen und geben die in der Abbildung dargestellten Werte und Beschriftungen ein. Ändern Sie über **Diagrammtools ▸ Entwurf ▸ Diagrammlayouts ▸ Schnelllayout** den Layouttyp in **Layout 2**, und löschen Sie die Legende.

2. Über **Einfügen ▸ Bilder ▸ Onlinegrafiken** (bis PowerPoint 2010 hieß dieses Menü **ClipArt**) suchen Sie

225

ein Bild einer Weinflasche und ziehen es auf die Folie. Anschließend markieren Sie die Flasche und fügen sie in die Säulen ein (Strg+C und Strg+V). Standardmäßig sollte für die Füllung **Strecken** eingestellt sein. Falls nicht, ändern Sie die Einstellung, indem Sie im Kontextmenü **Datenreihen formatieren** wählen, sodann im Aufgabenbereich **Füllung und Linie ▶ Füllung**.

3. Klicken Sie dann noch mit der rechten Maustaste auf die Säulen, und verändern Sie die Größe der Symbole (**Datenreihen formatieren ▶ Reihenoptionen ▶ Abstandsbreite**).

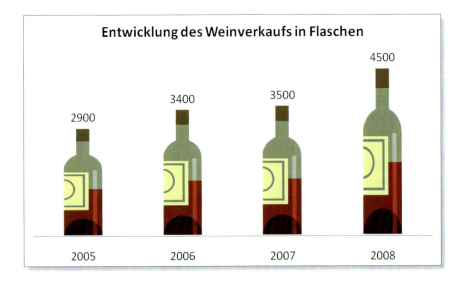

Diagramme mit 3D-Objekten

Bislang habe ich Ihnen nur Diagramme gezeigt, die zweidimensional sind. Sie haben den Vorteil, dass Falschwahrnehmungen und -interpretationen leichter ausgeschlossen werden können. Im 3D-Bereich hingegen kommt es aufgrund der veränderten Perspektive häufig zu Verzerrungen und falschen Interpretationen. Auch der Informationsgehalt nimmt im Grunde nicht zu, wenn man von einer zweidimensionalen Darstellung auf 3D umstellt. Den-

Diagramme mit 3D-Objekten

noch können 3D-Diagramme sehr spannend und innovativ wirken, wenn man sie richtig einsetzt. Wir nehmen hier die typischen, bereits in Power-Point vorhandenen 3D-Diagramme als Basis und versehen sie sozusagen mit Sahnehäubchen, nämlich mit 3D-Objekten.

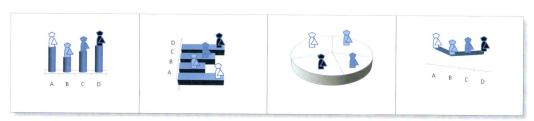

Die nebenstehenden Abbildungen zeigen Beispiele für Diagramme mit 3D-Objekten. Zunächst ein Beispiel aus der Finanzbranche: Laut diesem Kreisdiagramm werden ca. 75 % des Sparanteils auf verschiedene Kapitalanlagen verteilt, die hier bildlich dargestellt werden. Die Spiegelung auf der Oberfläche unterstreicht die Wertigkeit der Kapitalanlagen.

Das zweite Beispiel stammt aus dem Handel. Der Zuschauer erkennt auf den ersten Blick die vier Obstsorten mit ihrem jeweiligen Anteil am Gesamtumsatz. Der Schatten der 3D-Objekte auf den Kreissegmenten unterstreicht die dreidimensionale Wirkung. In der Regel prägt sich eine solche Darstellung besser ein als eine entsprechende ohne 3D-Objekte.

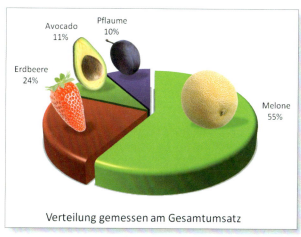

Kapitel 5 – Tabellen, Diagramme und Schaubilder

Ein Kreisdiagramm mit 3D-Objekten anlegen

In diesem Abschnitt erstellen wir ein Kreisdiagramm mit 3D-Objekten für die Immobilienbranche. Von der beiliegenden CD können Sie sich unter *05_Diagramm_3D-Objekt_Häuser.pptx* die dazugehörige Präsentation herunterladen.

1. Legen Sie zuerst eine neue Folie mit einem leeren Layout an, und erstellen Sie über **Einfügen ▸ Illustrationen ▸ Diagramm ▸ Kreis ▸ 3D-Kreis** ein Kreisdiagramm. In die Excel-Tabelle fügen Sie den Titel »Häuser in Deutschland«, die beiden Kategorien »Umweltfreundliche« und »Andere« mit den Werten »35 %« und »65 %« ein. Löschen Sie die übrigen Zeilen, und schließen Sie Excel.

2. Ändern Sie über **Diagrammtools ▸ Entwurf ▸ Diagrammlayouts** das **Schnelllayout** auf **Layout 1** (wenn es nicht schon ausgewählt ist). Wählen Sie im Bereich **Diagrammformatvorlagen** die **Formatvorlage 8** (in PowerPoint 2010 **Formatvorlage 29**) aus.

3. Klicken Sie eine der Beschriftungen im 3D-Kreis an, und verändern Sie gegebenenfalls mit gedrückter linker Maustaste die Position. Passen Sie die Schriftgrößen an: mindestens 24 Punkt für die Kreisbeschriftung und mindestens 24 Punkt für den Titel. Markieren Sie dazu einfach die Beschriftungen und nehmen Sie über **Start ▸ Schriftart** oder **Diagrammtools ▸ Format ▸ WordArt-Formate** die Änderungen vor.

4. Klicken Sie die Kreissegmente an, und klicken Sie dann mit der rechten Maustaste auf das größere Kreissegment, um nur dieses zu markieren, denn wir wollen jedes Segment unterschiedlich einfärben.

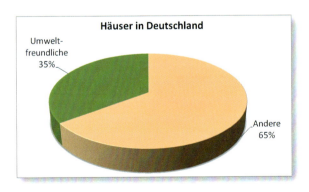

Über **Füllung** wählen Sie einen Rot- oder Orangeton als Füllfarbe aus. Wiederholen Sie diesen Schritt für das kleinere Segment, wählen Sie hierfür aber einen Grünton als Füllung.

5. In den gängigen Bilderarchiven im Internet findet sich eine Menge 3D-Objekte. Auf der beiliegenden CD finden Sie die beiden Häuser, *05_Grünes_Haus.png* und *05_Rotes_Haus.png*, die hier verwendet werden. Laden Sie die Grafiken auf die Folie, und platzieren Sie sie über dem 3D-Kreis an der passenden Stelle.

6. Für die plastische Wirkung benötigen wir noch einen Schatten. Die einfachste Möglichkeit ist, die Häuser zu markieren und über **Start ▸ Zeichnung ▸ Formeffekte ▸ Schatten ▸ Perspektive ▸ Perspektivisch diagonal oben links** einen Schatten zu erzeugen. Wenn Ihnen die Schattenwirkung so nicht gefällt, können Sie den Schatten durch Markieren der Häuser verändern (rechte Maustaste ▸ **Grafik formatieren ▸ Effekte ▸ Schatten**). Sie können beispielsweise Schattenfarbe, Transparenz, Winkel oder auch den Abstand zum Haus verändern.

> **TIPP**
>
> **Die Perspektive anpassen**
>
> Für eine genaue Perspektive sind die passenden 3D-Objekte und sehr viel Feinarbeit notwendig. Wenn Sie 3D-Objekte mit einem unpassenden Perspektivwinkel haben, versuchen Sie zunächst, die 3D-Drehung des 3D-Kreises anzupassen (klicken Sie dazu mit der rechten Maustaste auf das Diagramm und wählen Sie **3D-Drehung** aus dem Kontextmenü). Wenn man es, wie z. B. im Bereich der Architektur, wirklich hundertprozentig genau braucht, kann man sich die 3D-Objekte sogar individuell anfertigen lassen, z. B. von einer Präsentationsagentur.

Schritte bis zum Ziel darstellen

Wir haben ein Ziel vor Augen, und es bedarf einzelner Schritte, um es zu erreichen. Das sind die Stufen zum Erfolg. Das folgende Beispiel (*05_Zielerreichen.pptx* auf der beiliegenden CD) zeigt Stufen auf eine interessante Art und Weise.

1. Legen Sie eine Folie mit dem Folienlayout **Titel und Inhalt** an. Schreiben Sie in die Überschrift »Schritte«. Im Inhaltsbereich klicken Sie auf das SmartArt-Symbol und bei **Zyklus** auf **Radialkreis**. Fügen Sie eine weitere Form über **SmartArt-Tools ▸ Entwurf ▸ Grafik erstellen ▸ Form hinzufügen** hinzu. Passen Sie die SmartArt-Grafik über rechte Maustaste ▸ **Größe und Position** auf eine Breite von »15 cm« an. Löschen Sie anschließend den vorgegebenen Text, oder ersetzen Sie ihn durch ein Leerzeichen. Sie können beispielsweise einfach auf eine Form klicken und dann die Leertaste drücken.

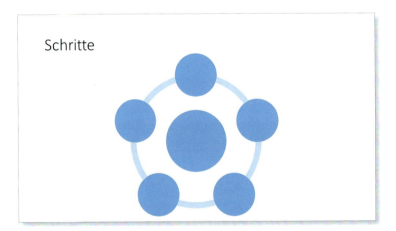

2. Klicken Sie mit der rechten Maustaste auf den Rahmen der SmartArt-Grafik, anschließend im Kontextmenü auf **Objekt formatieren**, wählen im Aufgabenbereich **Formoptionen ▸ Effekte ▸ 3D-Drehung ▸ Voreinstellungen**, und wählen Sie **Perspektive oberhalb (Stufe 3)** aus. Wechseln Sie zu **3D-Format**, und wählen Sie bei **Abschrägung oben ▸ Konvex** aus. Bei **Stärke** und **Höhe** geben Sie jeweils »12 pt« ein. Bei **Tiefe** wählen Sie den Wert »10 pt«.

3. Klicken Sie in der SmartArt-Grafik den Kreis in der Mitte an und setzen Sie die **Füllung** auf **Keine Füllung** (**SmartArt-Tools ▸ Format ▸ Formenarten ▸ Fülleffekt** oder wählen Sie aus dem Kontextmenü **Objekt formatieren**) und die Formkontur auf **Kein Rahmen** (**SmartArt-Tools ▸ Format ▸ Formenarten ▸ Formkontur**). Dasselbe machen Sie auch bei dem Verbindungsstück ganz rechts (siehe Abbildung).

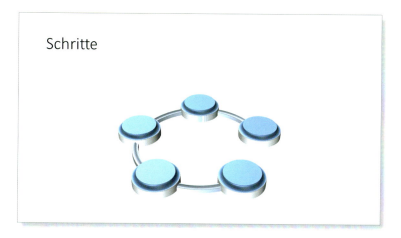

4. Markieren Sie in der SmartArt-Grafik den Kreis ganz unten links und wechseln Sie im Aufgabenbereich zu **3D-Format**. Stellen Sie bei **Tiefe** »40 pt« ein. Wechseln Sie zu **3D-Drehung**, und stellen Sie bei **Objektposition ▸ Abstand vom Boden** »30 pt« ein. Die 30 pt ergeben sich aus der Höhe von 40 pt minus 10 pt. Stellen Sie für die nachfolgenden Kreise Folgendes ein:

   - 3. Kreis: **Tiefe** »60 pt« und **Abstand vom Boden** »50 pt«
   - 4. Kreis: **Tiefe** »80 pt« und **Abstand vom Boden** »70 pt«
   - 5. Kreis: **Tiefe** »110 pt« und **Abstand vom Boden** »100 pt«

5. Fügen Sie eine Kugel ein, wie im Abschnitt »Eine 3D-Kugel gestalten« auf Seite 180 erklärt. Wählen Sie als Schatten **Perspektive Unter** ein und passen Sie die Parameter für Abstand usw. an.

6. Fügen Sie eine Tabelle mit 8 x 8 Feldern ein (**Einfügen ▸ Tabelle**). Wählen Sie als Formatvorlage **Tabellentools ▸ Entwurf ▸ Tabellenformatvorla-**

gen ▶ **Keine Formatvorlage, Tabellenraster** aus. Vergrößern Sie die Tabelle auf die volle Foliengröße.

7. Klicken Sie auf den Tabellenrahmen und drücken Sie `Strg` + `X` zum Ausschneiden der Tabelle. Drücken Sie nun `Strg` + `Alt` + `V`, und wählen Sie **Bild (PNG)** aus. Legen Sie die Tabelle in den Hintergrund (**Start** ▶ **Zeichnung** ▶ **Anordnen** ▶ **In den Hintergrund**).

8. Drehen Sie die Tabelle, die jetzt ein Bild ist, über den Aufgabenbereich, und wählen Sie dort **Grafik formatieren** ▶ **Effekte** ▶ **3D-Drehung**. Stellen Sie zunächst bei **Voreinstellungen** ▶ **Perspektive** ▶ **Perspektive oberhalb** (**Stufe 3**) eine Grundeinstellung ein, und ändern Sie dann die Größe, Position und die Neigung, so wie in folgender Abbildung zu sehen.

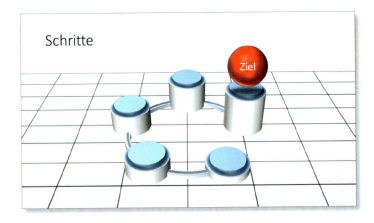

Diagramme mit Themenaspekt

Jedes Diagramm entstammt einem bestimmten Themengebiet. Wird dieses Themengebiet in einem oder mehreren Aspekten aufgegriffen und in einen gestalterischen Zusammenhang mit den Zahlen gebracht, lassen sich überaus interessante Diagramme erstellen. Es geht nicht mehr nur darum, ein einzelnes Bild oder Symbol zu finden, das zum Thema passt, sondern das Thema wird praktisch zur Grundlage der Darstellung, zu einem integrierten Gestaltungsrahmen.

Diagramme mit Themenaspekt

Dem ersten Beispiel liegt das Thema Werbeumsätze zugrunde. Die hier eingesetzten Motive sind häufig Werbeplakate, Litfaßsäulen oder Preisschilder. Dabei wird die Liniengrafik zum integrativen Bestandteil des Bildes.

Die Diagrammbalken der nächsten Abbildung werden als Stromkabel dargestellt. Die Piktogramme unterstützen das Bildhafte, und mit der Glühbirne im Hintergrund wird das Thema darüber hinaus auf subtile Weise emotionalisiert.

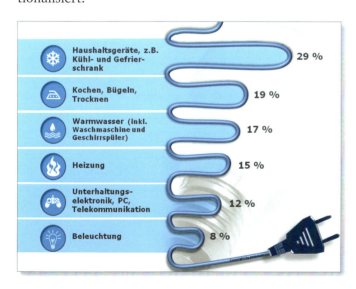

In der folgenden Tabelle finden Sie weitere Anregungen.

Diagrammthema	Thema (Beispiel)
Produktionszahlen ausgelieferter Flugzeugtypen	segmentierter Hangar, Flughafen mit verschiedenen Flugzeugtypen
Wettbewerbsanalyse von Babynahrung	segmentierte Babyflasche, Supermarktregal mit Babynahrung
Anzahl der Fernsehzuschauer im Verlauf einer Show (auf Minutenbasis)	Fernseher, auf dem eine Liniengrafik zu sehen ist, Couch, bei der die Rückenlehne die Liniengrafik bildet

Entscheidungstabellen

Entscheidungstabellen begegnen uns in vielen Präsentationen, bei denen eine Grundlage für eine Bewertung geschaffen werden soll, z. B. in Projektpräsentationen, Wettbewerbsanalysen oder Risikoabschätzungen.

Die folgenden Ideen können für Gegenüberstellungen von Produkten, Dienstleistungen, Mitbewerbern, Projekten u.a. genutzt werden. Als Basis verwende ich ein Beispiel, bei dem drei Produkte miteinander verglichen werden. Dem gegenüber stehen sechs Auswahlkriterien, z. B. Funktionsumfang, Modularität und Stabilität. Bewertet werden diese auf einer Skala von 1 bis 4. In der Zeile *Fazit* wird die durchschnittliche Wertung angegeben. Das Beispiel soll Ihnen lediglich zeigen, welche Möglichkeiten es für Entscheidungstabellen gibt. (Wie Sie diese Basis erstellen, zeige ich Ihnen genau im Abschnitt »Eine Entscheidungstabelle anlegen« ab Seite 237.)

In der ersten Variante wurden die Punkte wie bei einem Ampelsystem farbig gekennzeichnet, was es einfacher macht, die Bewertung zu erfassen.

So kann man z. B. auf einen Blick sehen, dass das Produkt 2 nur eine grüne Wertung hat (die Produkte 1 und 3 dagegen jeweils zwei). Noch etwas lesbarer ist die Darstellung mit schwarzen Wertungspunkten auf farbigen Spalten.

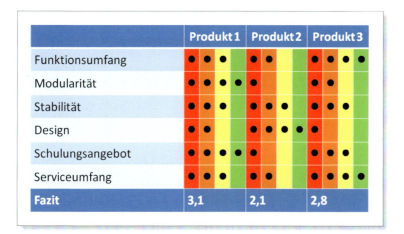

In der folgenden Version wurde anstelle des Wertungspunktes ein Bild eingefügt, in diesem Fall ein sechszackiger Stern mit Farbverlauf. Sie können aber z. B. auch Symbole (Schriftzeichen) einsetzen.

	Produkt 1	Produkt 2	Produkt 3
Funktionsumfang	✦✦✦	✦✦	✦✦✦✦
Modularität	✦✦✦✦✦		✦✦
Stabilität	✦✦✦	✦✦✦	✦✦✦
Design	✦✦	✦✦✦✦✦	
Schulungsangebot	✦✦✦✦		✦✦✦
Serviceumfang	✦✦✦	✦✦	✦✦✦✦
Fazit	3,1	2,1	2,8

In der nächsten Abbildung wird für die Bewertung ein klassischer Balken eingesetzt. Der Trick in dieser PowerPoint-Umsetzung ist der, dass für jedes Produkt ein eigenes Balkendiagramm über die Tabelle gelegt wird und somit sehr schnell Änderungen und Korrekturen durchgeführt werden können. Außerdem lässt sich die Tabelle sehr leicht erweitern bzw. reduzieren.

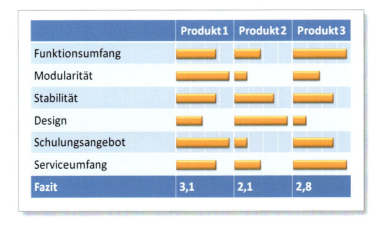

Ausgehend von den Balken können Sie darüber hinaus andere passende Symbole einsetzen (indem Sie mit der rechten Maustaste auf den Balken klicken und über **Datenreihen formatieren ▸ Füllung** die Option **Stapeln** aktivieren).

	Produkt 1	Produkt 2	Produkt 3
Funktionsumfang	★★★	★★	★★★★★
Modularität	★★★★★	★	★★
Stabilität	★★★	★★★	★★★
Design	★★	★★★★★	★
Schulungsangebot	★★★★★		★★★
Serviceumfang	★★★	★★	★★★★
Fazit	3,1	2,1	2,8

Im letzten Beispiel werden anstelle der Balken Linien mit Datenpunkten verwendet. Liniengrafiken eignen sich auch für Darstellungen von Stärken-Schwächen-Profilen.

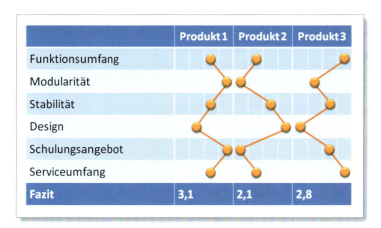

Eine Entscheidungstabelle anlegen

In diesem Abschnitt erstellen wir die Basis für eine Entscheidungstabelle und nennen diese Tabelle *Basistabelle*, weil wir sie für die nächsten Anleitungen immer wieder brauchen werden.

Kapitel 5 – Tabellen, Diagramme und Schaubilder

1. Starten Sie mit einer neuen Präsentation **Leere Präsentation**, und ändern Sie über **Entwurf ▸ Varianten ▸ Effekte** die Effekte auf **Larissa 2007-2010**. Legen Sie eine neue Folie mit dem Layout **Titel und Inhalt** an. Klicken Sie auf das Symbol **Tabelle einfügen** in der Folienmitte. Für **Spaltenanzahl** geben Sie den Wert »13« und für **Zeilenanzahl** den Wert »8« ein.

2. Markieren Sie die Spalten 2 bis 13, und geben Sie über **Tabellentools ▸ Layout ▸ Zellengröße** für **Breite** den Wert »1 cm« ein. Markieren Sie dann die Spalte 1, und geben Sie hierfür im Feld **Breite** »10 cm« ein. Markieren Sie nun die Spalten 2 bis 5 in der ersten Zeile, und verbinden Sie die Zellen über **Tabellentools ▸ Layout ▸ Zusammenführen ▸ Zellen verbinden**. Wiederholen Sie diesen Schritt für die Spalten 6 bis 9 und 10 bis 13 der ersten Zeile sowie für die Spalten 2 bis 5, 6 bis 9 und 10 bis 13 der letzten Zeile.

3. Füllen Sie nun die Felder der Tabelle mit Text, wie in folgender Abbildung zu sehen. Für die Wertungspunkte klicken Sie in die entsprechende Zelle und fügen über **Einfügen ▸ Symbole ▸ Symbol** einen Punkt ein. Wählen Sie dazu im Feld **Schriftart** die Schrift **Wingdings** aus. Wenn es schnell gehen soll, geben Sie im Feld **Zeichencode** »108« ein. Kopieren Sie das Zeichen in der Zelle (`Strg` + `C`), markieren Sie die Zellen, in die das Symbol noch eingefügt werden soll, und drücken Sie `Strg` + `V`.

4. Nun formatieren wir die Tabelle. Klicken Sie dazu auf ihren Rahmen. Über **Start ▸ Schriftart** stellen Sie die passende Schriftgröße ein, z. B. 24 Punkt. Wenn Ihnen die Symbole zu groß erscheinen, markieren Sie die entsprechenden Zellen und verkleinern ihre Schriftgröße. Indem Sie die gesamten Zellen und nicht nur einzelne Symbole anpassen, vermeiden Sie Fehler bei Änderungen und Korrekturen in der Tabelle.

5. Die erste Zeile hat automatisch eine Farbe bekommen. Übertragen Sie sie mit dem Pinsel (**Format übertragen**) auf die letzte Zeile, oder stellen Sie über **Start ▸ Zeichnung ▸ Fülleffekt** eine Farbe ein.

6. Um Kriterien (Spalte 1) und Produkt 1 (Spalten 2 bis 5) deutlicher abzugrenzen, wird die senkrechte Trennlinie dicker formatiert. Markieren

Sie dazu die zweite Spalte, stellen Sie bei **Tabellentools ▸ Entwurf ▸ Rahmenlinien zeichnen** eine Stiftstärke von »2¼ pt« ein. Bei **Stiftfarbe** wählen Sie **Weiß, Hintergrund 1**. Dann aktivieren Sie über **Tabellentools ▸ Entwurf ▸ Tabellenformatvorlagen ▸ Rahmen** die Option **Rahmenlinie links**. Wiederholen Sie den Vorgang für die Spalten 6 und 10. Für die letzte Zeile wählen Sie **Tabellentools ▸ Entwurf ▸ Tabellenformatvorlagen ▸ Rahmen ▸ Rahmenlinie oben**.

	Produkt 1	Produkt 2	Produkt 3
Funktionsumfang	● ● ●	● ●	● ● ● ●
Modularität	● ● ● ●		● ●
Stabilität	● ● ●	● ● ●	● ● ●
Design	● ●	● ● ● ●	
Schulungsangebot	● ● ● ● ●		● ● ●
Serviceumfang	● ● ●	● ●	● ● ● ●
Fazit	**3,1**	**2,1**	**2,8**

Balken in einer Entscheidungstabelle einsetzen

Dieser Abschnitt enthält eine Anleitung dazu, wie Sie eine Entscheidungstabelle im klassischen Balkendesign anlegen, wie Sie sie im Abschnitt »Entscheidungstabellen« ab Seite 234 bereits als Beispiel gesehen haben.

1. Legen Sie eine leere Folie an (Leere Präsentation und über **Entwurf ▸ Varianten ▸ Effekte** die Effekte auf **Larissa 2007-2010** ändern). Über **Einfügen ▸ Illustrationen ▸ Diagramm ▸ Balken ▸ Gruppierte Balken** legen Sie ein einfaches Balkendiagramm an. In der Datentabelle löschen Sie die Datenreihen 3 und 4. Erweitern Sie die Tabelle um zwei Zeilen, sodass Sie sechs Zeilen für die Kriterien zur Verfügung haben. Geben Sie den Text für die Kategorien und den zugehörigen Wert für die Datenreihe ein, wie in der Abbildung zu sehen.

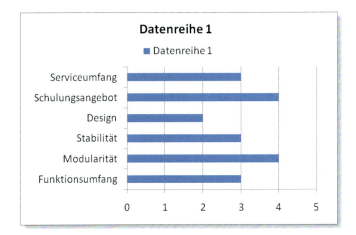

2. Im Moment sind die Kriterien von unten nach oben angeordnet. Markieren Sie daher das Diagramm, und klicken Sie mit der rechten Maustaste auf einen der Begriffe, z. B. Stabilität. Im Kontextmenü wählen Sie **Achse formatieren**. Unter **Achsenoptionen** im Aufgabenbereich haken Sie **Kategorien in umgedrehter Reihenfolge** an. Alternativ können Sie auch über **Diagrammtools ▸ Entwurf ▸ Diagrammlayouts ▸ Diagrammelement hinzufügen ▸ Achsen ▸ Weitere Achsenoptionen** in den Aufgabenbereich wechseln. Beachten Sie, dass Sie dann bei **Achsenoptionen** noch **vertikale Achse** auswählen müssen. Bis PowerPoint 2010 wählen Sie **Diagrammtools ▸ Layout ▸ Achsen ▸ Achsen ▸ Vertikale Primärachse ▸ Achse von rechts nach links anzeigen**. Danach sollte das Kriterium *Funktionsumfang* an oberster Stelle stehen.

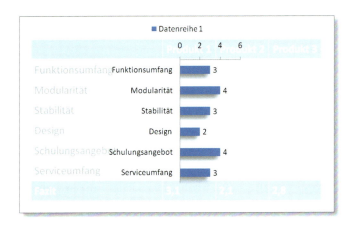

Balken in einer Entscheidungstabelle einsetzen

3. Für die Darstellung in der Entscheidungstabelle brauchen wir keine Beschriftungen wie Titel oder Legenden und auch keine Achsen. Nutzen Sie dazu das Plus-Symbol neben dem Diagramm und haken Sie die Elemente ab oder gehen Sie den Weg über **Diagrammtools ▸ Entwurf ▸ Diagrammlayouts Diagrammelement hinzufügen** (bis PowerPoint 2010 hieß dieses Menü **Diagrammtools ▸ Layout** und die Befehlsgruppen **Beschriftungen**, **Achsen** und **Hintergrund**).

4. Öffnen Sie eine Kopie der Folie mit der Basis-Entscheidungstabelle, und kopieren Sie das Balkendiagramm auf die Entscheidungstabelle. Verkleinern Sie das Balkendiagramm in Breite und Höhe, sodass es genau in die dafür vorgesehenen Spalten passt. Orientieren Sie sich zunächst an den Wertungspunkten, und löschen Sie diese erst anschließend.

5. Über **Diagrammtools ▸ Entwurf ▸ Diagrammformatvorlagen** wählen Sie nun noch ein passendes Design aus, z. B. **Formatvorlage 32**.

6. Markieren Sie das Balkendiagramm, und duplizieren Sie es zweimal, damit wir die Bewertung für die anderen beiden Produkte erstellen können. Platzieren Sie die Balkendiagramme in der zugehörigen Spalte, und verändern Sie anschließend die Zahlen in der Excel-Tabelle (**Diagrammtools ▸ Entwurf ▸ Daten ▸ Daten bearbeiten**).

	Produkt 1	Produkt 2	Produkt 3
Funktionsumfang			
Modularität			
Stabilität			
Design			
Schulungsangebot			
Serviceumfang			
Fazit	3,1	2,1	2,8

Eine Liniengrafik als Bild einfügen

Zu guter Letzt zeige ich Ihnen noch die Erstellung von Entscheidungstabellen mit Linien und Wertepunkten. Auch dieses Beispiel haben Sie schon im Abschnitt »Entscheidungstabellen« ab Seite 234 gesehen. Auf den ersten Blick sieht die Darstellung recht einfach aus, weil sie den Anschein erweckt, dass es dafür eine Diagrammfunktion gibt. Leider nein – wir müssen uns hier mit einem Trick behelfen. Es gibt zwei Möglichkeiten: Entweder erstellen Sie separat ein Liniendiagramm und fügen es als Bild in die Tabelle ein, oder Sie legen die Datenpunkte und Linien manuell an.

In diesem Abschnitt zeige ich Ihnen zunächst, wie Sie ein Liniendiagramm anlegen und dann als Bild einfügen können.

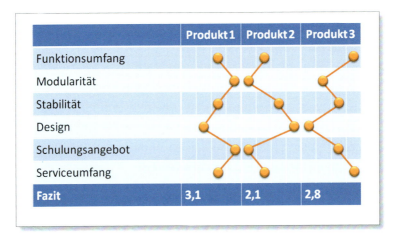

1. Zunächst erstellen Sie ein Balkendiagramm, wie schon in der vorherigen Anleitung gezeigt, oder Sie verwenden das zuvor angelegte Beispiel mit den Balken als Grundlage, indem Sie es duplizieren. Zur Vereinfachung dieses neuen Beispiels ändern Sie in der Excel-Tabelle des Balkendiagramms von *Produkt 1* den Wert beim Parameter *Stabilität* auf »1«.

2. Dann markieren Sie das Diagramm und ändern den Diagrammtyp: (**Diagrammtools ▶ Entwurf ▶ Typ ▶ Diagrammtyp ändern ▶ Linie ▶ Linie mit Datenpunkten**). Passen Sie die Darstellung der Punkte an, indem Sie z. B. anstelle einer Raute einen Kreis einsetzen (dazu klicken Sie mit

der rechten Maustaste auf einen Datenpunkt im Diagramm und wählen über **Datenreihen formatieren ▸ Markierungsoptionen ▸ Integriert ▸ Typ** ein Symbol aus).

3. Wenn das Liniendiagramm fertig ist, fügen Sie eine Kopie Ihrer Basistabelle als neue Folie ein. Achten Sie dabei darauf, dass bei *Produkt 1* und dem Parameter *Stabilität* nur ein Punkt zu sehen ist. Zeichnen Sie darauf ein Rechteck ein, wie in der Abbildung gezeigt (**Start ▸ Zeichnung ▸ Formen ▸ Rechtecke ▸ Rechteck**). Es dient als Vorlage für die Größe der Liniengrafik. Die Ecken sollten genau in der Mitte der äußeren Kreissymbole sitzen.

	Produkt 1	Produkt 2	Produkt 3
Funktionsumfang	● ● ●		
Modularität	● ● ●		
Stabilität	●		
Design	● ● ●		
Schulungsangebot	● ● ● ●		
Serviceumfang	● ● ●		
Fazit	**3,1**	**2,1**	**2,8**

4. Kopieren Sie dann das Rechteck und das Liniendiagramm gemeinsam auf eine Folie (dazu legen Sie am besten eine neue leere Folie an). Drehen Sie das Rechteck mithilfe des grünen Drehmarkers um 90° (oder klicken Sie es mit der rechten Maustaste an, wählen Sie **Größe und Position ▸ Größe**, und geben Sie im Feld **Drehung** den Wert »90°« ein). Verändern Sie die Größe des Liniendiagramms, sodass die äußersten Punkte auf dem Rand des Rechtecks zu liegen kommen.

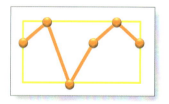

5. Da die Liniengrafik so nicht gedreht werden kann, müssen wir einen kleinen Umweg machen. Klicken Sie dazu mit der rechten Maustaste auf die Liniengrafik, und speichern Sie sie über **Als Grafik speichern** als

PNG-Datei ab. Dann fügen Sie dieses Bild über **Einfügen ▸ Bilder ▸ Bilder** auf der Folie mit der Tabelle und der Balkengrafik ein. Drehen Sie es um 90°, und verschieben Sie es an die passende Position in der Entscheidungstabelle.

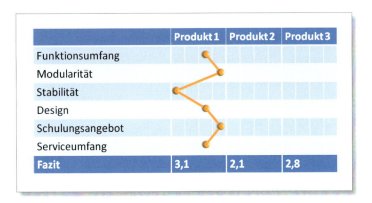

Eine Liniengrafik manuell anlegen

Die zweite Möglichkeit, eine Entscheidungstabelle mit einer Liniengrafik zu versehen, ist zwar etwas aufwendiger, dafür aber auch flexibler. Die Linien und die Verbindungen zu den Datenpunkten werden manuell erstellt und miteinander verbunden.

1. Öffnen Sie zunächst eine Kopie der Basistabellen-Präsentation bzw. kopieren Sie die Basistabellen-Folie in Ihre Präsentation. Fügen Sie bei *Produkt 1* einen Kreis als Datenwert ein. Dafür wählen Sie **Start ▸ Zeichnung ▸ Formen ▸ Standardformen ▸ Ellipse** und ziehen die Form mit gedrückter ⇧-Taste auf. Duplizieren Sie den Kreis (Strg+D), und verkleinern Sie das Duplikat so weit, bis es nahezu nur noch ein Punkt ist.

2. Markieren Sie die beiden Kreise, und richten Sie sie über **Start ▸ Zeichnung ▸ Anordnen ▸ Objekte positionieren ▸ Ausrichten ▸ Vertikal zentrieren** und **Horizontal zentrieren** so aus, dass sie genau übereinanderliegen. Gruppieren Sie sie mit Strg+⇧+G.

Eine Liniengrafik manuell anlegen

> **TIPP**
>
> **Zoom**
>
> Wenn Sie die Kreise markieren und sie dann über die Zoomfunktion vergrößern, können Sie leichter und genauer damit arbeiten.

3. Duplizieren Sie die beiden Kreise fünfmal (für jedes Kriterium), und positionieren Sie sie am besten senkrecht untereinander. Dann heben Sie die Gruppierung erst einmal wieder auf (Strg + ⇧ + H). Zeichnen Sie über **Start ▸ Zeichnung ▸ Formen ▸ Linien ▸ Linie** Verbindungen zwischen den Kreisen. Verbinden Sie dabei den Endpunkt einer Linie immer mit dem kleinen Kreis. Das ist wichtig, sonst lassen sich die Kreise später nicht richtig verschieben.

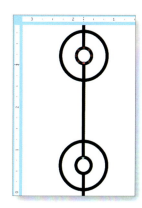

4. Nachdem alle kleinen Kreise durch Linien verbunden sind, markieren Sie alle großen Kreise und ziehen sie über **Start ▸ Zeichnung ▸ Anordnen ▸ Objekte sortieren** in den Vordergrund. Gruppieren Sie immer einen großen Kreis mit seinem kleinen Kreis. Dann gruppieren Sie all diese gruppierten Kreise und alle Linien zu einem einzigen Objekt.

> **TIPP**
>
> **Gruppierung**
>
> Arbeiten Sie von nun an immer mit dieser Gruppierung zu einem Objekt, denn sonst kann es passieren, dass die Linienverbindungen aufgelöst werden und Sie wieder von vorn beginnen müssen.

5. Über **Start ▸ Zeichnung ▸ Schnellformatvorlagen** wählen Sie eine passende grafische Ausgestaltung, z. B. **Intensiver Effekt – Orange, Akzent 6**.

6. Zum Schluss duplizieren Sie den Linienkörper (das gruppierte Objekt) und verschieben die Kopie für die spätere Nutzung an den Rand der Folie. Lösen Sie die Gruppierung des Originals auf (Strg + ⇧ + H).

Verschieben Sie nun die einzelnen Datenpunkte an die entsprechende Stelle im Wertebereich für *Produkt 1*. Für die weiteren Produkte duplizieren Sie jeweils eine Kopie, lösen die Gruppierung und verfahren wie für *Produkt 1* bereits beschrieben.

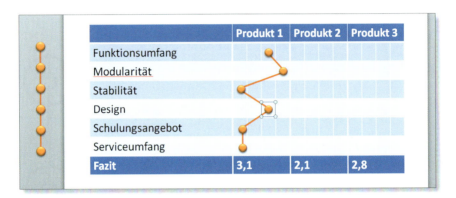

Einen Verkaufstrichter mit 3D-Optik gestalten

Im Vertrieb arbeitet man häufig mit Verkaufstrichtern (im Englischen auch *Sales funnel* genannt). Der Trichter zeigt die Selektion von Kontakten, angefangen vom einfachen Kontakt, über den Interessenten hin zum Kunden. Aus 100 Kontakten werden 50 Interessenten und von diesen werden zwei zu Kunden. Der Trichter kann zeigen, wie lange es dauert bis ein Kontakt Kunde wird oder wie viele Kontakte man braucht, bis daraus ein Kunde wird. Die Darstellung lässt sich auch auf andere Bereiche übertragen, d. h. immer dort anwenden, wo es um einen Auswahlprozess geht. Etwa bei Projekten, angefangen von der Gesamtheit aller aufgesetzten Projekte über Blockbuster-Projekte im Pharmabereich bis hin zu Filmprojekten in Hollywood. Eine weitere Alternative ist es, den Gesamttrichter als eine Verteilung abzubilden. Die Gesamtfläche des Trichters sind 100 %, jeder Abschnitt ist ein Teil der 100 %. Im folgenden Beispiel zeige ich Ihnen, wie Sie schnell eine professionell aussehende Darstellung erstellen. Sie finden es auf der beiliegenden CD unter *05_Verkaufstrichter.pptx*.

Einen Verkaufstrichter mit 3D-Optik gestalten

1. Beginnen Sie mit einer neuen Folie mit dem Folienlayout **Nur Titel** (**Start ▸ Folien ▸ Neue Folie ▸ Nur Titel**). Zeichnen Sie in der Mitte der Folie ein Dreieck (**Start ▸ Zeichnung ▸ Formen ▸ Standardformen ▸ Gleichschenkliges Dreieck** ❶). Drehen Sie das Dreieck über den Drehmarker ❷ um 180°, sodass die Spitze nach unten zeigt.

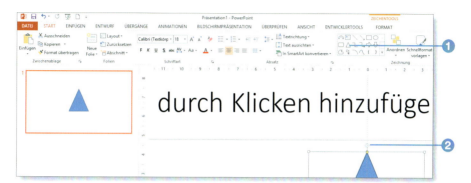

2. Passen Sie die Füllung über **Start ▸ Zeichnung ▸ Fülleffekt ▸ Farbverlauf ▸ Weitere Farbverläufe** an. Wählen Sie **Farbverlauf** aus. Wählen Sie bei **Voreingestellte Farbverläufe** den Verlauf **Mittlerer Farbverlauf – Akzent 5**. Klicken Sie bei **Farbverlaufsstopp** den linken Stopp-Marker ❸ an. Wechsel Sie direkt unterhalb des Markers die Farbe ❹ auf ein Dunkelblau. Klicken Sie den rechten Stopp-Marker an, und stellen Sie dieselbe Farbe ein. Wählen Sie bei dem mittleren Stopp-Marker die Farbe Weiß. Verändern Sie die Richtung auf **Linear rechts** oder **Linear links**. Bei Winkel sollte nun »180°« stehen.

3. Um das Dreieck in verschiedene Abschnitte zu zerteilen, brauchen wir ein Hilfskonstrukt. Dazu legen Sie einen Balken über die gesamte Breite des Dreiecks. Zeichnen Sie

ein Rechteck (**Start ▸ Zeichnung ▸ Formen ▸ Rechtecke ▸ Rechteck**), und ändern Sie die Höhe über **Größe ▸ Höhe** auf »0,15 cm«. Verschieben Sie den Balken an die obere Kante des Dreiecks.

4. Duplizieren Sie den Balken fünfmal (`Strg` + `D`). Verschieben Sie den unteren Balken an die Spitze des Dreiecks. Markieren Sie alle Balken und richten Sie sie mit **Start ▸ Zeichnung ▸ Anordnen ▸ Objekte positionieren ▸ Ausrichten ▸ Linksbündig** und anschließend noch einmal mit **Start ▸ Zeichnung ▸ Anordnen ▸ Objekte positionieren ▸ Ausrichten ▸ Vertikal verteilen** aus. Löschen Sie anschließend den oberen und den unteren Balken.

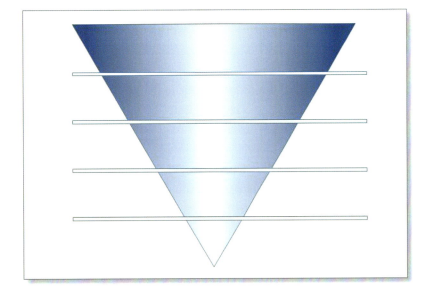

5. Markieren Sie die Balken und das Dreieck. Über **Zeichentools ▸ Format ▸ Formen einfügen ▸ Formen zusammenführen ▸ Subtrahieren** zerlegen Sie das Dreieck in Einzelstücke.

6. Damit das Ganze auch wie ein Trichter aussieht, fügen Sie über **Start ▸ Zeichnung ▸ Formen ▸ Standardformen ▸ Ellipse** an der oberen Seite eine Ellipse über die gesamte Breite des Dreiecks ein. Verwenden Sie als Fülleffekt wie eben einen voreingestellten Farbverlauf mit Blau (z. B. **Lichtakzent unten – Akzent 5**). Ändern Sie den **Typ** auf **Radial**.

Einen Verkaufstrichter mit 3D-Optik gestalten

7. Beschriften Sie den Trichter mit Nummern und versehen Sie die einzelnen Stufen mit Namen. Zur weiteren Verfeinerung können Sie noch zwei 3D-Kugeln einbinden (siehe dazu den Abschnitt »3D-Figuren bauen« ab Seite 175).

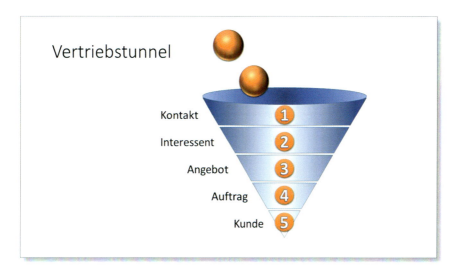

Kapitel 6
Zeitstrahl und Abläufe gekonnt visualisieren

Unternehmenspräsentationen enthalten häufig eine Beschreibung der Historie, Projektpräsentationen zeigen Meilensteine und Projektabläufe, Marketingpräsentationen enthalten Termine und Abläufe für Aktionen. Neben diesen Beispielen gibt es eine ganze Reihe von Foliensätzen, die Zeitabfolgen, nächste Schritte oder auch Workflows zeigen. In diesem Kapitel finden Sie Anregungen zu diesen Themen. Sie lernen, wie Sie Zeitstrahlen und Abläufe spannender und interessanter visualisieren.

Kapitel 6 – Zeitstrahl und Abläufe gekonnt visualisieren

Sie werden lernen, welche wichtigen grundlegenden Konzepte und Ideen es gibt, um Zeitstrahlen und Abläufe darzustellen, und wie Sie sie interessant gestalten können. Sie werden erfahren, wie Sie die verschiedenen Funktionen in PowerPoint kombinieren, um ansprechende Konzepte umzusetzen.

Konzepte für Zeitstrahlen

Der *Zeitstrahl* stellt einen Ablauf dar und basiert gewöhnlich auf einer zeitmetrischen Basis, z. B. Jahrzehnte, Jahre, Monate, Wochen, Tage, Stunden oder Sekunden. Mit seiner Hilfe werden beispielsweise Historien, Umsatzentwicklungen, Projektphasen, Entwicklungsschritte oder Roadmaps dargestellt.

Im Gegensatz dazu wird der Begriff *Ablauf* für aufeinander aufbauende oder parallel ablaufende Vorgänge ohne exakte zeitliche Aufschlüsselung benutzt. Zu dieser Kategorie gehören z. B. Flussdiagramme (*Flowcharts*) für Prozess- und Programmbeschreibungen in der Informatik, Prozessbeschreibungen in der Organisationsentwicklung und *Workflows* wie Bestell-, Liefer- oder Messvorgänge.

Die Abbildung auf Seite 253 zeigt sechs Basiskonzepte, auf denen Zeitstrahlen aufgebaut werden können:

- **Horizontaler (waagerechter) Zeitstrahl:** Der Zeitstrahl ist in der Grundanlage waagerecht aufgebaut und verläuft in der Regel von links nach rechts. Alternativ kann er auch von rechts nach links verlaufen oder leicht aufsteigen. Typische Beispiele sind historische Entwicklungen mit Jahreszahlen.

- **Vertikaler (senkrechter) Zeitstrahl:** Der Zeitstrahl ist in der Grundanlage senkrecht aufgebaut und verläuft in der Regel von unten nach oben (alternativ von oben nach unten). Er kann auch leicht nach links oder rechts gekippt sein. Ein Beispiel ist hier wieder die Darstellung einer Entwicklung mit Jahreszahlen.

- **Bidirektionaler Zeitstrahl (mit zwei Zeitachsen):** Bei diesem Typ gibt es eine waagerechte und eine senkrechte Zeitachse. In der horizontalen Achse sind dann z. B. Jahreszahlen und in der vertikalen Monate eingetragen.

- **Flächenzeitstrahl:** Die Zeitentwicklung wird anhand von einzelnen seitlich aneinandergereihten Flächen dargestellt. Ein Beispiel: Der Zeitraum – sagen wir, die Jahreszahl – wird an die jeweilige Fläche geschrieben, und in der Fläche werden Informationen, Bilder usw. gezeigt, die zu dem jeweiligen Jahr passen.

- **Aufbauender Zeitstrahl:** Ähnlich wie beim Flächenzeitstrahl werden die Flächen übereinandergestapelt und seitlich versetzt. Hiermit wird die Darstellung einer Entwicklung noch deutlicher, denn die aufbauende bzw. aufsteigende Darstellung wird in der westlichen Kultur stets positiv bewertet.

- **3D-Zeitstrahl:** Der Zeitstrahl wird räumlich dargestellt. Zum Beispiel gibt es einen Pfeil auf der Folie, der von oben rechts nach unten links verläuft. Am Pfeilbeginn geht es mit alten Jahreszahlen los, und nach vorn hin werden die Jahreszahlen aktueller. Um die 3D-Wirkung zu unterstützen, werden ältere Jahreszahlen (also die oben rechts) kleiner geschrieben als die aktuellen. Damit wird eine größere Relevanz der jüngeren Daten gegenüber den älteren vermittelt.

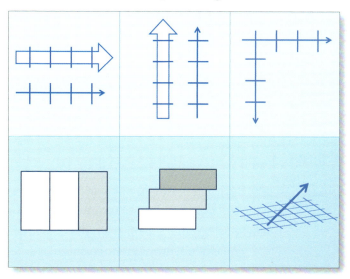

Alle diese Zeitstrahlkonzepte können natürlich wenn erforderlich auch miteinander verknüpft werden. Ich stelle Ihnen diese Möglichkeiten im Folgenden ausführlich vor und zeige Ihnen zudem einige Beispiele.

Kapitel 6 – Zeitstrahl und Abläufe gekonnt visualisieren

Die Entscheidung, welches Konzept Sie verwenden, hängt von der Aufgabenstellung und dem Gesamtkonzept der Präsentation ab. Die folgenden Beispiele geben Ihnen Aufschluss über die verschiedenen Einsatzmöglichkeiten. Wie bereits in der Liste zuvor beschrieben, beginnen wir mit den horizontalen bzw. waagerechten Zeitstrahlen.

Der horizontale Zeitstrahl wird am häufigsten eingesetzt und ist daher sozusagen der Archetyp eines jeden Zeitstrahls, der sich prinzipiell für alle Zusammenhänge eignet.

Die folgenden Beispiele sind Variationen des klassischen Zeitstrahls: Sie sind immer noch horizontal aufgebaut und ihre Stationen beschriftet, aber wir haben sie mit passenden Bildern aufgepeppt.

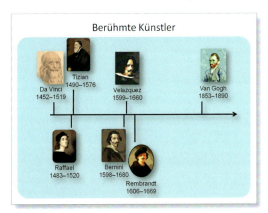
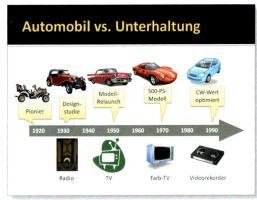

Daneben gibt es das Konzept des vertikalen bzw. senkrechten Zeitstrahls, bei dem die Entwicklung von unten nach oben oder von oben nach unten dargestellt wird. Im Gegensatz zum horizontalen Zeitstrahl können hier aufgrund der geringeren Höhe der Folie weniger metrische Daten, also Jahreszahlen usw. eingesetzt werden, dafür aber mehr Inhalt. Wenn Ihr Schwerpunkt auf Inhalten liegt, ist diese Darstellung dafür geeignet.

Die nächsten Beispiele sind Varianten dieses senkrechten Zeitstrahls, jeweils mit passenden Bildern oder durch eine farbige Gestaltung mit Hintergrund aufgewertet, die zudem auch die Lesbarkeit fördert, weil die Chronologie der einzelnen Zeitpunkte so leichter zu erkennen ist.

Der nächste Typus ist der bidirektionale Zeitstrahl. Dabei geht es darum, Zeiträume oder Daten zu verschachteln. Beispielsweise wird eine Achse für große Zeiträume wie Jahre, Jahrzehnte oder Jahrhunderte verwendet und die andere für die darin eingeschlossenen Zeiträume, also Tage, Monate usw.

Die folgende Folie zeigt einen solchen zweidimensionalen Zeitstrahl: Die waagerechte Achse enthält die Entwicklung in Jahrzehnten, und zu jedem Jahrzehnt gehört noch einmal eine senkrechte Achse, die auf die Geschehnisse der einzelnen Jahre eingeht. So können Sie viele Informationen auf einer Folie unterbringen, ohne dass es unübersichtlich wird und überladen wirkt. Auch für eine Abfolge von Folien, die sich dann z. B. jeweils mit den einzelnen Dekaden (Jahrzehnten) befassen, eignet sich dieser Typ sehr gut.

Das vierte Zeitstrahlkonzept ist der Flächenzeitstrahl, der die Achsenbeschriftung quasi ablöst. Der Flächenzeitstrahl zeigt eher isolierte Ereignisse als eine Entwicklung an – nach dem Motto »Hier ist irgendwann einmal etwas passiert – und da auch noch«. Dennoch kann diese Form des Zeitstrahls auch für Entwicklungen eingesetzt werden, wie das Beispiel im weiteren Verlauf zeigt.

Das erste Beispiel ist ein Flächenzeitstrahl mit abgerundeten Flächen, der einzelne Stationen der Entwicklung des Funktelefons zeigt.

Der Relaunch-Plan in der folgenden Abbildung enthält drei Zeitflächen und zwei waagerechte Zeitphasen. Das bietet die Möglichkeit, zwei Projekte im Zeitablauf miteinander zu vergleichen; außerdem werden Pufferzeiten vor und nach den Projektabschnitten angedeutet.

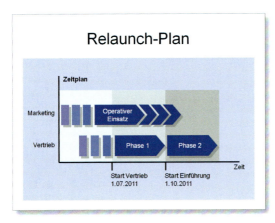

Konzepte für Zeitstrahlen

Der sogenannte aufbauende Zeitstrahl wird üblicherweise für Schritt-für-Schritt-Entwicklungen verwendet und ähnelt dem senkrechten Zeitstrahl, wobei bei Letzterem immer ein Pfeil zu sehen ist, hier jedoch nicht. Er kann für alle Zeitabläufe verwendet werden und suggeriert eine positive Entwicklung.

Die zeitliche Entwicklung kann im aufbauenden Zeitstrahl – trotz des Namens – sowohl von unten nach oben als auch umgekehrt dargestellt werden.

Die letzte Gruppe von Zeitstrahlen, die ich hier vorstellen möchte, sind die 3D-Zeitstrahlen, die vor allem dann eingesetzt werden, wenn man innovativ und modern wirken will oder wenn die Relevanz einer bestimmten aktuellen Information im Vordergrund stehen soll.

Im Raumschiff-Beispiel, das in der nebenstehenden Abbildung gezeigt wird, kommt der 3D-Zeitstrahl »aus der Tiefe des Raumes« und verschwindet dort wieder. Dabei wird die Dreidimensionalität durch die Perspektive und vor allem durch die abnehmende Schriftgröße in der Achsenbeschriftung erreicht.

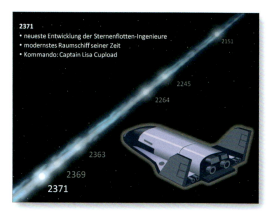

Kapitel 6 – Zeitstrahl und Abläufe gekonnt visualisieren

Die folgende Abbildung zeigt einen kurvigen Zeitstrahl, der von hinten nach vorne verläuft.

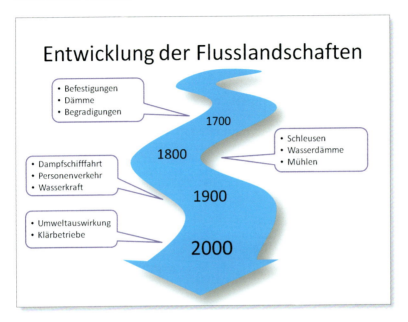

Durch den Schatten erhält der Zeitstrahl eine räumliche Wirkung.

Phasen einer Entwicklung darstellen

In diesem Abschnitt erstellen wir einen Entwicklungsphasen-Zeitstrahl, der an den Produktlebenszyklus im Bereich der Betriebswirtschaftslehre angelehnt ist. Die blaue Fläche an dem Zeitstrahl deutet die Umsatz- oder Absatzkurve des Produkts oder der Firma an.

1. Laden Sie bitte für dieses Beispiel die Präsentation *06_Entwicklung.pptx* mit Entwurfsvorlage **Hyperion** von der CD. Legen Sie eine neue Folie mit dem Layout **Nur Titel** an und geben Sie als Titel »Entwicklung« ein. Über

Phasen einer Entwicklung darstellen

Start ▸ Zeichnung ▸ Formen ▸ Linien ▸ Pfeil ziehen Sie dann mit gedrückter ⇧-Taste einen waagerechten Pfeil über die Folie. Verstärken Sie die Linienstärke, und ändern Sie die Linienfarbe.

2. Fügen Sie dann über **Start ▸ Zeichnung ▸ Formen ▸ Rechtecke ▸ Abgerundetes Rechteck** ein Rechteck ein, in das Sie nachher den Text schreiben. Geben Sie die erste Jahreszahl ein: »1980« (erst die Form anklicken und dann lostippen). Passen Sie nun Schrift, Schriftgröße und die Größe des Rechtecks nach Ihren Vorstellungen an. Die Rundungen des Rechtecks können Sie über den Ziehmarker (die kleine gelbe Raute) verändern.

3. Duplizieren Sie das Rechteck dreimal, und ändern Sie die Jahreszahl. Platzieren Sie das erste Rechteck auf dem Pfeilanfang und das letzte Rechteck auf der Pfeilspitze. Markieren Sie alle Rechtecke, und richten Sie sie über **Start ▸ Zeichnung ▸ Anordnen ▸ Objekte positionieren ▸ Ausrichten ▸ Horizontal verteilen** passend aus. Dann markieren Sie zusätzlich den Pfeil und klicken im gleichen Menü auf **Vertikal zentrieren**.

> **TIPP**
>
> **Formen verschönern**
>
> Wenn Sie die Rechtecke individuell gestalten wollen, können Sie das besonders schnell über **Start ▸ Zeichnung ▸ Schnellformatvorlagen** tun.

4. Um nun die Wachstumskurve darzustellen, zeichnen Sie ein Dreieck, wie es in der nebenstehenden Abbildung zu sehen ist (**Start ▸ Zeichnung ▸ Formen ▸ Standardformen ▸ Rechtwinkliges Dreieck**).

5. Spiegeln Sie das Dreieck mit **Anordnen ▸ Drehen ▸ Horizontal spiegeln**.

6. Verschieben Sie die obere Ecke des Dreiecks über den Wert »2000« auf der Achse. Dafür müssen Sie zunächst mit der rechten Maustaste auf die Form klicken und **Punkte bearbeiten** aus dem Kontextmenü wählen.

7. Klicken Sie dann mit der rechten Maustaste auf einen der Punkte, und wählen Sie **Punkt glätten** aus dem Kontextmenü. Dadurch wird das Dreieck abgerundet.

8. Legen Sie das abgerundete Dreieck in den Hintergrund (**Start ▸ Zeichnung ▸ Anordnen ▸ Objekte sortieren ▸ In den Hintergrund**), und ergänzen Sie zum Schluss die übrigen Texte, z. B. »Gründung« und »Wachstumsphase«, wie zuvor beschrieben (**Start ▸ Zeichnung ▸ Formen ▸ Rechtecke ▸ Abgerundetes Rechteck**).

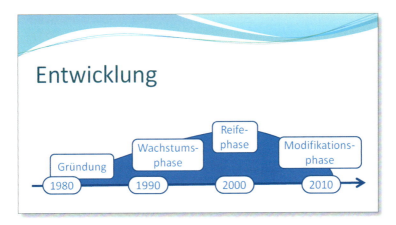

Die gesamte Präsentation finden Sie zum besseren Nachvollzug auch auf der beiliegenden CD, und zwar unter »06_Entwicklung_Zeitstrahl.pptx«, das Ergebnis dann unter »06_Entwicklung-Final.pptx«.

Einen dynamischen Zeitstrahl anlegen

In diesem Abschnitt zeige ich Ihnen, wie Sie einen Zeitstrahl anlegen, dessen Grundlage ein Pfeil ist. So stellen Sie die Entwicklung sehr plakativ dar und verleihen Ihren Informationen Dynamik.

1. Legen Sie zunächst eine neue Folie mit dem Layout **Leer** an. Über **Start ▶ Zeichnung ▶ Formen ▶ Standardformen ▶ Parallelogramm** fügen Sie ein kleines Parallelogramm ein (ziehen Sie es auf der Folie auf).

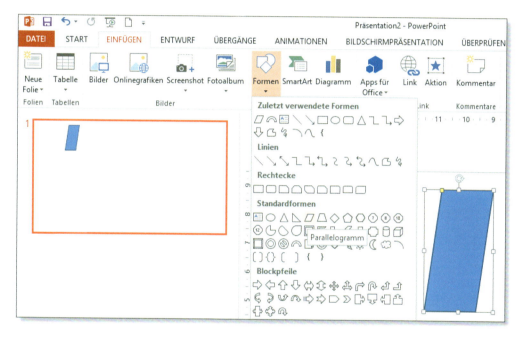

2. Als Nächstes kippen Sie das Parallelogramm (**Start ▶ Zeichnung ▶ Anordnen ▶ Objekte positionieren ▶ Drehen ▶ Horizontal spiegeln**) und verändern mit der gelben Raute seine Größe und Neigung, wie in der Abbildung zu sehen. Drehen Sie dann das Parallelogramm mithilfe des grünen Markers, sodass es wie der obere Schenkel einer Pfeilspitze positioniert ist.

3. Ziehen Sie dann ein weiteres Parallelogramm auf der Folie auf, und spiegeln Sie es erneut, diesmal vertikal (**Start ▸ Zeichnung ▸ Anordnen ▸ Objekte positionieren ▸ Drehen ▸ Vertikal umdrehen**), und drehen bzw. verschieben Sie das zweite Parallelogramm so, dass die beiden zusammen eine Pfeilspitze ergeben. Die beiden Formen können sich dabei überlappen.

4. Für den Rumpf des Pfeils ziehen Sie ein Trapez auf (**Start ▸ Zeichnung ▸ Formen ▸ Standardformen ▸ Trapezoid**), wie es die linke Abbildung zeigt.

5. Drehen Sie das Element am grünen Marker so weit, dass seine breite Seite die Pfeilspitze überlagert. Strecken und stauchen Sie den Rumpf, damit ein Pfeil entsteht und genügend Platz für die Beschriftung vorhanden ist.

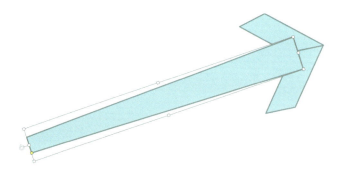

6. Um den Pfeil zu gestalten, markieren Sie alle drei Objekte, und wählen **Start ▸ Zeichnung ▸ Formkontur ▸ Kein Rahmen**. Gruppieren Sie dann alle Teile des Pfeils (`Strg`+`⇧`+`G`), und passen Sie über **Start ▸ Zeichnung ▸ Fülleffekt** die Farbe an. Wählen Sie einen passenden Schatten (**Start ▸ Zeichnung ▸ Formeffekte ▸ Schatten ▸ Weitere Schatten ▸ Voreinstellungen**), und passen Sie ihn an, z. B. indem Sie die Werte bei **Weichzeichnen** oder **Abstand** verändern.

7. Für die Beschriftung innerhalb des Pfeils nutzen Sie entweder einzelne Textboxen (**Start ▸ Zeichnung ▸ Formen ▸ Standardformen ▸ Textfeld**)

Einen dynamischen Zeitstrahl anlegen

oder geben den Text direkt in die Form ein. Wenn Sie sich für einzelne Textboxen entscheiden, erstellen Sie sie erst alle nebeneinander, markieren sie, und drehen sie, indem Sie über die rechte Maustaste ▶ **Größe und Position** ▶ **Größe** einen Gradwert im Feld **Drehung** angeben. Die äußere Beschriftung erstellen Sie dann mithilfe einzelner Textboxen und gestrichelter Linien. Erstellen Sie einfach eine Textbox und eine Linie (**Start** ▶ **Zeichnung** ▶ **Formkontur** ▶ **Striche**), und duplizieren Sie sie.

8. Zum Abschluss fügen Sie für eine bessere Lesbarkeit noch einen Hintergrund ein. Dazu verwenden Sie einfach ein Rechteck, das Sie färben und über **Start** ▶ **Zeichnen** ▶ **Anordnen** in den Hintergrund legen.

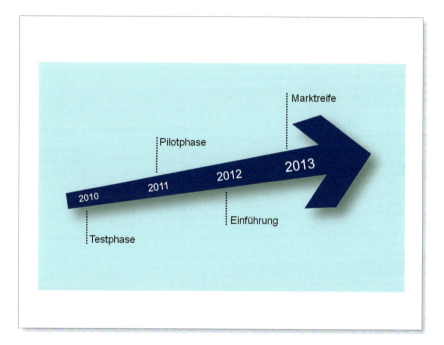

TIPP

Genauer ausrichten

Wenn die Form sich nicht so ausrichten lässt, wie Sie sie gerne hätten, und immer wieder in eine bestimmte Position »zurückspringt«, schalten Sie das Raster aus oder benutzen die ⌈Strg⌉-Taste für die Feinjustierung.

Kapitel 6 – Zeitstrahl und Abläufe gekonnt visualisieren

Konzepte für Abläufe

Ähnlich wie bei den Zeitstrahlen ist auch das Spektrum für die Gestaltung von Abläufen sehr breit. Die folgende Übersicht zeigt sechs verschiedene Grundtypen:

1. klassische Abläufe (Workflows, Flowcharts)
2. Zyklen
3. Abläufe mit Hintergrundmotiv
4. Abläufe mit Bildelementen
5. illustrative Abläufe
6. Abläufe ohne Prozesspfeile (Flächenabläufe)

Ähnlich wie im vorherigen Abschnitt stelle ich Ihnen im Folgenden die einzelnen Typen näher vor und zeige Ihnen auch das eine oder andere Beispiel.

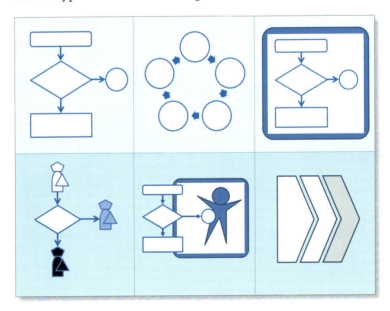

Teile der hier vorgestellten Abläufe, nämlich eine Auswahl an Prozess- und Zyklusdarstellungen, lassen sich in PowerPoint mithilfe von SmartArts gestalten (**Einfügen ▸ Illustrationen ▸ SmartArt**).

Konzepte für Abläufe

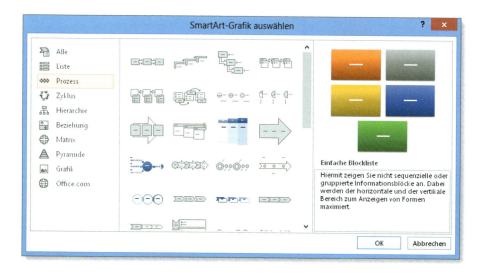

Klassische Abläufe, wie sie in PowerPoint zu finden sind, werden beispielsweise für Programmabläufe von Software oder für Arbeitsabläufe in Unternehmen (Workflow) eingesetzt. Im Folgenden sehen Sie einige Beispiele aus diesen Bereichen.

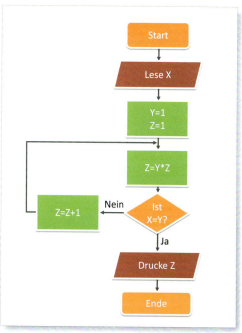

Kapitel 6 – Zeitstrahl und Abläufe gekonnt visualisieren

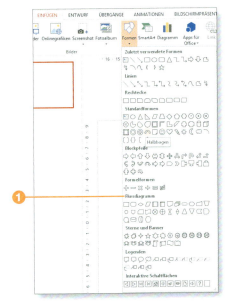

Die Flowchart-Symbole, die Sie in der nebenstehenden Abbildung sehen und die die einzelnen Stationen des Ablaufs repräsentieren, finden Sie unter **Start ▶ Zeichnung ▶ Formen ▶ Flussdiagramm** ❶.

Das rechte Beispiel auf Seite 265 zeigt ein Flowchart (Flussdiagramm), wie es z. B. in der Softwareentwicklung oder in einer Prozessbeschreibung verwendet wird. Die Folie kommt mit wenigen Effekten daher, und für die Formatierung sind lediglich die Schnellformatvorlagen erforderlich.

Das folgende Beispiel zeigt eine Arbeitsanweisung. Durch die weißen Flächen wirkt die Folie sehr sachlich. Der eingefügte Schatten rückt die Flowchart-Symbole in den Vordergrund.

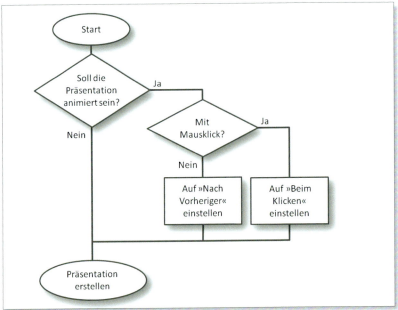

Um einen Ablauf so darzustellen, als wäre er vor wenigen Momenten erst entwickelt worden, eignet sich eine Folie im handschriftlichen Look.

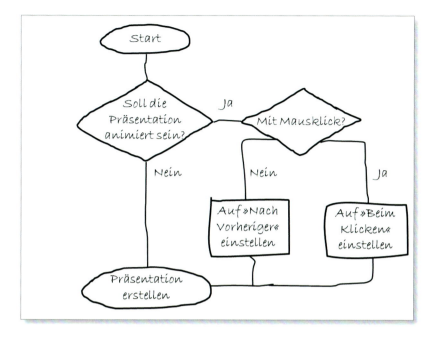

Das nächste Beispiel zeigt ein Flussdiagramm, das mit verschiedenen Phasen hinterlegt ist.

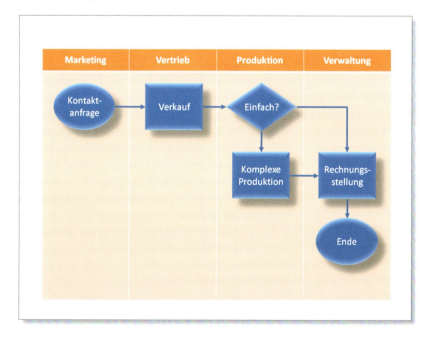

Durch Farben lassen sich bestimmte Teile des Ablaufs herausheben, werten oder auch bestimmten Aufgabenträgern zuordnen. Die nächste Folie zeigt ein solches Beispiel, bei dem die Farben bestimmten Personen zugewiesen sind.

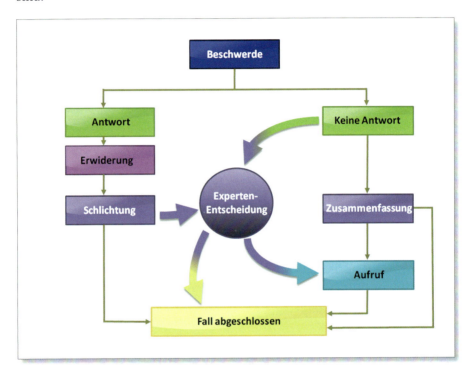

Der nächste Typ von Abläufen, den ich hier vorstellen will, sind die Zyklen. Sie sind dadurch gekennzeichnet, dass ein Ablauf eine Schleife bildet, die endlos wiederholt werden kann. Das bedeutet: Wenn das Ende erreicht ist, kann es wieder von vorn losgehen. Darüber hinaus kann ein Kreislauf eine Einheit symbolisieren.

Das erste Beispiel, das ich Ihnen zeige, stellt den Ablauf einer Pizzalieferung dar, der als Zyklus mit gebogenen Pfeilen dargestellt wird. Die Gestaltung des Kreises und der Segmente erinnert darüber hinaus selbst an eine Pizza bzw. an einzelne, bereits geschnittene Pizzastücke.

Konzepte für Abläufe

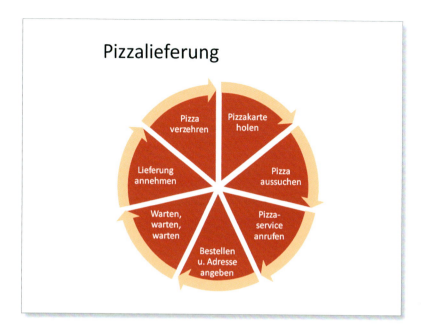

Man kann dem Zyklus auch einen 3D-Look verpassen, was der Folie Tiefe gibt und sie interessanter macht. Pfeile oder Textfelder werden durch die plastische Wirkung jeweils besonders deutlich hervorgehoben.

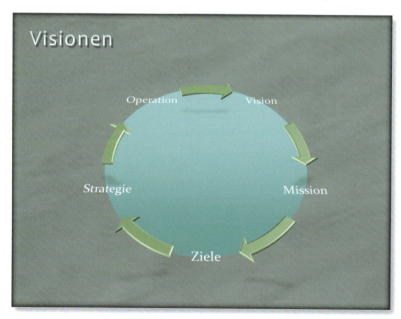

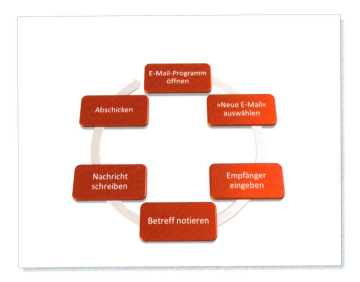

Die dritte Variante von Abläufen sind solche mit einem Hintergrundmotiv. In diesen Fällen kann der Hintergrund entweder die Botschaft der Folie unterstützen oder dient gleichzeitig dazu, den Ablauf visuell zu verorten.

Als Hintergrundmotiv für das erste Beispiel wurde eine Textur verwendet, die wie eine Schultafel wirkt. Die Schriftart, z. B. *Bradley Hand ITC*, und die gezeichneten Verbindungen sollen den persönlichen, handschriftlichen Charakter unterstreichen.

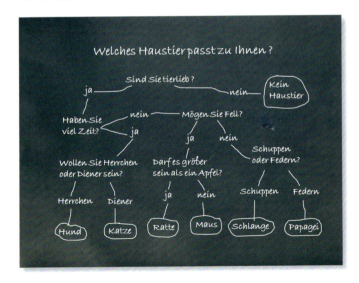

Im zweiten Beispiel richtet sich die Darstellung des Ablaufs nach dem Hintergrundmotiv. Die Steine werden als Orientierungspunkte für die einzelnen Stationen verwendet.

Natürlich lassen sich Bilder nicht nur als Hintergrund für Abläufe, sondern auch als Einzelelemente verwenden. Das bedeutet, dass ein Bild den Knotenpunkt zwischen zwei Pfeilen darstellt.

Die Bildhaftigkeit der Stationen erleichtert es, den Ablauf besser zu verstehen. Sie können dies natürlich noch durch Pfeile unterstützen. Figuren und Symbole machen es dem Zuschauer leicht, sich in der Darstellung des Prozessablaufs zurechtzufinden. In diesem Stil kann man viele Themen auf lockere und unterhaltsame Art präsentieren.

Auf der nächsten Folie sehen Sie an den Knotenpunkten Bilder, die das Thema zusätzlich bildhaft verstärken.

Kapitel 6 – Zeitstrahl und Abläufe gekonnt visualisieren

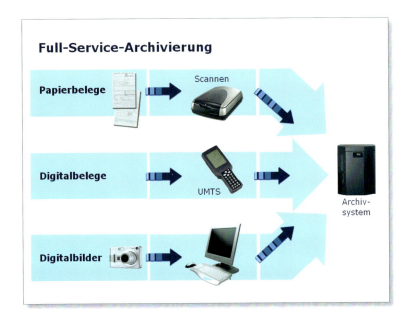

Das zweite Beispiel zeigt einen klaren linearen Ablauf von links nach rechts. Hin und wieder, z. B. in den Bereichen Verkauf, Marketing oder Logistik, stellt man mit einem solchen Ablauf dar, dass parallel gearbeitet wird. Die Piktogramme über dem Flussdiagramm zeigen die Funktionsträger, und die Bilder unter dem Flussdiagramm stehen für die zugehörigen Ressourcen wie Computer, Datenspeicher oder Lkw.

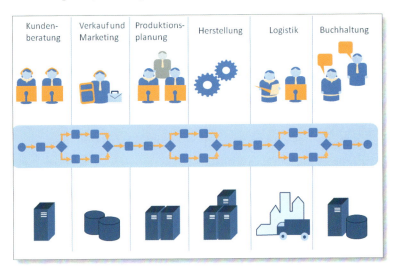

Konzepte für Abläufe

Das nebenstehende Beispiel zeigt einen Ablauf ganz einfach anhand von Bildern und ist damit natürlich sehr plakativ.

Wie wir schon vorher gesehen haben, wirken handschriftlich gestaltete Abläufe sympathisch und aktuell. Bei Abläufen mit Bildelementen können Sie auch mit gezeichneten Bildern arbeiten und so einen sehr lockeren Stil zeigen, der dem Zuschauer suggeriert, dass der Ablauf ganz einfach ist. Viele Bilder wirken kindlich, und deshalb assoziieren wir sie mit Einfachheit.

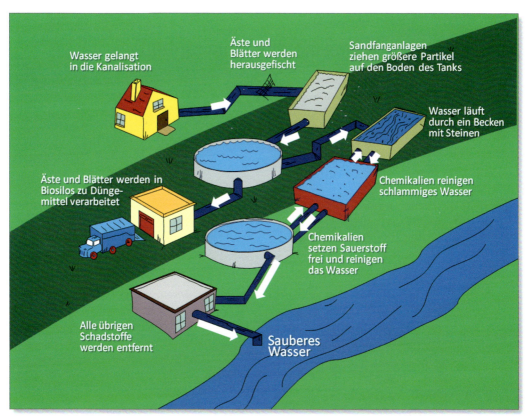

Kapitel 6 – Zeitstrahl und Abläufe gekonnt visualisieren

Einen Schritt weiter in diese Richtung gehen Sie mit sogenannten *illustrativen Abläufen*. Dabei ist der Prozess in die Gesamtdarstellung eingebettet und nicht mehr auf den ersten Blick als Prozess erkennbar. Der Prozess erscheint also beiläufig, die Gesamtdarstellung steht im Vordergrund. Sie können solche Abläufe nutzen, um noch interessantere, spannendere Folien zu bauen.

Im ersten Beispiel sind die einzelnen Schritte des Ablaufs einfach entlang eines Bildes der Anlage angeordnet, um die es geht. Auch das zweite Beispiel lebt von seiner plakativen Darstellung. Man erkennt sehr schnell, worum es geht, und der Ablauf selbst erschließt sich anhand der Pfeile. Im letzten Beispiel wird die Thematik schon allein dadurch deutlich, dass der digitale Datenstrom durch Nullen und Einsen dargestellt wird.

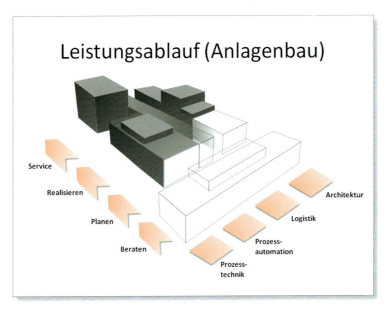

> **TIPP**
>
> **Onlinevorlage nutzen**
>
> PowerPoint bietet für Abläufe eine interessante Vorlage. Geben Sie unter **Datei ▶ Neu im Suchfeld** den Begriff »Ablaufdiagramm« ein und öffnen Sie die Datei »Animiertes Ablaufdiagramm mit Biegungen«.

Konzepte für Abläufe

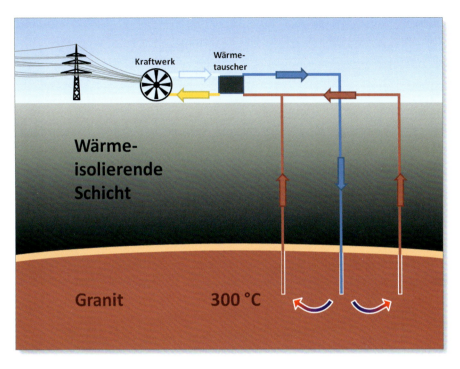

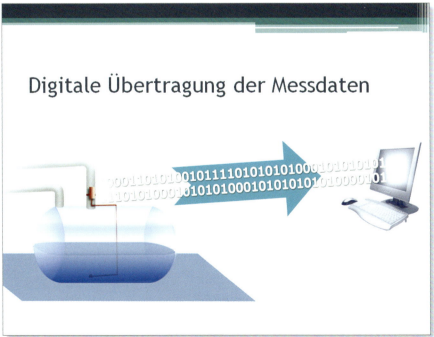

Der letzte Ablauftyp, den ich Ihnen hier zeigen möchte, sind Abläufe, die ganz ohne eigentliche Prozesspfeile funktionieren. Der Ablauf ergibt sich aus der Logik der Darstellung oder durch einzelne Elemente wie den eingekerbten Richtungspfeil in PowerPoint.

Das folgende Beispiel stammt von meiner Präsentationsagentur smavicon und nutzt pfeilartige Textfelder (**Start ▸ Zeichnung ▸ Formen ▸ Blockpfeile ▸ Eingekerbter Richtungspfeil**) sowie eine Nummerierung dazu, um eine Chronologie zu verdeutlichen. Darüber hinaus wird hier die gewohnte Leserichtung von links nach rechts eingehalten, was dem Verständnis ebenfalls dient.

In der Folie zur Markteinführung ist der Ablauf durch einen Weg gekennzeichnet. Allein durch das Wort *Start* und die Leserichtung von links nach rechts wird deutlich, wie der Prozess verläuft. Im letzten Beispiel geben die überlappenden und sich verkleinernden Rechtecke den Prozessfluss vor.

Konzepte für Abläufe

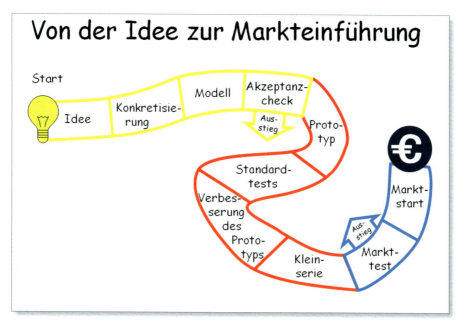

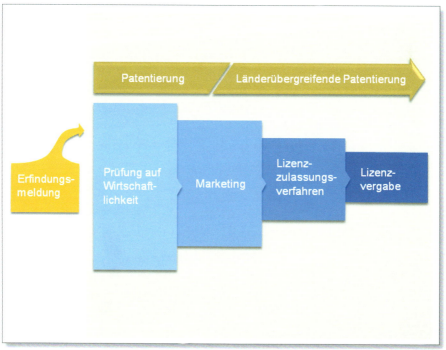

Kapitel 6 – Zeitstrahl und Abläufe gekonnt visualisieren

Einen Prozess durch Schuhabdrücke darstellen

Wir sprechen häufig davon, welche und wie viele Schritte wir als Nächstes machen müssen. Die Metapher Schritte lässt sich sehr gut mit Schuh- oder Fußabdrücken visualisieren. Angefangen von sehr minimalistischen, grafisch gehaltenen Abdrücken bis hin zu fotografischen Hochglanzabdrücken im Sand.

Im folgenden Beispiel zeige ich Ihnen eine grafische Variante, die ich auch schon in Finanzpräsentationen erfolgreich eingesetzt habe.

1. Laden Sie von der beiliegenden CD die Datei *06_Schuhabdruck.pptx*. Sie finden darin zwei Schuhabdrücke. Schreiben Sie in den Titel »Ablauf/Nächste Schritte«. Markieren Sie beide Abdrücke und färben Sie die Schuhabdrücke grau ein (**Start ▸ Zeichnung ▸ Fülleffekt ▸ Schwarz, Text 1, heller 50 %**) und setzen Sie die Linienfarbe (**Formkontur**) auf dieselbe Farbe.

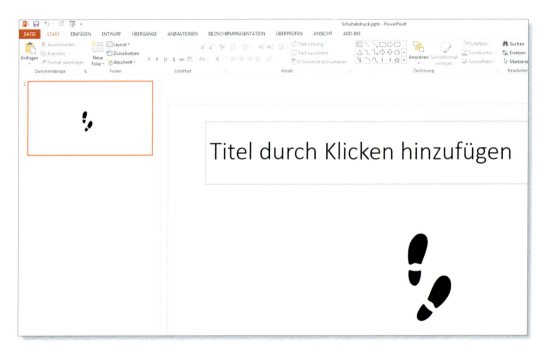

2. Gruppieren Sie die Schuhabdrücke ([Strg] + [⇧] + [G]) und duplizieren Sie sie ([Strg] + [D]) einmal. Gruppieren Sie alle Elemente, ziehen Sie sie größer und platzieren Sie sie in der Mitte der Folie.

3. Zeichnen Sie neben dem linken oberen Schuh eine gewinkelte Verbindung (**Start ▸ Zeichnung ▸ Formen ▸ Linien ▸ Gewinkelte Verbindung**). Um einen Winkel zu erhalten, ziehen Sie an dem gelben Ziehmarker ❶. Ändern Sie Liniendicke und -farbe. Fügen Sie zwei Textfelder ein und beschriften Sie sie wie in der Abbildung.

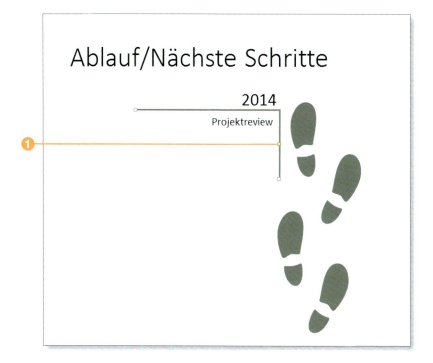

4. Markieren Sie den Winkel und die zwei dazugehörigen Textfelder und duplizieren Sie sie. Platzieren Sie sie neben den linken unteren Abdruck.

5. Duplizieren Sie einen Winkel und die zwei Textfelder noch einmal und setzen Sie sie rechts neben einen Schuhabdruck. Über **Start ▸ Zeichnung ▸ Anordnen ▸ Objekte positionieren ▸ Ausrichten** können Sie alle

Kapitel 6 – Zeitstrahl und Abläufe gekonnt visualisieren

Elemente links ausrichten. Anschließend spiegeln Sie den Winkel mit Start ▸ Zeichnung ▸ Anordnen ▸ Objekte positionieren ▸ Drehen ▸ Horizontal spiegeln.

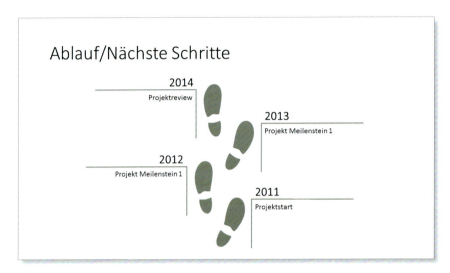

Kapitel 7
Effekte und Animationen sinnvoll einsetzen

Der größte Vorteil von Multimedia-Präsentationen gegenüber klassischen Medien wie Flipchart, Overhead-Projektion oder Tafel besteht darin, dass Sie eine Vielzahl von Animationen und Effekten während Ihrer Präsentation einsetzen können. Leider wurde in den letzten Jahren außerordentlich häufig Gebrauch von dieser Möglichkeit gemacht, sodass sich Animationen und Effekte inzwischen in vielen Präsentationen verbieten. In diesem Kapitel zeige ich Ihnen, was Sie im Einzelnen an Animationen einsetzen »dürfen«, damit Ihre Präsentation noch professionell und nicht wie »Spielerei« wirkt.

Kapitel 7 – Effekte und Animationen sinnvoll einsetzen

Sie werden lernen, welche Animationsarten und -effekte unterschieden werden und wann der Einsatz von Animationen sinnvoll ist (Animationsregeln). Darüber hinaus erfahren Sie, wie Sie dezente Animationseffekte professionell einsetzen und wie Sie mit interessanten Animationen Informationen hervorheben können.

Grundlagen der Animationstechnik

In diesem Abschnitt geht es darum, zu erläutern, warum es durchaus sinnvoll ist, in einer Präsentation Animationen und Effekte einzusetzen. Wenn hier von *Animationen* die Rede ist, geht es um die Funktionen **Übergänge** und **Animationen** in PowerPoint. Der Begriff *Effekt* ist in PowerPoint den Übergängen und Animationen untergeordnet und bezeichnet z. B. einen Einzeleffekt wie **Verblassen**. Hier im Buch selbst werden die Begriffe nicht scharf getrennt; wenn ich also von *Effekt* spreche, sind damit auch Animationen gemeint.

Wie die Abbildung zeigt, gibt es einige gute Gründe für Referenten, Animationen einzusetzen:

- **Aufmerksamkeit erregen:** In vielen Fällen geht es darum, Bewegung in die Folie zu bringen und damit die Aufmerksamkeit des Betrachters zu gewinnen. Die Bandbreite der Effekte ist sehr vielfältig, was auch bedeutet, dass man hier sehr viele Fehler machen kann. Dies vermeiden Sie u.a. durch eine sehr gute Kenntnis Ihrer Zielgruppe und des Einsatzgebietes Ihrer Präsentation. So ist es z. B. wenig sinnvoll, in einer Präsentation für eine Bilanzpressekonferenz Texte in die Folie »fliegen« zu lassen – auf einer Messe hingegen kann so etwas eine gute Wirkung haben.

- **Interesse schaffen:** Menschen, die z. B. an einem Messestand vorbeigehen, reagieren in erster Linie auf pfiffige Animationen oder tolle Effekte. Es geht also darum, Interesse für Ihr Thema zu wecken.

- **Emotionen wecken:** Damit eine Information oder Botschaft beim Publikum »hängen bleibt«, müssen Sie Emotionen wecken. Stellen Sie sich z. B. vor, Sie lassen auf Ihrer Folie einen Ballon, der das Thema Freiheit symbolisieren soll, tatsächlich nach oben schweben. So etwas wirkt wesentlich eindringlicher als ein Standbild.

- **Spannung erzeugen:** Wenn Sie Elemente auf der Folie »verstecken« und im Laufe der Präsentation langsam aufdecken, entsteht Spannung. Die Zuschauer werden neugierig und wollen wissen, was als Nächstes kommt. Wichtig ist hierbei, dass die Gesamtdarstellung nicht vollständig erahnt werden kann, um den Überraschungseffekt nicht zu zerstören.

- **Fokus lenken:** Beleuchten Sie im wahrsten Sinne immer die Stelle der Präsentation, an der Sie sich gerade befinden. Wenn Sie z. B. einzelne Elemente einer Maschinenanlage vorstellen wollen, können Sie dafür sehr gut einen Hervorhebungseffekt einsetzen, der das jeweils beschriebene Detail deutlich vom Rest der Maschine abhebt.

- **Vorgänge/Abläufe erklären:** Ein Vorgang oder Ablauf wird normalerweise am besten verstanden, wenn Sie ihn langsam entwickeln. Das gilt vor allem für komplexe Schaubilder. Die Aufmerksamkeit des Zuschauers ist sehr stark auf den Referenten gerichtet, und der Zuschauer muss sich nicht in den Ablauf »einlesen«, sondern bekommt ihn Schritt für Schritt erklärt.

- **Verborgene Details zeigen:** Mithilfe von Animationen können Sie Einzelteile einer Abbildung, die zunächst nicht sichtbar sind, nach und nach einblenden, d. h., im Gegensatz zum Punkt »Spannung erzeugen« geht es hierbei nicht um das bewusste »Verstecken« von Elementen, sondern darum, Informationen gezielt »aufzudecken«. Diese Animation bietet sich an, wenn Sie etwas vom Allgemeinen ausgehend hin zum Speziellen erklären möchten. Zeigen Sie beispielsweise einen Motorblock von außen, und blenden Sie alle Teile bis auf den Zylinder aus (bzw. stellen Sie sie »ausgegraut« dar), oder stellen Sie einen Projektplan in der Übersicht dar, und vertiefen Sie sich dann in die Details der einzelnen Schritte.

Sie sehen, der Einsatz von Animationen und Effekten ist im entsprechenden Zusammenhang durchaus sinnvoll. In einer Situation, die emotional sein darf und Interesse wecken soll, können Animationen sehr effektvoll sein, und Sie können sie ausufernd einsetzen; in sachlichen, eher rational geprägten Präsentationen sollten Animationen hingegen zurückhaltend und nur zur Lenkung des Zuschauerfokus verwendet werden.

Regeln für den Einsatz von Animationen

Im Folgenden stelle ich Ihnen vier Regeln vor, die Ihnen helfen, die Qualität Ihrer Animationen und die Sinnhaftigkeit ihres Einsatzes zu überprüfen:

1. Einsatz und Menge von Animationen richten sich immer nach dem Inhalt der jeweiligen Präsentation (»Animation follows Content«). Dazu zwei Beispiele: Sie fügen auf einer Folie eine Rakete als Sinnbild dafür ein, dass Ihr neues Konzept wie eine Rakete zünden wird. Da Sie Dynamik demonstrieren und Ihre Zuschauer von Ihrer Idee überzeugen wollen, dürfen Sie die Rakete animieren, sie also z. B. aus der Folie «fliegen« lassen. In einem anderen Zusammenhang wäre eine solche Animation eher unangebracht. Wenn Sie beispielsweise einen Vortrag zum Umgang mit Qualitätsrichtlinien halten, sollten Sie den Text nicht zum Fliegen animieren, denn es bietet sich weder thematisch an, noch wollen Sie der Präsentation etwas Emotionales oder Lustiges verleihen.

Regeln für den Einsatz von Animationen

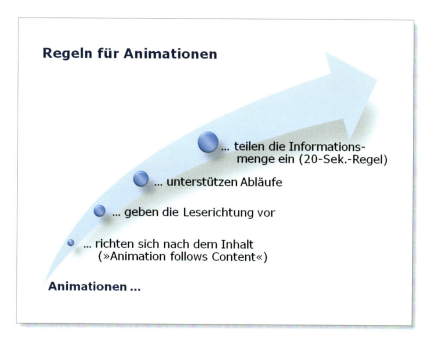

Animation können Ihre Präsentation aufwerten, sofern Sie sich an einige Regeln halten.

2. In der westlichen Welt verläuft die Leserichtung von links oben nach rechts unten. Da wir darauf konditioniert sind, sollten Sie auch bei Folien diese Leserichtung weitestgehend einhalten. Wenn Sie Präsentationen vor internationalem Publikum halten, vor allem in Asien oder der arabischen Welt, oder wenn grafische Elemente wie eine Pyramidendarstellung, Radialdiagramme oder Ähnliches im Einsatz sind, ist es sinnvoll, mithilfe von Animationen die Leserichtung für den Zuschauer vorzugeben.

3. Auch im Zusammenhang mit Abläufen ist der Einsatz von Animationen häufig angebracht. Steht der Ablauf in einem sachlichen Zusammenhang, sollten Sie nur Animationseffekte wie z. B. **Verblassen**, **Erscheinen** oder **Wischen** verwenden. Gibt es einen emotionalen Kontext, können auch dynamischere, abwechslungsreiche und überraschende Effekte eingesetzt werden.

4. Eine wichtige Regel für Folien im Allgemeinen besagt, dass der Zuschauer die aktuelle Information innerhalb von 20 Sekunden gelesen bzw. ver-

standen haben sollte (siehe den Abschnitt »Sinnvolle Textgestaltung« ab Seite 67). Je kürzer dieser Zeitraum jedoch ist, desto besser. Der Einsatz von Animationen kann dabei helfen, die Menge an Informationen zu begrenzen, indem Sie z. B. Aufzählungspunkte nicht auf einmal zeigen, sondern nacheinander einblenden.

Sie haben nun die wichtigsten Regeln für Animationen kennengelernt und können daher Ihre Präsentationen mit sinnvollen Animationen ausstatten.

Animationsarten

Angelehnt an die klassischen Animationsarten, wie sie in »echten« Animationsprogrammen seit Jahrzehnten vorhanden sind, finden wir in PowerPoint drei verschiedene Kategorien von Animationen:

1. **2D-Animationen:** Diese unterteile ich hier noch einmal in *einfache Animationen* (Standardanimationen) und *kombinierte Animationen* (mehrere Animationen, die parallel ablaufen).

2. **Pfadanimationen:** Ein oder mehrere Folienelemente werden entlang einer Strecke animiert, z. B. um die Fahrt eines Autos entlang einer Straße oder den Sinkflug eines Blattes darzustellen.

3. **Blenden:** Diese »fließenden«, geschmeidigen Übergänge sind hinlänglich aus Videofilmen und Videoschnittprogrammen bekannt. In PowerPoint handelt es sich dabei um die sogenannten *Folienübergänge* (Menü **Übergänge**).

Natürlich können alle Animationsarten und -effekte auch miteinander kombiniert werden, woraus sich eine Menge interessanter Gestaltungsmöglichkeiten ergibt.

Eine weitere wichtige Animationsart, nämlich die 3D-Animationen, ist leider derzeit nicht in PowerPoint enthalten. 3D bedeutet in diesem Zusammenhang z. B., dass ein Element umflogen wird (Kameraflug) oder ein Logo um eine Kugel fliegt.

Animationen in PowerPoint

Unter dem Menüpunkt **Animationen** versammelt PowerPoint eine Reihe von Effekten, die sogenannten *Animationseffekte*. Die zuvor genannten einfachen und kombinierten Animationen werden in PowerPoint daher noch einmal in drei grundlegende Animationseffekte untergliedert:

1. Eingangseffekte (**Eingang**)
2. Hervorhebungseffekte (**Betont**)
3. Ausgangseffekte (**Ausgang**)

Alle drei Kategorien werden dabei den Eigenschaften **Einfach**, **Dezent**, **Klassisch** und **Spektakulär** zugeordnet, wie in der folgenden Abbildung zu sehen. Die Blenden bzw. Folienübergänge sind in PowerPoint unter dem Menüpunkt **Übergänge** zu finden. Mit ihnen können Sie in Verbindung mit Animationseffekten interessante Ergebnisse erzielen.

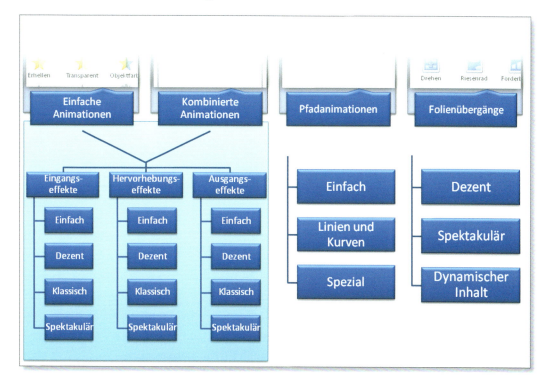

Kapitel 7 – Effekte und Animationen sinnvoll einsetzen

Um Eingangs-, Hervorhebungs- und Ausgangseffekte zu unterscheiden, stellen Sie sich am besten eine Bühne vor. Der Moment, in dem der Schauspieler die Bühne betritt, ist der Eingangseffekt, d. h., es geht um die initiale Wirkung: Rennt oder schwebt er hinein, springt oder kriecht er?

Wenn er (zusammen mit mehreren anderen Schauspielern) auf der Bühne ist, geht es um den Hervorhebungseffekt. Tritt er hervor, um sich bemerkbar zu machen, wird er lauter, benutzt er irgendwelche Hilfsmittel, oder verändert er sein Kostüm, um aufzufallen? Am Ende des Stückes kommt der Abgang (der Ausgangseffekt) – auch der kann mit großem Getöse stattfinden oder z. B. besonders dramatisch, lustig oder auch ganz leise sein.

Pfadanimationen und Folienübergänge können unabhängig von diesen Effekten genutzt werden, man kann sie aber auch sehr gut mit ihnen kombinieren. Im Folgenden stelle ich Ihnen zentrale Effekte und ihre Optionen vor.

1. Legen Sie eine neue Folie mit dem Layout **Leer** an, und fügen Sie ein Rechteck ein (**Start** ▸ **Zeichnung** ▸ **Formen** ▸ **Rechteck**).

2. Markieren Sie das Rechteck, und fügen Sie über **Animationen** ▸ **Animation** ▸ **Wischen** den ersten Animationseffekt ein. Schauen Sie sich den Effekt über die Funktion **Vorschau** (**Animation** ▸ **Vorschau** ▸ **Vorschau**) an. Zusätzlich können Sie den Animationsbereich einblenden (**Animationen** ▸ **Erweiterte Animation** ▸ **Animationsbereich**).

Zum Anpassen von Animationseffekten gibt es eine Reihe von Möglichkeiten im Menüband auf der Registerkarte **Animationen**. Sie können z. B. angeben, wann die Animation beginnen soll (**Animationen** ▸ **Anzeigedauer** ▸ **Verzögerung** ❶) oder wie lange sie dauert bzw. wie schnell sie abläuft (**Animationen** ▸ **Anzeigedauer** ▸ **Dauer** ❷).

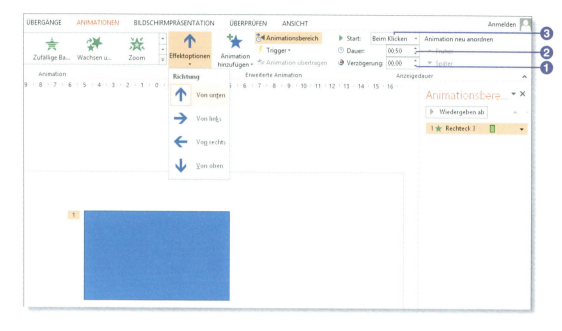

Sie können eine Animation aber auch auf Mausklick starten (über **Animationen ▸ Anzeigedauer ▸ Start ▸ Beim Klicken** ❸), sie zusammen mit weiteren Effekten beginnen lassen (**Mit Vorherigen**) oder die Effekte der Reihe nach hintereinander einsetzen (**Nach Vorherigen**). Dazu ein Beispiel: Sie wollen, dass das Rechteck eingeblendet wird und sich anschließend dreht. Dazu markieren Sie das Rechteck und wählen als Eingangseffekt **Animationen ▸ Animation ▸ Eingangseffekte ▸ Verblassen**. Über die Option **Animationen ▸ Anzeigedauer ▸ Start ▸ Nach Vorherigen** startet die Animation, wenn Sie die Folie im Präsentationsmodus anschauen.

Als zweiten Animationseffekt wollen wir, dass sich das Rechteck dreht. Klicken Sie es an, und wählen Sie **Animationen ▸ Erweiterte Animation ▸ Animation hinzufügen ▸ Eingang ▸ Drehen**. Setzen Sie **Animationen ▸ Anzeigedauer ▸ Start** auf **Nach Vorherigen**, und schauen Sie sich die Vorschau an (Funktion **Vorschau** oder alternativ **Wiedergabe** im Animationsbereich).

Wenn Sie **Animationen ▸ Erweiterte Animation ▸ Animationsbereich** eingeblendet haben, sehen Sie auch die Reihenfolge der Animationen und können sie ändern sowie weitere Effektoptionen einstellen (klicken Sie dazu mit der rechten Maustaste auf einen Effekt im Animationsbereich).

Kapitel 7 – Effekte und Animationen sinnvoll einsetzen

> **INFO**
>
> **Mehrere Animationseffekte für ein Element**
>
> Es ist wichtig, zu unterscheiden, ob Sie gerade einen Effekt ändern (also ersetzen) oder ihn über den Befehl **Animationseffekte hinzufügen** mit einem weiteren Effekt kombinieren. Wenn Sie von vornherein darauf achten, in welchem »Modus« Sie sich gerade befinden, ersparen Sie sich doppelte Arbeiten.

Ein anderes Beispiel ist Folgendes: Sie wollen, dass ein Auto von links nach rechts in die Folie fährt, und gleichzeitig sollen sich seine Reifen drehen. Für das Einfahren des Autos nutzen Sie eine Pfadanimation (**Animationen ▸ Animation ▸ Pfadanimationen ▸ Linien**) und lassen mithilfe der Angabe **Animationen ▸ Anzeigedauer ▸ Start ▸ Mit Vorherigen** gleichzeitig die Reifen über den Effekt **Animationen ▸ Animation ▸ Betont ▸ Rotieren** kreiseln. (Das war jetzt der Schnelldurchgang. Falls Sie Animationseinsteiger sind und das zu wenig Information für Sie sein sollte, finden Sie auf der beiliegenden CD die Bonus-Anleitung *07_Kugel-als-Zugpferd.pdf*. Danach bekommen Sie das mit dem Auto locker hin.)

Über die Befehlsgruppe **Animation ▸ Effektoptionen** können Sie darüber hinaus z. B. die Richtung eines Animationseffekts einstellen. Nutzen Sie für Ihr Rechteck einfach einmal den Effekt **Eingang ▸ Wischen**, und schauen Sie sich die Effektoptionen an.

Über **Animationseffekte hinzufügen** können Sie ein Element mit weiteren Effekten versehen. Falls Sie einfach den Effekt ändern, ohne diese Funktion zu verwenden, wird der aktuelle Effekt ausgetauscht.

Mit **Animation übertragen** haben Sie seit PowerPoint 2010 die Möglichkeit, einen oder mehrere Effekte, die einem Folienelement zugeordnet wurden, mit allen Optionen auf andere Folienelemente zu übertragen. Diese Funktion ist sehr nützlich, denn vor allem bei komplexen kombinierten Animationen müssen Sie dann nicht jedes Mal alle Einstellungen neu vornehmen.

Weitere sehr wichtige Optionen für Pfadanimationen finden Sie, wenn Sie im Animationsbereich doppelt auf einen Effekt klicken (oder alternativ mit der rechten Maustaste und dem Kontextmenüpunkt **Effektoptionen**). Laden

Animationen in PowerPoint

Sie dazu am besten die Beispieldatei *07_Auto_Pfadanimation-Gleiten.pptx* von der beiliegenden CD, und schauen Sie sich dort die Einstellungen an. Blenden Sie vorher den Animationsbereich ein. Sie können hier z. B. einstellen, ob die Pfade mit verschoben werden, wenn Sie ein Objekt verschieben (**Gesperrt**), oder nicht (**Nicht gesperrt**). Mit **Gleiten Start** oder **Gleiten Ende** können Sie z. B. die Geschwindigkeit einstellen, mit der ein Objekt am Pfad »entlangläuft«.

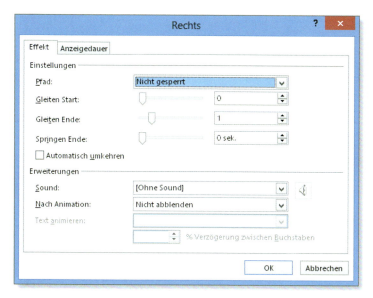

Ein Beispiel für diese Einstellung sehen Sie in der folgenden Abbildung. Das Auto startet langsam und beschleunigt kontinuierlich bis auf eine Höchstgeschwindigkeit, die dann gehalten wird. Über **Gleiten Start** wird eingestellt, wie viele Sekunden der Anlauf dauern soll. **Gleiten Ende** bedeutet analog dazu eine kontinuierliche Abnahme der Geschwindigkeit bzw. eine Entschleunigung.

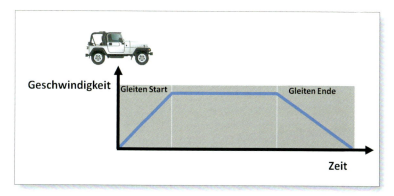

Eine dezente Textanimation anlegen

Nun beginnen wir mit dem praktischen Teil dieses Kapitels. Zunächst möchte ich Ihnen zeigen, wie Sie eine dezente Textanimation anlegen, deren Vorteil darin besteht, dass sie vom Zuschauer nur unbewusst wahrgenommen wird. Zu den dezenten Animationen gehören z. B. die Animationseffekte **Erscheinen**, **Verblassen** und **Wischen**.

1. Öffnen Sie eine Präsentation, die eine Textfolie enthält (z. B. die Beispieldatei *07_Dezente-Textanimationen.pptx* von der beiliegenden CD). Die Folie sollte auch Absätze haben, die in der Listenebene (PowerPoint 2010: Gliederungsebene) erhöht sind. Sie finden die Listenebenen über **Start ▸ Absatz ▸ Listenebene erhöhen** bzw. **Start ▸ Absatz ▸ Listenebene verringern**. (Im Beispiel dieses Abschnitts stehen die Textzeilen »Erscheinen«, »Verblassen« und »Wischen« in der zweiten Listenebene bzw. auf der zweiten Gliederungsebene.)

2. Um den Text zu animieren, klicken Sie das Textfeld an, und wählen **Animationen ▸ Animation ▸ Eingang ▸ Wischen**. Falls Sie den Effekt nicht finden, klicken Sie im gleichen Menü auf **Weitere Eingangseffekte**, und suchen ihn im Dialogfenster. Unter **Animationen ▸ Animation ▸ Effektoptionen** wählen Sie dann **Richtung ▸ Von links**. Bei **Animationen ▸ Anzeigedauer ▸ Dauer** ❶ stellen Sie den Wert »00,50« (für 1/2 Sekunde) ein. Testen Sie die Animation über **Animationen ▸ Vorschau ▸ Vorschau**. Sie werden feststellen, dass ein Aufzählungspunkt der ersten Gliederungsebene nach dem anderen angezeigt wird.

3. Schalten Sie über **Animationen ▸ Erweiterte Animation ▸ Animationsbereich** den Animationsbereich ein. Dort können Sie mit einem Doppelklick auf die jeweilige Animation noch weitere Anpassungen vornehmen.

Eine dezente Textanimation anlegen

4. Doppelklicken Sie jetzt auf den Animationseintrag. Sie befinden sich nun im Dialogfenster **Wischen**. Wechseln Sie dort auf den Reiter **Textanimation**, und ändern Sie bei **Text gruppieren** den Eintrag auf **Bei 2. Abschnittsebene**. Testen Sie erneut die Animation über die Schaltfläche **Vorschau** auf dem Menüband. Jetzt sollte auch die zweite Gliederungsebene einzeln eingeblendet werden.

Anstelle des Animationseffekts **Wischen** können Sie auch **Verblassen** oder **Erscheinen** verwenden.

Dezente Textanimationen

- dezente Textanimationen sind Animationen, vom Zuschauer nur unbewusst wahrgenommen werden
- dazu gehören zum Beispiel
    - Erscheinen
    - Verblassen
    - Wischen
- über **Animationsbereich ▸ Animationseintrag Effektoptionen** lassen sich tiefere Gliederungsebenen animieren

Kapitel 7 – Effekte und Animationen sinnvoll einsetzen

Ein Element durch Framing hervorheben

Mit dem Begriff *Framing* bezeichnet man eine Methode der Hervorhebung, bei der ein Rahmen (etwa ein Rechteck oder ein Kreis) jeweils einen oder mehrere Bereiche auf der Folie hervorhebt.

Framing kann sehr gut in Kombination mit einer Animation eingesetzt werden. Im Folgenden zeige ich Ihnen zwei Varianten: einmal einen Rahmen, der sich über die Animation aufbaut, und danach einen pfeilexpandierenden Rahmen, der den Eindruck vermittelt, als ob ein Pfeilsymbol den Rahmen groß zieht.

1. Für einen *aufbauenden Rahmen* legen Sie zunächst eine leere Folie an. Fügen Sie über **Einfügen ▸ Bilder ▸ Bilder** oder **Einfügen ▸ Bilder ▸ Onlinegrafiken** eine Landkarte ein (alternativ können Sie auch die PowerPoint-Präsentation *07_Hervorhebung_Framing.pptx* mit der Landkarte von der beiliegenden CD laden). Zeichnen Sie über **Einfügen ▸ Illustrationen ▸ Formen ▸ Rechtecke ▸ Rechteck** einen Rahmen auf einem Bereich der Karte, den Sie hervorheben wollen. Entfernen Sie über **Start ▸ Zeichnung ▸ Fülleffekt ▸ Keine Füllung** die Farbe. Stattdessen geben Sie der Kontur des Rechtecks über **Start ▸ Zeichnung ▸ Formkontur** eine Farbe, die in Kontrast zum Hintergrund steht. Die Karte ist fliederfarben, also nehmen Sie z. B. Orange für den Rahmen.

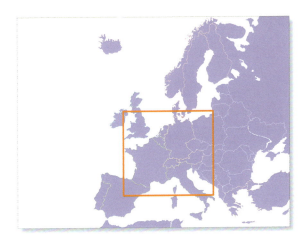

2. Klicken Sie jetzt dieses Rechteck an, und wählen Sie **Animationen** ▸ **Animation** ▸ **Eingang** ▸ **Rad** aus. Wenn Sie den Effekt nicht finden, klicken Sie im gleichen Menü auf **Weitere Eingangseffekte**, und suchen Sie den Effekt dort.

3. Unter **Animationen** ▸ **Animation** ▸ **Effektoptionen** wählen Sie **1 Speiche** (falls nicht bereits eingestellt). Dann passen Sie über **Animationen** ▸ **Anzeigedauer** die Werte für **Start**, **Dauer** usw. an Ihre Bedürfnisse an.

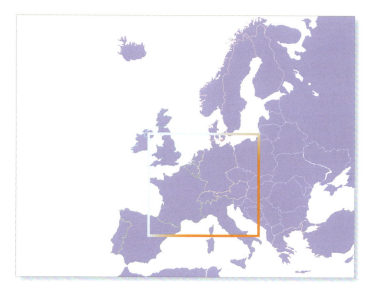

Um statt des aufbauenden Rahmens einen *pfeilexpandierenden Rahmen* anzulegen, gehen Sie folgendermaßen vor:

1. Nehmen Sie das vorherige Beispiel als Grundlage, und löschen Sie zunächst die Animation am Rechteck. Dazu blenden Sie den **Animationsbereich** ein (über **Animationen** ▸ **Erweiterte Animation**), markieren den jeweiligen Effekt im Animationsbereich und drücken die `Entf`-Taste.

2. Als neuen Effekt für den rechteckigen Rahmen wählen Sie **Animationen** ▸ **Animation** ▸ **Weitere Eingangseffekte** ▸ **Klassisch** ▸ **Zoom einfach**. Unter **Effektoptionen** stellen Sie **In** ein. Geben Sie für **Animationen** ▸ **Anzeigedauer** ▸ **Start** die Option **Nach Vorherigen** an, und stellen Sie bei **Animationen** ▸ **Anzeigedauer** ▸ **Dauer** den Wert »02,00« ein.

3. Für den Pfeil am Rahmen wählen Sie dann **Einfügen ▸ Illustrationen ▸ Formen ▸ Standardformen ▸ Halber Rahmen**. Bevor Sie mit dem Formatieren und Positionieren beginnen, klicken Sie mit der rechten Maustaste auf den Folienhintergrund, und deaktivieren Sie über den Befehl **Raster und Führungslinien** die Option **Objekte am Raster ausrichten**.

4. Als Nächstes suchen Sie sich über **Start ▸ Zeichnung ▸ Fülleffekt** eine Farbe als Kontrast zum Hintergrund aus (aber eine andere als die Rahmenfarbe, also z. B. Dunkelblau). Drehen und verschieben Sie den »halbierten« Rahmen, sodass seine Spitze nach oben rechts weist. Zoomen Sie das Objekt heran, und passen Sie über die Marker die Dicke der Kanten des halben Rahmens an die Dicke des gesamten Rahmens an.

5. Nun kommt das eigentlich Spannende: Wir animieren den Pfeil. Wählen Sie dazu **Animationen ▸ Animation ▸ Weitere Animationspfade ▸ Linien und Kurven ▸ Diagonal nach oben rechts**. Unter **Anzeigedauer ▸ Start** stellen Sie **Mit Vorherigen** und bei **Anzeigedauer ▸ Dauer** den Wert »02,00« ein. Achten Sie darauf, dass diese Animation auf die Rahmenanimation folgt (**Anzeigedauer ▸ Animation neu anordnen ▸ Später**).

6. Doppelklicken Sie im Animationsbereich auf die Pfeilanimation. Unter **Pfad** wählen Sie die Option **Gesperrt**, und für **Gleiten Start** und **Gleiten Ende** geben Sie jeweils den Wert »0 sek.« ein.

Ein Element durch Framing hervorheben

7. Nachdem Sie den Dialog geschlossen haben, klicken Sie den Pfad in der Mitte an und verschieben ihn mit den Pfeiltasten. Das Ende des Pfades (erkennbar am kleinen roten Dreieck) muss so platziert werden, dass der animierte Pfeil »am Ende seines Weges« auf der Rahmenkante zu liegen kommt. Um das zu testen, nutzen Sie den Befehl **Wiedergabe** im Animationsbereich. Es kann sein, dass hier ein paar Versuche nötig sind, bis es klappt. Lassen Sie sich auch nicht von der Animation des Rechtecks irritieren – beachten Sie sie hierbei einfach nicht.

8. Sobald der Pfeil richtig mit der Kante abschließt, befassen Sie sich mit dem Anfang des Pfades. Klicken Sie dazu auf das kleine grüne Dreieck, und verschieben Sie es mit der Maus so lange, bis die Animation des Pfeils synchron mit dem Zoom des Rechtecks verläuft.

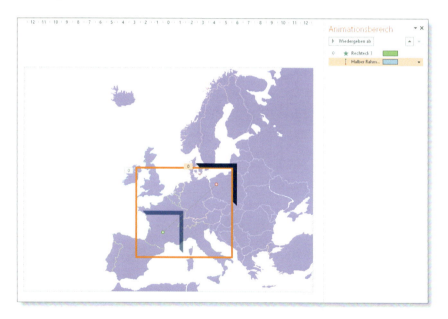

9. Da der Pfad gesperrt ist, wird er beim Verschieben des Rahmens nicht mit verschoben. Verschieben Sie nun den dunkelblauen Pfeil an den Anfang des Pfades, so als würde er von dort starten. Die Verschiebung ist erforderlich, weil man ansonsten den Rahmen für einen Bruchteil einer Sekunde an der Endposition im Präsentationsmodus sehen würde. Falls Sie das nicht stört, können Sie den Rahmen auch dort belassen, wo er ist.

10. Zum Schluss können Sie den Pfeil noch mit einem weiteren interessanten Effekt versehen. Wählen Sie dazu **Animationen ▸ Erweiterte Animation ▸ Animation hinzufügen ▸ Weitere Hervorhebungseffekte ▸ Spektakulär ▸ Blinken**. Damit der Effekt als Erstes in der gesamten Animationsreihenfolge erscheint, verschieben Sie den Effekt über **Animation neu anordnen ▸ Früher** an die erste Stelle der Chronologie. Stellen Sie dann bei **Animationen ▸ Anzeigedauer ▸ Start** die Option **Nach Vorherigen** ein, und geben Sie im Feld **Anzeigedauer ▸ Dauer** den Wert »00,50« an. Die Einstellung **Nach Vorherigen** ist erforderlich, damit der Effekt beim Aufrufen der Folie automatisch startet. Falls Sie den Effekt lieber mit einem Klick starten möchten, stellen Sie **Anzeigedauer ▸ Start ▸ Beim Klicken** ein.

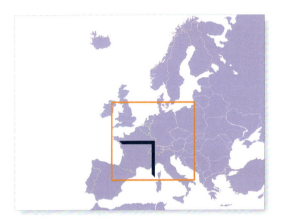

11. Dann doppelklicken Sie im Animationsbereich auf den Effekt. In den Optionen für den Effekt **Blinken** wählen Sie schließlich den Reiter **Anzeigedauer** und geben dort im Feld **Wiederholen** den Wert »3« ein.

Im nächsten Abschnitt stelle ich Ihnen eine andere Variante der Hervorhebung anhand einer Landkarte vor.

Bereiche zur Hervorhebung einfärben

In diesem Abschnitt geht es darum, einen bestimmten Bereich auf der Folie anders einzufärben, um ihn hervorzuheben.

1. Legen Sie eine leere Folie mit dem Layout **Leer** an. Fügen Sie über **Einfügen ▸ Bilder ▸ Bilder** oder **Einfügen ▸ Bilder ▸ Onlinegrafiken** eine Landkarte ein (alternativ können Sie auch die PowerPoint-Präsentation *07_Hervorhebung_Framing.pptx* mit der Landkarte von der beiliegenden CD laden).

Bereiche zur Hervorhebung einfärben

2. Duplizieren Sie die Landkarte mit [Strg]+[D]. Markieren Sie beide Karten, und richten Sie sie deckungsgleich aus (**Start ▸ Zeichnung ▸ Anordnen ▸ Objekte positionieren ▸ Ausrichten ▸ Linksbündig** und **Oben ausrichten**).

3. Markieren Sie dann nur die oben liegende Karte, und schneiden Sie den Ausschnitt aus, den Sie hervorheben wollen (**Bildtools ▸ Format ▸ Größe ▸ Zuschneiden**). Stellen Sie ihn frei (**Bildtools ▸ Format ▸ Anpassen ▸ Freistellen**). Erstellen Sie zur Sicherheit eine Kopie des freigestellten Motivs (eventuell auch von der gesamten Folie). Färben Sie den Ausschnitt über **Bildtools ▸ Format ▸ Anpassen ▸ Farbe ▸ Neu einfärben** bzw. **Weitere Varianten** in einer Kontrastfarbe. Wenn Ihnen das freigestellte Ergebnis nicht gefällt, können Sie auch die Methode »Freistellen mit Pfad« verwenden (siehe dazu auch Kapitel 3, »Bilder pfiffig präsentieren«).

4. Zum Schluss animieren Sie den Ausschnitt. Klicken Sie ihn an, und wählen Sie **Animationen ▸ Animation ▸ Eingang ▸ Wischen**. Für **Animationen ▸ Animation ▸ Effektoptionen** verwenden Sie **Von unten**.

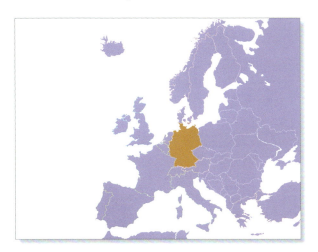

> **TIPP**
>
> **Animierte Färbung**
> Diese Farbanimation lässt sich z. B. auch sehr gut für Tabellen oder Diagramme verwenden.

Einen Bereich mit einer Lupe hervorheben

Dieser Abschnitt behandelt das *Zooming*. Dabei wird ein Bereich eines Bildes, einer Tabelle, eines Diagramms oder einer anderen Darstellung vergrößert, um ihn hervorzuheben. In diesem Abschnitt simulieren wir die Vergrößerung durch eine Lupe.

1. Legen Sie eine leere Folie an. Fügen Sie über **Einfügen ▸ Bilder ▸ Bilder** oder **Einfügen ▸ Bilder ▸ Onlinegrafiken** eine Landkarte ein (alternativ können Sie auch die PowerPoint-Präsentation *07_Hervorhebung_Framing.pptx* mit der Landkarte von der beiliegenden CD laden). Duplizieren Sie die Landkarte mit Strg + D.

2. Markieren Sie beide Karten, und richten Sie sie deckungsgleich aus (**Start ▸ Zeichnung ▸ Anordnen ▸ Objekte positionieren ▸ Ausrichten ▸ Linksbündig** und **Oben ausrichten**). Markieren Sie dann nur die oben liegende Karte, und wählen Sie **Bildtools ▸ Format ▸ Bildformatvorlagen ▸ Abgeschrägtes Oval, schwarz**. Über **Bildtools ▸ Format ▸ Größe ▸ Zuschneiden** verkleinern Sie das Bild auf den Ausschnitt, den Sie später hervorheben wollen.

3. Mit **Bildtools ▸ Format ▸ Bildformatvorlagen ▸ Bildeffekte ▸ Schatten ▸ Weitere Schatten** können Sie den Ausschnitt weiter gestalten. Hier habe ich z. B. **Voreinstellungen ▸ Außen ▸ Offset unten diagonal rechts** gewählt und bei **Abstand** den Wert »22« eingestellt. Überprüfen Sie den Schatten im Zusammenhang mit der Animation.

4. Um den Ausschnitt schließlich zu animieren, klicken Sie ihn an und wählen **Animationen ▸ Animation ▸ Eingang ▸ Erscheinen**, damit der Ausschnitt nicht sofort beim Aufruf der Folie zu sehen ist. Über **Animationen ▸ Erweiterte Animation ▸ Animation hinzufügen ▸ Weitere Hervorhebungseffekte ▸ Betont ▸ Vergrößern/Verkleinern** stellen Sie den Zoom für den Ausschnitt ein. Wählen Sie dann **Animationen ▸ Anzeigedauer ▸ Start ▸ Nach Vorherigen**, und geben Sie im Feld **Anzeigedauer ▸ Dauer** den Wert »02,00« ein. Im Animationsbereich können Sie mit Doppelklick auf den Eintrag noch weitere Einstellungen vornehmen (**Effektoptionen**), z. B. wie groß gezoomt wird (**Effekt ▶ Einstellung ▶ Schriftgrad**) oder ob der Zoom langsam starten soll (**Gleiten Start**).

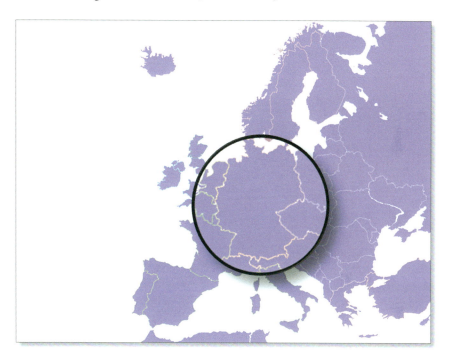

Einen Agenda-Punkt hervorheben

Dieser Abschnitt zeigt Ihnen, wie Sie eine Agenda animieren, die aus fünf Themen besteht und bei der immer ein Thema hervorgehoben werden soll.

1. Laden Sie für diese Übung die Datei *07_Agendapunkt.pptx* von der beiliegenden CD.

2. Markieren Sie die SmartArt-Grafik, und wählen Sie **Animationen ▶ Animation ▶ Betont ▶ Transparent** aus. Bei **Animationen ▶ Animation ▶ Effektoptionen ▶ Sequenz** nutzen Sie die Option **Nacheinander** und stellen dann **Animationen ▶ Anzeigedauer ▶ Start mit Vorherigen** ein.

Kapitel 7 – Effekte und Animationen sinnvoll einsetzen

3. Blenden Sie den Animationsbereich über **Animationen ▸ Erweiterte Animation ▸ Animationsbereich** ein. Doppelklicken Sie auf den Eintrag, um den Dialog mit den Effektoptionen zu öffnen. Wechseln Sie dort auf den Reiter **Anzeigedauer**, und wählen Sie im Feld **Dauer** die Option **Bis zum nächsten Klick** aus.

4. Klappen Sie dann im Animationsbereich die Animation über einen Klick auf den kleinen Doppelpfeil links unter dem Eintrag auf, sodass alle Elemente einzeln zu sehen sind. Damit nur der erste Eintrag bereits zu sehen ist, wenn die Folie aufgerufen wird, löschen Sie die ersten drei Einträge mit der ⌜Entf⌝-Taste. Über den kleinen Doppelpfeil klappen Sie die Liste wieder zu.

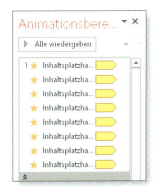

5. Klicken Sie die SmartArt-Grafik an. Über **Animationen ▸ Erweiterte Animation ▸ Animation hinzufügen ▸ Betont ▸ Transparent** fügen Sie eine weitere Animation hinzu. Setzen Sie das Feld **Animationen ▸ Anzeigedauer ▸ Start** wieder auf **Mit Vorherigen**, klappen Sie im Animationsbereich die Einzelanimationen über den kleinen Doppelpfeil aus, und löschen Sie den vierten, fünften und sechsten Eintrag. Klicken Sie dann den ersten Eintrag in dieser Abteilung mit der rechten Maustaste an, und wählen Sie **Bei Klicken beginnen** aus dem Kontextmenü. Klappen Sie die Liste wieder zu.

6. Erstellen Sie eine dritte, vierte und fünfte Animation, indem Sie analog zur zweiten verfahren. Allerdings löschen Sie bei der dritten Animation die Einträge sieben, acht und neun, bei der vierten Animation die Einträge zehn, elf und zwölf und bei der fünften Animation die letzten drei Einträge.

Diese Animation können Sie natürlich auch für beliebige andere Themen verwenden. Zum Beispiel können Sie fünf Bestandteile einer Strategie vorstellen oder fünf Highlights eines Produkts.

Zitatstellen mit einem Textmarker-Effekt hervorheben

Zitatstellen mit einem Textmarker-Effekt hervorheben

In diesem Abschnitt zeige ich Ihnen, wie Sie einen Textmarker animieren, der Textstellen auf der Folie mit einem Leuchtbalken markiert.

1. Legen Sie eine Folie mit dem Layout **Titel und Inhalt** an. Ändern Sie die Effekte über **Entwurf ▸ Varianten ▸ Effekte** auf **Larissa 2007-2010**. Fügen Sie einen (Blind-)Text ein. Einfacher und schneller geht es, wenn Sie die Präsentation *07_Hervorhebung_Zitat.pptx* von der beiliegenden CD laden.

2. Fügen Sie dann über **Start ▸ Zeichnung ▸ Formen ▸ Sterne und Banner ▸ Doppelte Welle** eine ebensolche Form ein, und legen Sie sie über den Teil des Textes, der markiert werden soll. Wählen Sie bei **Start ▸ Zeichnung ▸ Fülleffekt** bzw. **Formkontur** die passende Farbe für den Marker, hier also jeweils **Gelb**.

Kapitel 7 – Effekte und Animationen sinnvoll einsetzen

3. Duplizieren Sie die erste Welle ([Strg]+[D]) gegebenenfalls, und platzieren Sie sie an weiteren zu markierenden Stellen. Passen Sie die Größe der Welle der jeweiligen Textstelle an. Markieren Sie abschließend alle Wellen, und legen Sie sie in den Hintergrund (entweder über **Start ▸ Zeichnung ▸ Anordnen ▸ Objekte sortieren ▸ In den Hintergrund** oder indem Sie sie mit der rechten Maustaste anklicken und **In den Hintergrund** aus dem Kontextmenü wählen).

4. Nun bauen Sie einen Textmarker, wie in der folgenden Abbildung zu sehen ist. Wenn Sie keine Zeit haben, finden Sie den fertigen Textmarker auch in der bereits genannten Datei *07_Hervorhebung_Zitat.pptx*. Ein Tipp: Das Flussdiagramm, das die Spitze des Markers darstellt, können Sie verändern, indem Sie mit der rechten Maustaste darauf klicken und **Punkte bearbeiten** aus dem Menü wählen. Gruppieren Sie nach der Bearbeitung die Teile des Textmarkers ([Strg]+[⇧]+[G]).

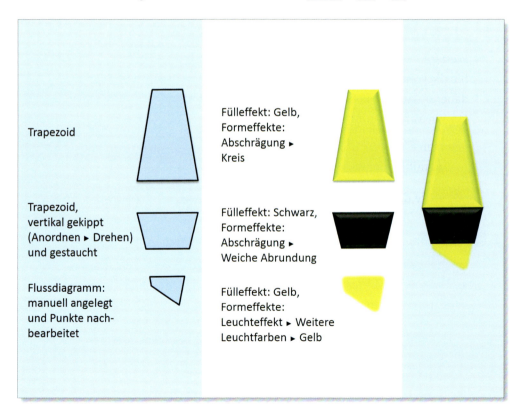

Zitatstellen mit einem Textmarker-Effekt hervorheben

5. Platzieren Sie dann den Textmarker am Anfang der ersten Welle, und drehen Sie ihn, sodass er in ca. 45° zum Text steht (ganz genau gelingt dies über **Zeichentools ▶ Format ▶ Anordnen ▶ Drehen ▶ Weitere Drehungsoptionen ▶ Drehung**).

6. Zunächst animieren wir nur die Wellen und schieben anschließend die Textmarker-Animationen dazwischen. Markieren Sie also alle (!) Wellen, und wählen Sie **Animationen ▶ Animation ▶ Wischen**. Bei **Animationen ▶ Animation ▶ Effektoptionen** stellen Sie unter **Richtung** die Option **Von links** ein. Für **Anzeigedauer ▶ Start** geben Sie **Mit Vorherigen** an und bei **Anzeigedauer ▶ Dauer** den Wert »01,00«.

7. Um den Textmarker zu animieren, klicken Sie ihn an und wählen über **Animationen ▶ Erweiterte Animation ▶ Animation hinzufügen** nacheinander folgende Effekte aus und passen die entsprechenden Parameter an:

   - **Eingang ▶ Verblassen**, wobei Sie für **Anzeigedauer ▶ Dauer** den Wert »00,25« einstellen

   - **Weitere Animationspfade ▶ Linien und Kurven ▶ Rechts**; hier machen Sie die gleichen Angaben wie bei den Wellen, geben also bei **Anzeigedauer ▶ Dauer** den Wert »01,00« ein und bei **Anzeigedauer ▶ Start** die Option **Mit Vorherigen**

   - **Beenden ▶ Verblassen** mit dem Wert »00,25« bei **Anzeigedauer ▶ Dauer** und mit der Option **Nach Vorherigen** bei **Anzeigedauer ▶ Start**

8. Schalten Sie den Animationsbereich ein (**Animationen ▶ Erweiterte Animation ▶ Animationsbereich**), und verändern Sie die Reihenfolge der Elemente (**Animationen ▶ Anzeigedauer ▶ Animationen neu anordnen**) wie folgt:

   1. Textmarker mit **Eingang ▶ Verblassen**
   2. Doppelte Welle mit **Wischen**
   3. Textmarker mit **Pfadanimation ▶ Rechts**
   4. Textmarker mit **Beenden ▶ Verblassen**

9. Testen Sie die Animation mit der Schaltfläche **Wiedergabe** im Animationsbereich. Mit großer Wahrscheinlichkeit werden Sie feststellen, dass der Pfad von der Länge her noch nicht hundertprozentig passt. Klicken Sie auf das Ende des Pfades (das rote Dreieck), und verschieben Sie es mit gedrückter ⇧-Taste, bis es aussieht, als würde der Textmarker den Text tatsächlich gelb markieren.

10. Für die nächsten Textmarker-Animationen gehen Sie ähnlich vor, allerdings mit ein paar kleineren Änderungen:

    - Bei **Weitere Animationspfade ▶ Linien und Kurven ▶ Rechts** setzen Sie die gleiche Zeit ein wie bei den Wellen (also **Anzeigedauer ▶ Dauer** »01,00« und **Anzeigedauer ▶ Start ▶ Beim Klicken**). Verschieben Sie den Animationspfad direkt an die Stelle, an der der Textmarker laufen soll. Dazu klicken Sie einfach auf den Pfadkörper und verschieben den Pfad mit gedrückter Maustaste. Die Feinjustierung nehmen Sie später vor.

    - Den Textmarker blenden Sie jeweils über den Effekt **Eingang ▶ Verblassen** mit **Anzeigedauer ▶ Dauer ▶** »00,25« und **Anzeigedauer ▶ Start ▶ Mit Vorherigen** ein.

    - Das Ausblenden erzielen Sie über den Effekt **Beenden ▶ Verblassen** mit **Anzeigedauer ▶ Dauer ▶** »00,25« und **Anzeigedauer ▶ Start ▶ Nach Vorherigen**.

11. Die Reihenfolge der Effekte müssen Sie dieses Mal folgendermaßen anpassen:

    1. Textmarker mit **Pfadanimation ▶ Rechts**

    2. Textmarker mit **Eingang ▶ Verblassen**

    3. Doppelte Welle mit **Wischen**

    4. Textmarker mit **Beenden ▶ Verblassen**

12. Wie vorher müssen Sie nun noch den Pfad so genau ausrichten, dass es wirkt, als würde der Textmarker den Text just im selben Moment markieren. Für die übrigen Textmarker-Animationen gehen Sie analog zum zweiten Textmarker vor.

Wenn Sie alles richtig gemacht haben, gleitet der Textmarker über die Markierungen, und es sieht so aus, als würde er den Text farbig anstreichen.

Zitat

„Mit ==Einheit== per Definition geschlagen, dennoch nicht unsichtbar, präsentiere ich mich als unbeachtetes und ungeliebtes Stiefkind zeitgenössischer ==Literatur==. Meine Bestimmung liegt – wie ich selbst – in engen Grenzen und ist rein ==platzhalterischer Natur==."

Textzeilen fokussieren

Der Vortragende möchte den Fokus normalerweise auf die Textzeile legen, über die er gerade spricht. Mit einem Fokusbalken wird das auf interessante Art und Weise unterstützt. In diesem Abschnitt lernen Sie am Beispiel einer Agenda den Fokusbalken kennen und erfahren, wie Sie ihn animieren.

1. Legen Sie zunächst eine Folie mit dem Layout **Titel und Inhalt** an. Fügen Sie mehrere Aufzählungspunkte ein (oder laden Sie die entsprechende Präsentation *07_Hervorhebung_Fokusbalken.pptx* von der beiliegenden CD). Um die Übung möglichst einfach zu halten, sollte es sich jeweils um nur eine Zeile Text mit einer ausreichenden Schriftgröße handeln. Zeichnen Sie über **Einfügen ▸ Illustrationen ▸ Formen ▸ Rechtecke** ein Rechteck, das die erste Textzeile genau abdeckt, und formatieren Sie es nach Ihrem Geschmack (z. B. über **Start ▸ Zeichnung ▸ Fülleffekte**, **Formkontur** oder **Formeffekte**). Das Rechteck bzw. der Balken sollte sich einerseits vom Hintergrund und andererseits vom Text abheben. Legen Sie dann das Rechteck hinter den Text (**Start ▸ Zeichnung ▸ Anordnen ▸ Objekte sortieren ▸ Ebene nach hinten**).

2. Bevor Sie den Balken animieren, müssen Sie noch einige Einstellungen vornehmen:

    1. Klicken Sie mit der rechten Maustaste außerhalb der Folie, und mit einem weiteren Mausklick gelangen Sie zu **Raster und Führungslinien**. Löschen Sie das Häkchen bei **Objekte am Raster ausrichten**.

    2. Mit [Alt]+[F9] blenden Sie die Führungslinien (Hilfslinien) ein. Ziehen Sie die horizontale Führungslinie genau auf die Mitte der zweiten Zeile, weil wir dort den Balken platzieren wollen und das durch die Führungslinie sehr viel einfacher wird.

    3. Blenden Sie den Animationsbereich ein (**Animationen ▶ Erweiterte Animation ▶ Animationsbereich**).

> **TIPP**
>
> **Führungslinien verschieben**
>
> Um die Führungslinien möglichst leicht verschieben zu können, fassen Sie sie am besten irgendwo außerhalb der Folie an.

3. Markieren Sie den Balken, und wählen Sie **Animationen ▶ Animation ▶ Erscheinen**. Markieren Sie den Balken erneut, und rufen Sie **Animationen ▶ Erweiterte Animation ▶ Animation hinzufügen ▶ Animationspfade ▶ Linien** auf. Setzen Sie den Wert im Feld **Anzeigedauer ▶ Dauer** auf »00,50«, und bei **Anzeigedauer ▶ Start** wählen Sie **Beim Klicken**.

4. Verändern Sie die Länge des Pfades, indem Sie auf seine Spitze klicken und ihn mit gedrückter Maustaste so verkürzen, dass die Spitze bei der horizontalen Führungslinie »einrastet«. Testen Sie die Veränderungen über die Schaltfläche **Wiedergabe** im Animationsbereich.

5. Duplizieren Sie nun die horizontale Führungslinie. Mit der Maus und gedrückter [Strg]-Taste ziehen Sie die bestehende Linie nach unten. Sie erkennen den Vorgang der Duplizierung daran, dass ein kleines Pluszeichen am Mauscursor erscheint. Wenn Sie die Maus loslassen, haben Sie eine zweite Linie. Verschieben Sie sie in die Mitte der dritten Zeile.

Textzeilen fokussieren

6. Klicken Sie den Balken erneut an, und fügen Sie über **Animationen ▸ Erweiterte Animation ▸ Animation hinzufügen ▸ Animationspfade ▸ Linie** einen zweiten Pfad ein. Setzen Sie das Feld **Dauer** auf den Wert »00,50«. Verschieben Sie den Anfang des neuen Pfades mit gedrückter linker Maustaste an das Ende des ersten Pfades – meistens docken die Pfade von selbst aneinander an. Verkürzen Sie das Ende des zweiten Pfades bis zur Höhe der dritten Zeile bzw. bis zur zweiten horizontalen Führungslinie.

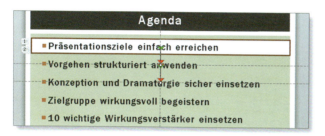

7. Verfahren Sie für die übrigen Zeilen genauso wie beim zweiten Pfad.

8. Schalten Sie jetzt die Führungslinien ab ([Alt]+[F9]), und klicken Sie den Text am Textrahmen an. Wählen Sie **Animationen ▸ Animation ▸ Eingang ▸ Verblassen**. Stellen Sie die folgenden Parameter ein, bzw. behalten Sie die Standardeinstellung bei:

- **Animationen ▸ Animation ▸ Effektoptionen ▸ Nach Absatz**
- **Anzeigedauer ▸ Start ▸ Nach Vorherigen**
- **Anzeigedauer ▸ Dauer ▸** »00,25«

9. Doppelklicken Sie im Animationsbereich auf den Inhaltsplatzhalter. Im Dialogfenster für die Effektoptionen suchen Sie sich auf dem Reiter **Effekt** bei **Nach Animation** einen Farbton aus, der etwas heller ist als die Schrift. Wenn die Schrift z. B. schwarz ist, wählen Sie hier einen Grauton.

Kapitel 7 – Effekte und Animationen sinnvoll einsetzen

10. Um die Reihenfolge der Elemente anzupassen, klappen Sie den Inhaltsplatzhalter im Animationsbereich aus, indem Sie auf den kleinen Doppelpfeil links darunter klicken.

11. Verschieben Sie den ersten Effekt, der beim Inhaltsplatzhalter eingetragen ist (**Präsentationsziele ...**), unter den ersten Eintrag für den Balken. Den zweiten Eintrag des Inhaltsplatzhalters (**Vorgehen strukturiert ...**) schieben Sie direkt unter den zweiten Eintrag des Balkens usw. (siehe Abbildung rechts).

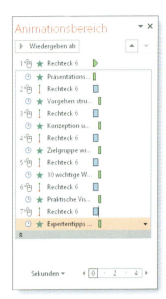

12. Zum Schluss testen Sie Ihre Animation über die Schaltfläche **Wiedergabe**. Falls Ihnen die Animation noch nicht hundertprozentig genau erscheint, passen Sie gegebenenfalls ihre Geschwindigkeit an, oder platzieren Sie die Pfade präziser.

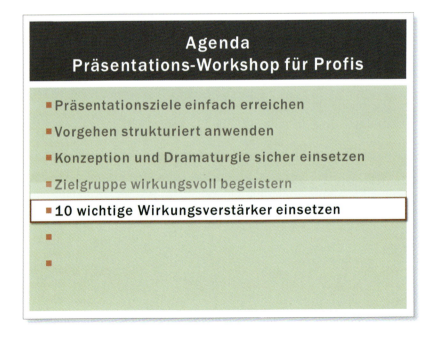

Diagrammsäulen einzeln animieren

Gerade Diagramme lassen sich sehr gut animieren. Das hat z. B. den Vorteil, dass man gezielt eine Säule auf Mausklick erscheinen lassen kann. In dieser Anleitung geht es darum, ein Säulendiagramm auf einfache Art und Weise zu animieren. Öffnen Sie eine Präsentation mit einem Säulendiagramm (z. B. die Datei *07_Säulendiagramm_animieren.pptx* von der beiliegenden CD), oder legen Sie ein neues Säulendiagramm an.

1. Markieren Sie das Diagramm, und wählen Sie **Animationen ▸ Animation ▸ Eingang ▸ Wischen**. Für den Fall, dass Sie den Effekt nicht finden, wählen Sie im gleichen Menü den Eintrag **Weitere Eingangseffekte**, und suchen Sie dort danach. Bei **Animationen ▸ Animation ▸ Effektoptionen** verwenden Sie **Richtung ▸ Von unten** und **Sequenz ▸ Nach Kategorie**.

2. Wenn Sie sich die Animation anschauen, werden Sie feststellen, dass auch andere Elemente, wie z. B. Legende, Hintergrund, Achsen, auf einen Klick hin erscheinen. Viele Referenten möchten jedoch lieber gleich die Legende sehen und dann per Klick nur die einzelnen Säulen einblenden. Schalten Sie dafür über **Animationen ▸ Erweiterte Animation ▸ Animationsbereich** den Animationsbereich ein. Dort klappen Sie die einzelnen Einträge über den kleinen Doppelpfeil nach unten auf, sodass alle Einträge zu sehen sind. Klicken Sie den ersten Eintrag an, und stellen Sie **Animationen ▸ Anzeigedauer ▸ Start ▸ Nach Vorherigen** ein. Testen Sie die Präsentation über **Bildschirmpräsentation ▸ Bildschirmpräsentation starten ▸ Von Beginn an** – die Legende wird automatisch eingeblendet, und die Säulen erscheinen per Klick.

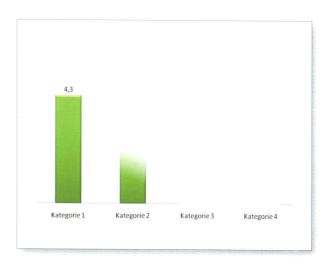

Die Stücke eines Tortendiagramms animieren

In diesem Abschnitt geht es darum, ein Tortendiagramm radial zu animieren. Sie können sich das so vorstellen: Auf dem Tisch steht eine leere runde Kuchenplatte, und nun stellt jemand Tortenstück für Tortenstück auf die Platte.

1. Öffnen Sie eine Präsentation mit einem Tortendiagramm (z. B. *07_Tortendiagramm_animieren.pptx* von der beiliegenden CD), oder legen Sie ein neues Tortendiagramm an.

2. Klicken Sie das Diagramm an, und wählen Sie **Animationen** ▸ **Animation** ▸ **Eingang** ▸ **Rad** aus. Überprüfen Sie noch einmal, ob unter **Animationen** ▸ **Animation** ▸ **Effektoptionen** für **Speichen** die Option **1 Speiche** und bei **Sequenz** die Angabe **Als einzelnes Objekt** ausgewählt ist. Normalerweise ist das unter PowerPoint 2013 standardmäßig eingestellt.

3. Wenn Sie die Animation in der Vorschau (**Animation** ▸ **Vorschau** ▸ **Vorschau**) genau betrachten, sehen Sie, dass der Mittelpunkt der Rad-Animation nicht exakt in der Mitte des Diagramms liegt. Um dieses Problem zu beheben, gibt es mehrere Lösungsansätze.

4. Die eine Möglichkeit ist folgende: Sie duplizieren das Diagramm (`Strg`+`D`) und schieben das Duplikat erst einmal auf die Seite. Löschen Sie im Original-Tortendiagramm die Legende und alle Elemente, die außerhalb der Torte liegen, z. B. die Beschriftungen. Um ein Element zu löschen, markieren Sie es und drücken die `Entf`-Taste, oder Sie entfernen das Häkchen, indem Sie rechts neben dem Diagramm auf das Plus-Symbol klicken. Die Torte ist jetzt größer, was vollkommen in Ordnung ist.

   Nehmen Sie nun das Duplikat, und vergrößern Sie das gesamte Diagramm so weit, bis beide Torten in etwa gleich groß sind. Animieren Sie das Klon-Diagramm über **Animationen** ▸ **Animation** ▸ **Eingang** ▸ **Verblassen**. Bei **Animationen** ▸ **Anzeigedauer** ▸ **Start** stellen Sie **Nach Vorherigen** ein. Legen Sie das Klon-Diagramm abschließend in den Hintergrund, z. B. über **Start** ▸ **Zeichnung** ▸ **Anordnen** ▸ **Objekte sortieren** ▸ **In den Hin-**

tergrund. Testen Sie die Animation über die Vorschau, und korrigieren Sie sie nötigenfalls.

5. Die andere Möglichkeit wäre diese: Sie legen eine weiße Fläche über das gesamte Diagramm (**Start ▸ Zeichnung ▸ Formen** und anschließend **Start ▸ Zeichnung ▸ Fülleffekt ▸ Weiß, Hintergrund 1**), schieben die Mittelpunkte dieser Fläche und des Tortendiagramms übereinander (dafür stellen Sie am besten die Transparenz der Fläche auf 50 % ein) und fügen über **Animationen ▸ Animation ▸ Beenden** den Effekt **Rad** mit **Speichen ▸ 1 Speiche** ein. Testen Sie die Wirkung einfach über die Vorschaufunktion (**Animationen ▸ Vorschau ▸ Vorschau**). Diese Variante funktioniert sehr gut, allerdings können Sie das Diagramm so nicht ausdrucken. Dazu müssten Sie dann die Folie duplizieren und die weiße Fläche wieder entfernen. Diese Variante finden Sie auf der beiliegenden CD in der Datei *07_Tortendiagramm_animieren.pptx*.

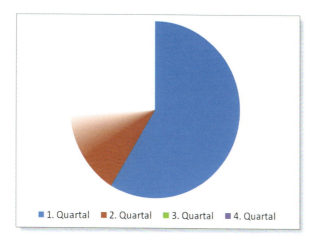

Tabellenspalten einzeln einblenden

Eine Tabelle Spalte für Spalte einzublenden sieht auf den ersten Blick sehr leicht aus. Allerdings gibt es dafür in PowerPoint keinen Befehl. Die Animation der Tabelle funktioniert nur über Umwege. Es gibt verschiedene Möglichkeiten, die ich Ihnen im Folgenden vorstelle:

Kapitel 7 – Effekte und Animationen sinnvoll einsetzen

1. Sie legen für jede Spalte eine eigene Tabelle an und animieren jede Tabelle einzeln. Hierbei ist exaktes Arbeiten sehr wichtig, andernfalls sieht die Animation unausgeglichen aus. Darüber hinaus können Änderungen sehr aufwendig werden, wenn sich Spalten- oder Zeilenbreiten ändern.

2. Sie müssen die Tabelle auflösen, um sie anschließend in Spalten neu zusammenzusetzen. Dazu schneiden Sie die Tabelle zunächst einmal aus (Strg + X) und fügen sie über **Start ▸ Zwischenablage ▸ Einfügen ▸ Inhalte einfügen** als **Bild (Windows-Metadatei)** wieder ein. Mit rechter Maustaste und **Gruppierung ▸ Gruppierung aufheben** – diesen Schritt müssen Sie zweimal hintereinander ausführen – können Sie anschließend alle Zellen spaltenweise neu gruppieren. Anschließend animieren Sie jede neue Gruppe. Auch hierbei ist exaktes Arbeiten äußerst wichtig, und der Aufwand für Änderungen ist leider noch höher als bei Variante 1.

3. Jede Spalte wird mit einer weißen Fläche überlagert, die dann über **Animationen ▸ Animation ▸ Beenden ▸ Wischen** die jeweilige Tabellenspalte freigibt. Dies ist eine sehr einfache und elegante Lösung. Für Änderungen müssen Sie die Flächen ausblenden (indem Sie über **Start ▸ Bearbeiten ▸ Markieren ▸ Auswahlbereich** auf das Augensymbol klicken). Um die Folie ausdrucken zu können, müssen Sie ein Duplikat anlegen, bei dem Sie die weißen Flächen entfernen.

4. Die letzte Möglichkeit, die ich in diesem Abschnitt auch detailliert vorstellen möchte, funktioniert wie Variante 3, nur dass die weißen Flächen außerhalb der Folie liegen und erst beim Starten der Folie über die Tabelle gelegt werden. Die Tabelle kann sehr einfach geändert und gedruckt werden. Allerdings lässt sich das Einblenden der Fläche beim Folienstart nur mit einem Trick realisieren. Die Flächen werden mithilfe einer Pfadanimation über die Tabelle gelegt, und die Geschwindigkeit wird auf den kleinsten Wert gesetzt, nämlich 0,01 Sekunden.

Neben diesen vier hauptsächlich genutzten Varianten gibt es noch weitere Möglichkeiten, angefangen bei trickreichen Pfadanimationen bis hin zu programmierten Lösungen (mit *Visual Basic for Applications*, VBA).

Tabellenspalten einzeln einblenden

In diesem Abschnitt zeige ich Ihnen eine Anleitung für Variante 4, da Sie auf diese Weise Ihre Fähigkeiten im Umgang mit Animationen weiter ausbauen. Auch alle übrigen Varianten finden Sie auf der beiliegenden CD.

1. Öffnen Sie zunächst die Folie mit der Tabelle (Beispieldatei *07_Hervorhebung_Tabelle.pptx*). Mit **Start ▶ Zeichnung ▶ Formen ▶ Rechtecke ▶ Rechteck** zeichnen Sie einen Kasten über die erste Spalte. Wählen Sie **Start ▶ Zeichnung ▶ Fülleffekt ▶ Designfarben ▶ Weiß, Hintergrund 1** und als **Start ▶ Zeichnung ▶ Formkontur ▶ Kein Rahmen**.

2. Passen Sie das Rechteck genau an die Spalte an, duplizieren Sie es, und legen Sie die Duplikate jeweils über die anderen Spalten. Richten Sie die Flächen genau passend aus, z. B. über **Start ▶ Zeichnung ▶ Anordnen ▶ Objekte positionieren ▶ Ausrichten ▶ Oben ausrichten**. Jetzt sollten alle Spalten sauber durch Kästen abgedeckt sein.

3. Markieren Sie die drei Rechtecke, und wählen Sie **Animationen ▶ Animation ▶ Beenden ▶ Wischen** aus (Achtung: nicht verwechseln mit **Eingang ▶ Wischen!**). Bei **Animationen ▶ Animation ▶ Effektoptionen** wählen Sie **Richtung ▶ Von unten**. Unter **Animationen ▶ Anzeigedauer ▶ Start** stellen Sie **Beim Klicken** ein. Schalten Sie den Animationsbereich ein (**Animationen ▶ Erweiterte Animation ▶ Animationsbereich**). Prüfen Sie über die Vorschau (**Animation ▶ Vorschau ▶ Vorschau**), ob die Animation gut aussieht, und korrigieren Sie sie gegebenenfalls.

> **TIPP**
>
> **Raster ausschalten**
>
> Sie sollten immer das Raster ausgeschaltet lassen, andernfalls lassen sich die Formen nicht genau positionieren. Klicken Sie dazu mit der rechten Maustaste auf den Hintergrund der Folie, und klicken Sie noch einmal auf das Raster und die Führungslinien im Kontextmenü. Im Dialogfenster löschen Sie das Häkchen bei **Objekte am Raster ausrichten**.

4. Klicken Sie den ersten Kasten an, und wählen Sie **Animationen ▶ Erweiterte Animation ▶ Animation hinzufügen ▶ Weitere Animationspfade ▶ Linien und Kurven ▶ Rechts**. Schalten Sie mit [Alt]+[F9] die Führungslinien ein. Verschieben Sie eine horizontale und eine vertikale Führungslinie zum Anfangspunkt des Animationspfads. Verschieben Sie nun den Animationspfad so, dass das Pfadende auf dem Kreuzungspunkt der Führungslinien liegt.

5. Klicken Sie im Animationsbereich doppelt auf den Eintrag für die Pfadanimation, und verändern Sie im Dialogfenster auf dem Reiter **Effekt** die Einstellungen wie folgt:

   - **Pfad ▶ Gesperrt**
   - **Gleiten Start**: »0 sek.«
   - **Gleiten Ende**: »0 sek.«

6. Schließen Sie den Dialog, aber lassen Sie den Eintrag für die Pfadanimation markiert. Bei **Animationen ▶ Anzeigedauer ▶ Start** stellen Sie **Mit Vorherigen** ein und bei **Dauer** den Wert »00,01«. Rücken Sie den Pfadanimationseintrag auf die erste Position im Animationsbereich (**Animationen ▶ Anzeigedauer ▶ Animation neu anordnen ▶ Früher**).

7. Ziehen Sie jetzt den Kasten nach links außerhalb der Folie. Achtung: Der Pfad darf sich nicht mitbewegen! Wenn Sie jetzt mit der Taste [F5] den Bildschirmpräsentationsmodus wählen, sollte sofort die weiße Fläche über der Spalte liegen. Wenn Sie dann im Bildschirmpräsentationsmodus irgendwo mit der linken Maustaste klicken, sollte die Fläche verschwinden.

8. Verfahren Sie mit den anderen Kästen genauso wie mit dem ersten. Dabei spielt es keine Rolle, aus welcher Richtung der Pfad kommt (auch wenn von oben nicht so sinnvoll ist). Legen Sie die Pfadanimation jeweils auch wieder an die erste Position.[1]

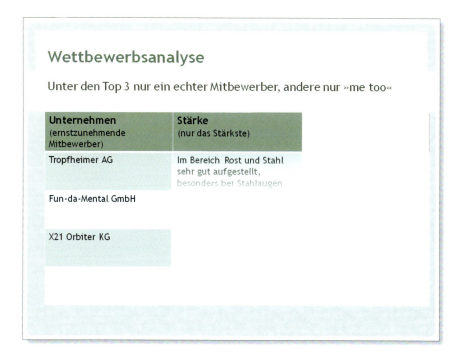

Tabellenzeilen einzeln einblenden

Im vorhergehenden Abschnitt haben Sie gelernt, welche Möglichkeiten es gibt, um Tabellen spaltenweise einzublenden. Diese lassen sich auch auf eine Animation übertragen, die Zeile für Zeile verläuft. In dieser Übung stelle ich Ihnen allerdings eine andere Möglichkeit vor, die Sie natürlich auch

---

1 Der Begriff *me too* (engl. für: *ich auch*), den Sie rechts oben in der Folie sehen, stammt aus der Marketingbranche und bedeutet so viel wie nachahmen. Wenn ein Hersteller beispielsweise eine neuartige Kaffeepad-Maschine auf den Markt bringt und andere Firmen dieses (erfolgreiche) Konzept aufgreifen, bezeichnet man die Folgeprodukte dann als *me too*.

genauso für das spaltenweise Einblenden verwenden können. Die dazugehörigen Dateien finden Sie unter *07_Hervorhebung_Tabelle_Spalten.pptx* und *07_Hervorhebung_Tabelle_Zeilen.pptx* auch auf der beiliegenden CD.

1. Öffnen Sie die Folie mit der Tabelle von der beiliegenden CD (*07_Hervorhebung_Tabelle.pptx*). Zeichnen Sie ein Rechteck über die gesamte Tabelle (**Einfügen ▸ Illustrationen ▸ Formen ▸ Rechtecke ▸ Rechteck**). Wählen Sie als **Start ▸ Zeichnung ▸ Fülleffekt ▸ Weiß, Hintergrund 1** und **Start ▸ Zeichnung ▸ Formkontur ▸ Kein Rahmen**. Passen Sie das Rechteck genau an die Größe der Tabelle an.

2. Markieren Sie die Fläche, und wählen Sie **Animationen ▸ Animation ▸ Animationspfade ▸ Linien** aus. Dann stellen Sie **Animationen ▸ Animation ▸ Effektoptionen ▸ Richtung ▸ Nach unten** ein. Schalten Sie zur besseren Übersicht den Animationsbereich ein (**Animationen ▸ Erweiterte Animation ▸ Animationsbereich**). Prüfen Sie über die Vorschau (mit der Schaltfläche **Wiedergabe**), wie sich die Animation verhält. Die weiße Fläche, die über der Tabelle liegt, sollte sich nun ein Stück nach unten bewegen und die erste Zeile der Tabelle freigeben. Zum Nachjustieren legen Sie am besten eine senkrechte Führungslinie an den Pfad an und verkürzen oder verlängern sie, indem Sie das Pfadende mit gedrückter linker Maustaste verschieben.

3. Klicken Sie die weiße Fläche an, und fügen Sie über **Animationen ▸ Erweiterte Animation ▸ Animation hinzufügen ▸ Animationspfade ▸ Linien** eine weitere Animation hinzu. Ziehen Sie den Pfad nach unten, indem Sie auf seinen »Rumpf« klicken, und zwar so, dass sein Anfang auf das Ende des vorhergehenden Pfades trifft. Im Normalfall legen sich Pfadanfang und Pfadende quasi von selbst nahtlos aneinander.

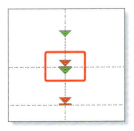

Tabellenzeilen einzeln einblenden

4. Verkürzen oder verlängern Sie den zweiten Pfad, indem Sie das Pfadende mit der Maus verschieben. Kontrollieren Sie die Animation über die Vorschau, und justieren Sie gegebenenfalls nach. Daraufhin fügen Sie für jede weitere Zeile eine Pfadanimation hinzu, wie soeben beschrieben.

> **TIPP**
>
> **Waagerechte Hilfslinien**
>
> Damit Sie sich besser orientieren können, ist es sinnvoll, auch waagerechte Hilfslinien am Pfadanfang und am Pfadende zu platzieren. Gerade beim Justieren sparen Sie damit viel Zeit.

5. Wie schon im vorherigen Abschnitt, »Tabellenspalten einzeln einblenden« ab Seite 313, erwähnt, dürfen die weißen Rechtecke zum Bearbeiten der Tabelle oder zum Ausdrucken nicht auf der Folie zu sehen sein. Fügen Sie also eine weitere Pfadanimation hinzu, und verschieben Sie den Pfad nach oben, sodass sein Ende gleich am Anfang des ersten Pfades sitzt.

6. Öffnen Sie den Animationsbereich, und verschieben Sie den Eintrag für diesen neuen Pfad an die erste Stelle der Liste (**Animationen ▸ Anzeigedauer ▸ Animation ▸ Neu anordnen ▸ Früher**). Bei **Animationen ▸ Anzeigedauer ▸ Start** stellen Sie **Mit Vorherigen** ein und bei Dauer den Wert »00,01«.

7. Klicken Sie die weiße Fläche an. Nun sind alle Effekteinträge im Animationsbereich markiert. Klicken Sie mit der rechten Maustaste auf einen der Einträge, und wählen Sie **Effektoptionen** aus dem Kontextmenü. Sie gelangen zur Registerkarte **Effekt**. Dort ändern Sie die Einstellungen wie folgt und schließen danach den Dialog:

   - **Pfad ▸ Gesperrt**
   - **Gleiten Start**: »0 sek.«
   - **Gleiten Ende**: »0 sek.«

Kapitel 7 – Effekte und Animationen sinnvoll einsetzen

8. Schieben Sie die Fläche außerhalb der Folie, und testen Sie die Animation in der Vorschau (**Animation** ▶ **Vorschau** ▶ **Vorschau**) oder über die Schaltfläche **Wiedergabe**. Falls die Animation zu langsam läuft, verändern Sie die Zeitangabe über **Animationen** ▶ **Anzeigedauer** ▶ **Dauer**.

Wettbewerbsanalyse

Unter den Top 3 nur ein echter Mitbewerber, andere nur »me too«

Unternehmen (ernstzunehmende Mitbewerber)	Stärke (nur das Stärkste)	Schwäche (nur das Schwächste)
Tropfheimer AG	Im Bereich Rost und Stahl sehr gut aufgestellt, besonders bei Stahlaugen	Schwacher Service
Fun-da-Mental GmbH	Besseres Preis-Leistungs-Verhältnis	Schlechte Lieferfähigkeit

Ein SmartArt schrittweise animieren

Nachdem Sie nun bereits verschiedene Möglichkeiten der Animation kennengelernt haben, zeige ich Ihnen in diesem Abschnitt, wie Sie auch SmartArts zum Leben erwecken können.

1. Laden Sie die Präsentation *07_SmartArt_animieren.pptx* von der beiliegenden CD, oder erstellen Sie selbst eine SmartArt-Grafik mit dem Layout **Alternierender Fluss** (über **Einfügen** ▶ **Illustrationen** ▶ **SmartArt** ▶ **Prozess**).

2. Markieren Sie die SmartArt-Grafik, und wählen Sie **Animationen** ▶ **Animation** ▶ **Eingang** ▶ **Wischen** aus. Bei **Animationen** ▶ **Animation** ▶ **Effektoptionen** ▶ **Richtung** wählen Sie **Von oben** und bei **Animationen** ▶ **Animation** ▶ **Effektoptionen** ▶ **Sequenz** die Option **Nacheinander** aus. Schalten Sie den Animationsbereich ein (**Animationen** ▶ **Erweiterte Animation** ▶ **Animationsbereich**), und klappen Sie die Effekteinträge über den kleinen Doppelpfeil aus.

Ein SmartArt schrittweise animieren

3. Verändern Sie die Einzeleinträge im Animationsbereich wie folgt:

- Für den zweiten Effekteintrag, »Inhaltsplatzhalter: Wissen speichern«, stellen Sie **Animationen ▸ Anzeigedauer ▸ Start ▸ Nach Vorherigen** ein.

- Für den dritten Eintrag, »Inhaltsplatzhalter: Form 31«, wählen Sie **Effektoptionen ▸ Richtung ▸ Von links**.

- Für den vierten Eintrag, »Inhaltsplatzhalter: Stufe 2«, stellen Sie **Effektoptionen ▸ Richtung ▸ Von unten** und **Start ▸ Nach Vorherigen** ein.

- Auch für den fünften Eintrag, »Inhaltsplatzhalter: Erklären können«, stellen Sie **Effektoptionen ▸ Richtung ▸ Von unten** und **Start ▸ Nach Vorherigen** ein.

- Beim sechsten Eintrag, »Inhaltsplatzhalter: Gebogener Pfeil 32«, wählen Sie **Effektoptionen ▸ Richtung ▸ Von links**.

- Für den siebten Eintrag, »Inhaltsplatzhalter: Stufe 3«, geben Sie **Start ▸ Nach Vorherigen** an.

- Für den achten und letzten Eintrag, »Inhaltsplatzhalter: Anwenden dürfen«, stellen Sie ebenfalls **Start ▸ Nach Vorherigen** ein.

Ein Hinweis noch: Die Reihenfolge der Einzeleinträge lässt sich bei SmartArts nicht anpassen!

Sie haben mit dieser Übung gesehen, wie Sie SmartArt-Grafiken geschickt animieren können. Wenn Sie Lust haben, probieren Sie das doch einfach einmal mit anderen SmartArt-Grafiken aus.

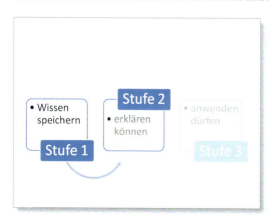

Einen Nachrichtenticker simulieren

Vermutlich kennen Sie Tickertexte aus dem Fernsehen, wenn die aktuellen Meldungen als Text unten durchs Bild laufen. Einen solchen Effekt können Sie mit PowerPoint auch für Ihre Präsentation erstellen. Unter *07_Ticker.pptx* finden Sie die zu dieser Anleitung gehörende Datei auch auf der beiliegenden CD.

1. Legen Sie eine neue Folie (mit einem Layout Ihrer Wahl) an. Fügen Sie unten auf der Folie ein rotes Rechteck ein (**Einfügen ▸ Illustrationen ▸ Rechtecke ▸ Rechteck**). Legen Sie ein Textfeld an, und schreiben Sie Ihren Tickertext dort hinein. Die Zeile sollte ruhig weit über den rechten Folienrand hinausgehen.

Das ist ein Tickertext. Hier könnten neueste Nachrichten und andere Infos stehen, die

2. Zoomen Sie die Folie kleiner, sodass möglichst der komplette Text auf Ihrem Bildschirm zu sehen ist. Daraufhin ziehen Sie das Textfeld mit gedrückter ⇧-Taste und gedrückter linker Maustaste nach rechts außerhalb der Folie, bis der komplette Text außerhalb liegt.

> **INFO**
>
> **Umschalt-Taste beim Verschieben**
>
> Wenn Sie beim Verschieben von Elementen die ⇧-Taste gedrückt halten, erzeugt dies ein nicht sichtbares Raster, das eine genaue Bewegung der Elemente auf den Führungslinien sowie ihre Justierung ermöglicht.

3. Wählen Sie dann **Animationen ▸ Animation ▸ Animationspfade ▸ Linien**. Bei **Effektoptionen ▸ Richtung** verwenden Sie **Links**. Ziehen Sie das Pfadende mit gedrückter ⇧-Taste so weit nach links, dass es außerhalb der

Folie endet. Wie weit Sie das Ende hinausziehen müssen, hängt von der Breite Ihres Textfeldes ab. Der Abstand zum Folienrand sollte die Hälfte der Textbreite betragen.

4. Die Geschwindigkeit, mit der der Tickertext über die Folie laufen sollte, hängt von verschiedenen Faktoren ab: Wie relevant ist der Text für die Zuschauer, wie leicht liest sich Ihr Text, wie wichtig ist er? Wenn ein Wort z. B. vom rechten Folienrand bis zum linken Folienrand 8 Sekunden braucht, haben wir eine Geschwindigkeit von 8 Sekunden pro Folienbreite. Schnelle Leser schaffen 5 Sekunden pro Folienbreite, der durchschnittliche Leser braucht ca. 10 Sekunden pro Folienbreite.

5. In unserem Beispiel brauchen wir zwei Folienbreiten, um den gesamten Text anzuzeigen. Wenn wir uns für die Geschwindigkeit von 8 Sekunden pro Folienbreite entscheiden, brauchen wir folglich 2 × 8 Sekunden, also 16 Sekunden. Geben Sie also bei **Animationen ▸ Anzeigedauer ▸ Dauer** den Wert »16,00« ein. Testen Sie die Animation in der Vorschau (**Animationen ▸ Vorschau ▸ Vorschau**) oder im Präsentationsmodus (⇧ + F5). Wenn Ihnen der Tickertext zu langsam vorkommt, probieren Sie einmal einen Wert von 5 Sekunden pro Folienbreite. In unserem Beispiel würden wir dann also bei **Dauer** den Wert »10,00« eingeben.

Wir haben jetzt einen Tickertext für eine Folie erstellt. Wenn Sie auf mehreren Folien einen Ticker laufen lassen wollen, müssen Sie auf jeder Folie einen neuen Text eingeben. Falls der Ticker jedoch durchgängig sein soll, brauchen Sie eine VBA-Programmierung (*Visual Basic for Applications*) oder spezielle Zusatzsoftware, sogenannte *Digital-Signage-Softwarelösungen* (suchen Sie einfach bei Google nach »Digital Signage Software«).

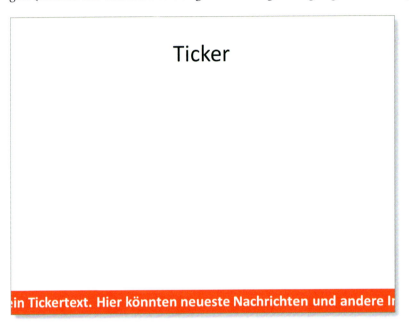

Einen Workflow interessanter animiert darstellen

In diesem Beispiel möchte ich Ihnen zeigen, wie man durch die richtige Reihenfolge beim Erstellen einer Animation Zeit sparen kann. Achten Sie daher darauf, die Schritte auch genau in der hier beschriebenen Reihenfolge auszuführen. Andernfalls »basteln« Sie eventuell unendlich an Ihrer Präsentation herum. Insgesamt werden Sie 168 Animationen erstellen!

1. Laden Sie von der beiliegenden CD die Datei *07_Workflow.pptx*. Dargestellt sind die vier Phasen für die Vorbereitung einer Präsentation. Sie sehen in der Präsentation oben vier Piktogramme, darunter Text und darunter eine Reihe mit Vierecken. Die Vierecke sollen eine Lichtlaufleiste simulieren. Ein Element besteht aus einem Rechteck und einem darübergelegten metallfarbenen Rahmen. Lediglich die Rahmen sind zu einer Gruppe zusammengefasst.

2. Im ersten Schritt markieren Sie das erste Rechteck von links. Wählen Sie **Animationen ▸ Animation ▸ Betont ▸ Objektfarbe** aus. Bei **Animationen ▸ Animation ▸ Effektoptionen** wählen Sie eine Kontrastfarbe, z. B. Orange, Gelb oder Hellgrün. Stellen Sie bei **Animationen ▸ Anzeigedauer ▸ Dauer** den Wert »00,02« ein.

3. Markieren Sie die restlichen Rechtecke. Achten Sie darauf, nicht den Rahmen und auch nicht das erste Rechteck zu markieren. Wählen Sie genau dieselben Animationseinstellungen wie beim ersten Rechteck (**Objektfarbe, Effektoptionen, Dauer**). Lediglich bei **Animationen ▸ Anzeigedauer ▸ Start** stellen Sie **Nach Vorherigen** ein.

4. Markieren Sie jetzt alle Rechtecke, eventuell müssen Sie nur das erste Rechteck zur Markierung hinzufügen. Wählen Sie **Animationen ▸ Erweiterte Animation ▸ Animation hinzufügen ▸ Betont ▸ Objektfarbe**. Bei **Effektoptionen** nehmen Sie den Blauton der Rechtecke. Bei **Animationen ▸ Anzeigedauer ▸ Start** stellen Sie **Nach Vorherigen** und bei **Dauer** den Wert »00,02« ein. Testen Sie die Animation über **Animation ▸ Vorschau ▸ Vorschau**. Sie sollten den Eindruck haben, ein Lauflicht zieht sich über die Vierecke.

5. Markieren Sie das Piktogramm mit der Lupe und das Wort »Analyse«. Fügen Sie den Animationseffekt **Wischen** mit **Effektoptionen ▸ Von links** hinzu. Bei **Animationen ▸ Anzeigedauer ▸ Start** stellen Sie **Nach Vorherigen** und bei **Dauer** den Wert »00,25« ein.

6. Markieren Sie das erste Rechteck, und fügen Sie wieder eine Farbänderung über **Animationen** ▸ **Erweiterte Animation** ▸ **Animation hinzufügen** ▸ **Betont** ▸ **Objektfarbe** hinzu. Stellen Sie alle Parameter (**Objektfarbe, Dauer**) wie bei Schritt 2 ein. Anschließend gehen Sie wie bei Schritt 3 vor, und danach führen Sie Schritt 5 für das Piktogramm mit der Hierarchie und das Wort »Konzeption« aus.

7. Verfahren Sie wie in den Schritten vorher (genauer: wie bei den letzten beiden Phasen dort, also »Umsetzung« und »Training«).

> **TIPP**
>
> **Machen Sie sich Notizen**
>
> Führen Sie Protokoll, denn schnell hat man einen Teilschritt vergessen. Erstellen Sie eventuell eine kleine Tabelle mit Spalten für jeden Parameter, der gesetzt werden muss, damit Sie keinen übersehen.

Eine Agenda mithilfe eines Aufzugs darstellen

Der Aufzug eignet sich für viele Zwecke, z. B. eine Agenda, Zwischenkapitelfolien oder Aufzählungen.

In der folgenden Übung zeige ich Ihnen, wie Sie eine Agenda interessanter gestalten können. Am Anfang einer Präsentation ist es sinnvoll, die Zuschauer zunächst einmal abzuholen. Im metaphorischen Sinn steigen Sie in den Fahrstuhl ein (Einstieg in die Präsentation), passieren mit ihnen gemeinsam verschiedene Etagen und am Ende der Präsentation steigen die Zuschauer wieder aus.

1. Laden Sie die Präsentation *07_Agenda.pptx* von der beiliegenden CD. Auf der Folie befinden sich alle Elemente, die wir für die Animation benötigen. Die Agenda-Punkte sind mithilfe einer SmartArt-Grafik aufge-

baut. Der Fahrstuhl besteht aus gruppierten Symbolen und Grafikelementen für die leichtere Anpassung an Ihre Farben.

> **TIPP**
>
> **Agenda-Punkte hinzufügen oder löschen**
>
> Sie können später einfach Punkte hinzu- oder wegnehmen, weil es sich bei der Darstellung um eine SmartArt-Grafik handelt. Sie müssen dann aber daran denken, die Fahrstuhlanimation entsprechend anzupassen.

2. Klicken Sie den Fahrstuhlrumpf an und selektieren Sie die Animation **Animationen ▸ Animation ▸ Eingang ▸ Einfliegen**. Stellen Sie bei **Animationen ▸ Anzeigedauer ▸ Dauer** den Wert »02,00«, also 2 Sekunden ein. Blenden Sie den Animationsbereich ein (**Animationen ▸ Erweiterte Animation ▸ Animationsbereich**). Über den Befehl **Wiedergeben ab** können Sie testen, wie der Effekt aussieht.

3. Markieren Sie die Personen und wählen Sie für sie die Animation **Animationen ▸ Animation ▸ Weitere Eingangseffekte ▸ Einfach ▸ Hineinblitzen** (alternativ können Sie auch **Hineinschweben** verwenden). Bei **Effektoptionen** stellen Sie **Von links** ein.

4. Lassen Sie die Personen markiert, und fügen Sie über **Animationen ▸ Erweiterte Animation ▸ Animationen hinzufügen ▸ Animationspfade ▸ Linien** eine Pfadanimation ein. Klicken Sie auf das Ende des Pfades und verschieben Sie das Pfadende mit gedrückter ⇧-Taste ein Stück nach unten (die ⇧-Taste lässt den Pfad nicht so leicht verrutschen). Orientieren Sie sich dabei bitte an dem Abstand der Figuren zur Querlinie der Agenda. Bauen Sie als Hilfestellung eventuell eine Schablone, so wie in der Abbildung zu sehen (rote waagerechte Striche, die anschließend wieder gelöscht werden). Stellen Sie bei **Animationen ▸ Anzeigedauer ▸ Start ▸ Mit Vorherigen** ein und bei **Dauer** »02,00« (wenn nicht schon automatisch von PowerPoint eingetragen).

Kapitel 7 – Effekte und Animationen sinnvoll einsetzen

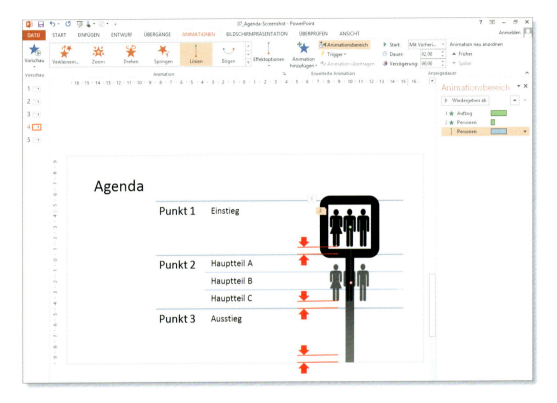

5. Klicken Sie erneut auf die Personen und fügen Sie noch einmal die gleiche Pfadanimation ein (**Animationen ▸ Erweiterte Animation ▸ Animationen hinzufügen ▸ Animationspfade ▸ Linien**). Klicken Sie den Pfad in der Mitte an und verschieben Sie ihn nach unten. Der Pfadanfang sollte sich mit dem Ende des ersten Pfades überdecken. Ziehen Sie das Ende des neuen Pfades mit gedrückter ⇧-Taste wieder nach unten. Überprüfen Sie mit **Wiedergeben ab**, ob die Animation stimmt, und korrigieren Sie eventuell.

> **TIPP**
>
> **So können Sie genauer arbeiten**
>
> Zoomen Sie über den Zoomschieber unten rechts die Folie größer, um exakter arbeiten zu können.

6. Klicken Sie den Aufzug an, und fügen Sie die gleiche Pfadanimation wie bei den Personen hinzu (**Animationen ▶ Erweiterte Animation ▶ Animationen hinzufügen ▶ Animationspfade ▶ Linien**). Passen Sie das Pfadende entsprechend an. Um die Animation richtig zu testen, klicken Sie den dazugehörigen Eintrag im Animationsbereich an und verschieben ihn nach oben. Die Reihenfolge ist immer erst »Aufzug« und dann »Personen«, also würde der Eintrag 5 an Position 3 rücken. Verschieben Sie den Eintrag per Drag & Drop oder über das Menü **Animationen ▶ Anzeigedauer ▶ Animation neu anordnen ▶ Früher**.

> **TIPP**
>
> **Den Pfad besser sehen**
>
> Um den Pfad besser und deutlicher auf der Folie zu erkennen, können Sie rechts im Animationsbereich auf den Animationseintrag klicken.

7. Wiederholen Sie Schritt 6 und platzieren Sie den Pfad entsprechend tiefer, sodass Personen und Aufzug synchron nach unten fahren. Stellen Sie beim letzten Eintrag im Animationsbereich von »Personen« wieder **Start** auf **Mit Vorherigen** und **Dauer** auf »02,00«. Ihr Animationsbereich sollte jetzt so wie in nebenstehender Abbildung aussehen.

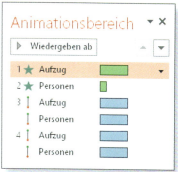

8. Markieren Sie nun die SmartArt-Grafik, und wählen Sie über **Animationen ▶ Animation ▶ Eingang** die Animation **Wischen** aus. Bei **Animationen ▶ Animation ▶ Effektoptionen** verwenden Sie **Richtung ▶ von links** und **Sequenz ▶ nacheinander**. Verändern Sie den Start auf **Nach Vorherigen** (**Animationen ▶ Anzeigedauer ▶ Start ▶ Nach Vorherigen**).

9. Verschieben Sie den Animationseintrag im Animationsbereich nach ganz oben, und klicken Sie auf die zwei kleinen Pfeilspitzen unterhalb des Eintrags. Sie sehen jetzt alle Einzeleinträge der SmartArt-Grafik-Animation. Es geht jetzt darum, alle Einträge in eine sinnvolle Reihenfolge

zu bringen. Verschieben Sie den ersten Eintrag von »Aufzug« hinter Position 5 und den ersten Eintrag von »Personen« direkt dahinter. Es folgen der nächste Aufzugs- und der nächste Personeneintrag. Danach sollte ein Agenda-SmartArt-Eintrag folgen, nämlich »Punkt 2«. (Wenn Sie länger mit der Maus über dem Eintrag verweilen, sehen Sie in einer *QuickInfo* die komplette Bezeichnung des Eintrags.) Verschieben Sie den letzten Aufzug und Personeneintrag vor den drittletzten Agenda-SmartArt Eintrag. Die folgende Abbildung zeigt die Anordnung der Einträge.

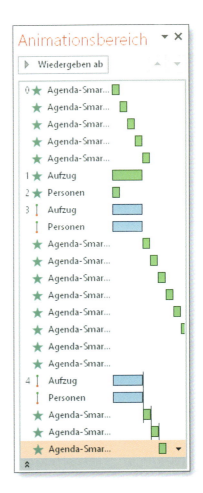

10. Abschließend lassen Sie alle Personen wieder aussteigen. Klicken Sie **Figuren** an und wählen Sie **Animationen ▶ Erweiterte Animation ▶ Animationen hinzufügen ▶ Weitere Ausgangseffekt ▶ Einfach ▶ Herausblitzen**. Wählen Sie bei **Effektoptionen** die Option **Nach rechts**.

Die Teammitglieder vorstellen

In vielen Präsentationen werden Menschen vorgestellt. Zwei Möglichkeiten, dies überzeugend umzusetzen, möchte ich Ihnen im Folgenden zeigen.

Im ersten Beispiel werden die einzelnen Teammitglieder nacheinander auf der Folie eingeblendet.

Die Teammitglieder vorstellen

1. Laden Sie von der beiliegenden CD die Präsentation *07_Team.pptx*. Beide Folien haben als Grundlage eine SmartArt-Grafik, die Sie bequem erweitern und für Ihre Bedürfnisse anpassen können (siehe Kapitel 5, »Tabellen, Diagramme und Schaubilder intelligent konzipieren«).

2. Bei der ersten Folie sehen Sie außerhalb der Folie dieselben Bilder noch einmal, allerdings vor einem weißen Rechteck. Das ist ein Hilfskonstrukt, damit die Bilder nachher auch gut auf der Folie zur Geltung kommen. Wenn Sie anstelle der vorgegebenen Ihre eigenen Bilder einfügen wollen, stellen Sie Ihre Porträts zunächst frei (siehe Kapitel 3, »Bilder pfiffig präsentieren«) und legen Sie sie anschließend auf das weiße Rechteck außerhalb der Folie (vorher sollten Sie die alten Bilder löschen). Gruppieren Sie Porträt und Rechteck ([Strg]+[⇧]+[G]), und kopieren Sie ([Strg]+[C]) die neu entstandene Gruppe. Klicken Sie in die SmartArt-Grafik und anschließend auf das Bild, das Sie austauschen wollen, und drücken Sie dann [Strg]+[V] (für Einfügen). Verfahren Sie bei den anderen Porträts genauso und fügen Sie anschließend Ihren Text ein.

3. Klicken Sie auf den Rahmen der SmartArt-Grafik und wählen Sie **Animationen ▶ Animation ▶ Eingang ▶ Wischen**. Bei **Effektoptionen ▶ Richtung** wählen Sie **Von oben** und bei **Sequenz** wählen Sie **Nacheinander**. Stellen Sie bei **Animationen ▶ Anzeigedauer ▶ Start ▶ Nach Vorherigen** ein.

4. Blenden Sie den Animationsbereich ein (**Animationen ▶ Erweiterte Animation ▶ Animationsbereich**), und drücken Sie die kleine Doppelpfeilspitze unterhalb des Animationseintrags. Sie sehen alle Einzeleffekte der SmartArt-Grafik. Klicken Sie auf den zweiten Eintrag (Team: Abgerundetes Rechteck 14), lassen Sie die [Strg]-Taste gedrückt und klicken Sie nun auf die Einträge 4 und 6, also die anderen abgerundeten Rechtecke. Wählen Sie über **Animationen ▶ Animation ▶ Eingang ▶ Zufällige Balken** und bei **Effektoptionen ▶ Richtung ▶ Horizontal**. Wenn Sie jede Person einzeln vorstellen wollen, stellen Sie bei **Animationen ▶ Anzeigedauer ▶ Start ▶ Beim Klicken** ein.

Kapitel 7 – Effekte und Animationen sinnvoll einsetzen

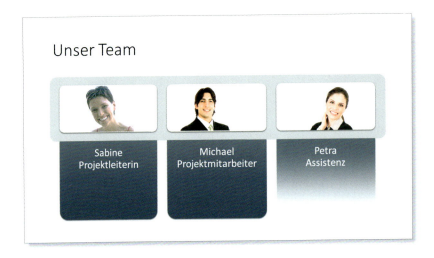

Im zweiten Beispiel gleiten die einzelnen Teammitglieder langsam von rechts in die Folie hinein.

1. Wechseln Sie zu Folie 2 der Präsentation *07_Team.pptx*. Sie sehen hier ein Team mit 13 Mitgliedern. Erweitern oder verkürzen Sie die SmartArt-Grafik am besten über den Textbereich links. Wenn Sie Bilder austauschen wollen, klicken Sie in die SmartArt-Grafik und drücken [Entf], oder fügen Sie ein Bild aus der Zwischenablage mit [Strg]+[V] ein. Wenn Sie es eingefügt haben, können Sie über **Bildtools ▸ Format ▸ Zuschneiden** den Ausschnitt und die Größe verändern.

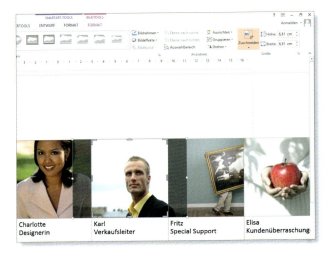

2. Da die SmartArt-Grafik ja viel größer als die Folie ist, animieren wir sie so, dass die Personen von rechts in die Folie einlaufen. Verkleinern Sie im ersten Schritt die Folie mithilfe des Zoomschiebers unten rechts auf ca. 20 % (alternativ **Ansicht ▸ Zoom ▸ Zoom**). Verschieben Sie die SmartArt-Grafik nach rechts außerhalb der Folie. Wählen Sie **Animationen ▸ Animation ▸ Animationspfade ▸ Linien** und als **Effektoptionen Richtung ▸ Links**. Zoomen Sie die Folie noch einmal auf 10 % und ziehen Sie die Pfadspitze mit gedrückter ⇧-Taste nach links, und zwar so weit, bis die SmartArt-Grafik nicht mehr auf der Folie zu sehen ist. Prüfen Sie die Animation über **Wiedergeben ab** oder über **Animationen ▸ Animation ▸ Vorschau**. Wenn alles passt, stellen Sie die Geschwindigkeit über **Animationen ▸ Anzeigedauer ▸ Dauer** auf »30,00 sek.« ein. Klicken Sie anschließend auf den Animationseintrag im Animationsbereich und ändern Sie die Effektoptionen. Stellen Sie **Gleiten Start** und **Gleiten Ende** auf »0 sek«. Schauen Sie sich die Präsentation über **Bildschirmpräsentation ▸ Ab aktueller Folie** oder mit ⇧ + F5 an.

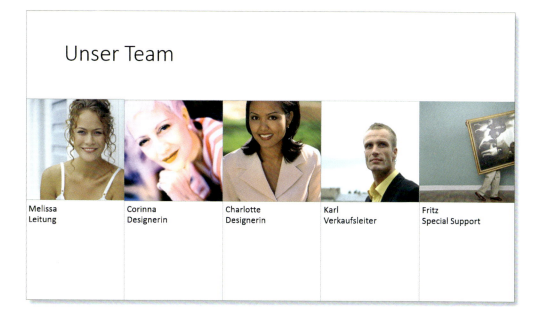

Kapitel 8
Video- und Audiodateien richtig einbinden

Mit den neuen Möglichkeiten, die sich seit PowerPoint 2010 bieten, um Film und Ton einzubinden, eröffnen sich – verglichen mit früheren Versionen – durchaus interessante Perspektiven. Die Einbindung ist grundsätzlich vereinfacht worden, und es werden nun mehr Dateiformate akzeptiert. Darüber hinaus können Videos direkt im Programm »gestaltet«, d. h. in Länge, Form, Farbe und Layout verändert oder mit Text und Grafiken überlagert werden.

In diesem Kapitel werden Sie lernen, welche Möglichkeiten es gibt, Videos gestalterisch aufzupeppen, beispielsweise mit grafischen Effekten. Sie werden sehen, wie Sie Videos und Audiodateien bearbeiten können, und darüber hinaus erfahren Sie, worauf Sie beim Einbinden solcher Dateien zu achten haben und wie Sie Videos und Audiodateien komprimieren können.

Basisfunktionen Video

Seit PowerPoint 2010 können Video- und Audiodateien direkt in die Präsentation eingebettet statt wie in den Vorgängerversionen nur als externe Dateien verknüpft werden. Das bringt viele Vorteile: Wenn Sie die Präsentation beispielsweise weitergeben wollen, müssen Sie die Video- und/oder Sounddateien nicht mehr separat mitliefern (und können sie so natürlich auch nicht vergessen).

> **TIPP**
>
> **Kompatibilität**
>
> In PowerPoint 2013 eingebettete Videos laufen auch unter früheren Versionen. Sogar in PowerPoint 2003 lassen sie sich verwenden, aber nur, wenn sie verknüpft wurden. Auch in der Version 2013 können Sie Videos und Sound weiterhin lediglich verknüpfen, indem Sie beim Einfügen die entsprechende Einstellung wählen. Das hat generell den Vorteil, dass Ihre Präsentation weniger Speicherplatz benötigt. Beachten Sie dazu die Hinweise im Abschnitt »Voraussetzungen für die Integration von Video- und Audiodateien« ab Seite 340.

Beim Einfügen eines Videos in eine Präsentation über **Einfügen ▸ Medien ▸ Video** bieten sich Ihnen drei verschiedene Möglichkeiten:

1. Über den Befehl **Video auf meinem Computer ▸ Einfügen** können Sie Videos von Ihrer Festplatte einfügen, d. h., das Video wird in die Präsentation eingebettet und kann mit allen von PowerPoint zur Verfügung gestellten Videobearbeitungsbefehlen gestaltet werden.

2. Mit der Option **Video auf meinem Computer ▸ Einfügen ▸ Verknüpfung mit Datei** verknüpfen Sie Videos, die auf Ihrer Festplatte liegen, mit Ihrer Präsentation. So verbraucht die Präsentation weniger Speicherplatz,

allerdings müssen Sie immer daran denken, die verknüpften Dateien mitzuschicken oder beim Vortrag dabeizuhaben. Auch mit dieser Variante stehen Ihnen alle Gestaltungsmöglichkeiten offen.

3. Mit der dritten Möglichkeit, **Onlinevideo**, verknüpfen Sie Videos aus dem Internet (von einer Website) mit Ihrer Präsentation. Mithilfe der Suchfunktion können Sie bequem Online-Videos suchen und auswählen. Die Videos stammen von gängigen Plattformen wie YouTube usw. Alternativ dazu können Sie auch in Ihrem Internetbrowser suchen, dort den sogenannten Einbettungscode kopieren ([Strg]+[C]) und diesen in das in PowerPoint angezeigte Feld **Aus einem Videoeinbettungscode** ([Strg]+[V]) einfügen. Der Clip bleibt dabei im Internet, d. h., Sie brauchen während des Vortrags eine Internetverbindung, und Sie können keinerlei Gestaltung oder Bearbeitung am Video vornehmen. Wenn Sie das Video bearbeiten möchten, müssen Sie es auf Ihre Festplatte kopieren. Dazu gibt es spezielle Programme, die Sie im Internet finden. Prüfen Sie vorher jedoch die rechtliche Lage! Nicht jedes Video darf verwendet oder bearbeitet werden.

Wie Bilder lassen sich nun auch Videos gestalten (das funktioniert allerdings nur bei Videos, die Sie über **Video auf meinem Computer** in PowerPoint geladen haben). Sie können sie beispielsweise mit Bildrahmen und Effekten versehen, sie in neue Formen einpassen, dafür eine 3D-Drehung gestalten oder sie sogar neu einfärben. Sobald Sie ein Video angeklickt haben, erscheint die Menüleiste **Videotools ▸ Format**, über die Sie sämtliche Einstellungen vornehmen können.

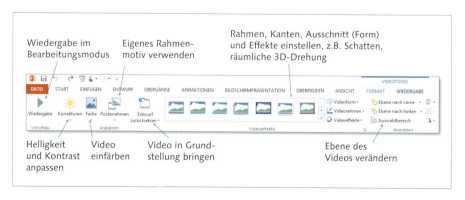

Unter **Videotools ▸ Wiedergabe** können Sie darüber hinaus die Abspieleigenschaften des Videos verändern. Dazu zählen Funktionen wie **Video kürzen**, **Ausblenden** und **Endloswiedergabe**.

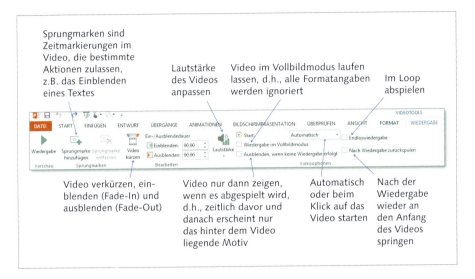

Wie bereits erwähnt, können Sie mit PowerPoint 2013 Texte, Formen, Bilder usw. über das Video legen und das Ganze sogar zeitlich gesteuert ablaufen lassen. Sie können also beispielsweise einstellen, dass nach einer Sekunde Film der Titel als Text erscheinen soll. Das eröffnet natürlich eine Vielzahl an Gestaltungsmöglichkeiten. Im Abschnitt »Einen Videoclip mit Text und Grafik überlagern« ab Seite 346 finden Sie dazu eine Übung.

Basisfunktionen Audio

Im Hinblick auf die Funktionalität und den Aufbau der Menüs unterscheiden sich die Einstellungsmöglichkeiten für Audiodateien nur geringfügig von denen für Videos. Im Folgenden nenne ich nur die wichtigsten Unterschiede. Wenn Sie Audiodateien einfügen, haben Sie über **Einfügen ▸ Medien ▸ Audio** drei Wahlmöglichkeiten:

1. Über **Onlineaudio** können Sie kurze Audioclips aus dem ClipArt-Archiv einfügen (bis PowerPoint 2010: **ClipArt-Audio**).

2. Mit **Audio auf meinem Computer** fügen Sie Audiodateien entweder direkt ein oder verknüpfen sie (analog zu den Videos).

3. Über **Audioaufnahme** können Sie direkt aus PowerPoint heraus eine Aufnahme mit dem Mikrofon machen.

Im Gegensatz zu einem Video kann eine Audiodatei über mehrere Folien hinweg abgespielt werden. Dazu wählen Sie **Audiotools ▸ Wiedergabe ▸ Audiooptionen ▸ Folienübergreifende Wiedergabe** aus. Die Anzahl der Folien können Sie einstellen, indem Sie den Animationsbereich einblenden (**Animationen ▸ Erweiterte Animation ▸ Animationsbereich**), dort doppelt auf den Eintrag der Audiodatei (der Eintrag mit dem Play-Symbol) klicken (**Effektoptionen**) und im Dialogfenster **Wiedergabe Audio** die Anzahl der Folien anpassen (über **Wiedergabe beenden** und **Nach**).

Komprimierung

Um die Dateigröße einer Präsentation zu verringern (was vor allem für die Weitergabe wichtig ist), lassen sich Video- und Audiodateien, die innerhalb von PowerPoint gespeichert sind, komprimieren. Leider minimieren Sie dadurch auch deren Qualität. In der Praxis gilt es daher, einen Kompromiss zu finden bzw. sich zu überlegen, wofür die Präsentation eingesetzt werden soll. Wenn Sie die gleiche Präsentation für verschiedene Zwecke verwenden, legen Sie am besten mehrere Varianten der Präsentation an. Die Komprimierungsfunktion finden Sie unter **Datei ▶ Informationen ▶ Medien komprimieren**. Wenn Videos oder Sounddateien ruckeln oder Sie die Präsentationsdatei verschicken wollen, sollten Sie sie komprimieren. Dabei stehen Ihnen drei verschiedene Stufen zur Verfügung, die sich jeweils auch auf die Qualität der Präsentation auswirken (siehe folgende Abbildung).

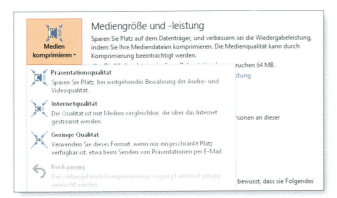

Außerdem können Sie bei einigen Videos über **Datei ▶ Informationen ▶ Medienkompatibilität optimieren** ebenfalls die Lauffähigkeit und die Abspielgeschwindigkeit verbessern. Meine Erfahrungen damit waren allerdings zwiegespalten. Bei einigen Videos hat es sehr gut funktioniert, bei anderen wurde die Qualität so schlecht, dass man fast nichts mehr auf dem Video erkennen konnte hat. Achten Sie daher am besten darauf, stets Sicherheitskopien von Ihrer PowerPoint-Präsentation anzulegen.

Voraussetzungen für die Integration von Video- und Audiodateien

Wichtige Voraussetzungen, um Videos oder Ton in PowerPoint einzubetten, sind das richtige Videoformat und der passende Video-Codec. Das Videoformat ist die Klassifizierung eines Clips, also z. B. MPEG oder MOV. Für jedes Videoformat gibt es verschiedene Video-Codecs. Sie können sich das wie eine Art Garage vorstellen: Sie brauchen zunächst einmal einen Schlüssel, um die Garage aufzuschließen (Videoformat). Wenn Sie dann mit dem Auto aus der Garage herausfahren wollen, brauchen Sie einen weiteren Schlüssel, nämlich den Autoschlüssel (Video-Codec).

Voraussetzungen für die Integration von Video- und Audiodateien

> **INFO**
>
> **Video-Codec**
>
> *Codec* ist ein Kunstwort, das aus *Coder* (Kodierer) und *Decoder* (Dekodierer) zusammengesetzt ist. Mit diesem Verfahren werden Daten oder Signale digital kodiert und dekodiert, und da ein Film sehr viel Speicherplatz benötigt, werden die Videoclips beim Kodieren üblicherweise auch komprimiert.

Damit ein Video überhaupt auf Ihrem Computer läuft, brauchen Sie einen sogenannten *Treiber*, der auch vom Video-Codec abhängt. Bei Betriebssystemen wie Windows oder Mac OS X sind standardmäßig schon etliche Codecs vorinstalliert. Je neuer Ihr Betriebssystem ist, desto mehr Treiber sind installiert. Aus diesem Grund ist es möglich, beispielsweise ein Video, das Sie mit Ihrer Digitalkamera gedreht haben, auf Ihrem Computer abzuspielen. Falls das einmal nicht funktionieren sollte, lesen Sie in der Kamerabeschreibung nach, welches Format (welcher Codec) verwendet wird, und suchen Sie sich den passenden Treiber (einen aktuellen Player) aus dem Internet heraus. PowerPoint 2013 spielt die in der Tabelle aufgeführten Videoformate ab.

Videoformat	Dateiendung
Windows Media File	ASF, ASX, WPL, WM, WMX, WMD, WMZ, DVR-MS
Audio Video Interleave oder Windows Video File	AVI
QuickTime Movie File bzw. QuickTime-Videodatei	MOV
MP4 Video	MP4, M4V, MP4V, 3GP, 3GPP, 3G2, 3GP2
Movie File	MPEG, MPG, MPE, M1V, M2V, MOD, MPV2, MP2V, MPA
MPEG-2 TS Video	M2TS, M2T, MTS, TS, TTS
Windows Media Video File	WMV, WVX
Adobe Flash Medium	SWF

Kapitel 8 – Video- und Audiodateien richtig einbinden

Wenn Sie ein Video in PowerPoint einbetten oder verknüpfen möchten, sind folgende Schritte notwendig:

1. Fügen Sie zunächst einfach die Videodatei in PowerPoint ein (über **Einfügen ▸ Medien ▸ Video ▸ Video auf meinem Computer** oder **Onlinevideo**). Es kann sein, dass PowerPoint einen Konvertierungsvorgang anstößt oder Treiber für die Videodatei herunterlädt. Bitte warten Sie die Zeitdauer ab – unter Umständen schon ein paar Minuten. Sie können den Fortschritt in der Fußzeile von PowerPoint mit verfolgen. Prüfen Sie anschließend, ob der Clip im Präsentationsmodus (`F5`) funktioniert.

2. Falls nicht, schauen Sie sich das Videoformat an (klicken Sie im Datei-Explorer mit der rechten Maustaste auf die Datei und dann auf **Eigenschaften**). Wenn es sich z. B. um QuickTime Movie oder Adobe Flash Medium handelt, ist auf jeden Fall ein aktueller Player (Treiber) notwendig, der aus dem Internet heruntergeladen werden kann. Falls es ein anderes Format ist, starten Sie den Windows Media Player, laden zunächst die Videodatei, und versuchen dann, den Clip abzuspielen.

3. Wenn der Clip auch im Windows Media Player nicht abgespielt werden kann, fehlt ein passender Treiber, der nachgeladen werden muss.

   - Im Normalfall fragt Sie der Media Player, ob er den entsprechenden Treiber, der den Video-Codec enthält, aus dem Internet herunterladen soll. Bestätigen Sie die Anforderung (vorausgesetzt, Sie haben gerade Zugang zum Internet).

   - Wenn Ihnen kein Treiber für den Video-Codec angeboten wird, können Sie sich über die rechte Maustaste und den Kontextmenüpunkt **Eigenschaften** den Video-Codec anzeigen lassen, den entsprechenden Treiber zu diesem Video-Codec im Internet suchen und ihn manuell installieren. Als Beispiele für diesen Fall seien hier die Formate *DivX* oder *vidX* genannt.

Folgende Hinweise müssen Sie beachten, wenn Videos lediglich *verknüpft* wurden, so wie in den älteren Versionen von PowerPoint:

- Die Präsentation und die zugehörigen Videodateien müssen im selben Ordner liegen, ansonsten kann es vorkommen, dass PowerPoint die Ver-

Voraussetzungen für die Integration von Video- und Audiodateien

knüpfung nicht findet. Das passiert vor allem dann, wenn die Präsentation auf einen anderen Computer übertragen wurde.

- Legen Sie die Präsentation und die Videos nicht auf den Desktop. Verknüpfen Sie auch Videos, die auf einem Desktop liegen, nicht mit PowerPoint, denn der Desktop enthält einen benutzerspezifischen Pfad, der in PowerPoint gespeichert wird. Wenn die Präsentation mit dem verknüpften Video dann auf einem anderen PC abgespielt werden soll, müsste dort auch Ihr benutzerspezifischer Pfad vorhanden sein, was in der Regel nicht der Fall ist. Daher ist es besser, Sie suchen sich immer einen Ordner auf Ihrer Festplatte aus.

- Früher gab es häufig Probleme, wenn Pfadname und Videoname zusammen mehr als 128 Zeichen beinhalteten, weil PowerPoint den Namen einfach bei 128 Zeichen »abschnitt«. Mit der neuen Version taucht das Problem nicht mehr auf. Dennoch ist es gut, wenn der Pfad recht kurz gehalten wird, denn das bedeutet mehr Übersicht und unter Umständen auch eine kürzere Ladezeit.

Genau wie im Bereich der Videos hat Microsoft auch die Anzahl der Audioformate erhöht. So können nun beispielsweise auch Formate wie MP3 in PowerPoint eingebunden und bearbeitet werden. Audiodateien können genauso wie Videos eingebettet oder optional auch verknüpft werden. Praktisch ist auch, dass jetzt Audiodateien ein- und ausgeblendet werden können, denn gerade wenn ein Musikstück über mehrere Folien läuft, hörte der Ton vorher oft zu abrupt auf. Mit dem Ausblenden kann die Lautstärke sanft heruntergefahren werden. Ebenso wie bei Videos lassen sich Sprungmarken definieren. (Eine Sprungmarke setzt man an dem Punkt in einem Musikstück, an dem etwas passieren, z. B. ein Bild eingeblendet werden soll.)

Für den Umgang mit Audiodateien in PowerPoint gelten die gleichen Regeln und Voraussetzungen wie bei den Videoclips. Falls Sie lange Musikstücke verwenden, kann die Speichergröße der

343

Präsentation sehr groß werden. Nutzen Sie daher am besten die Medienkomprimierungsfunktion von PowerPoint. Falls das nicht ausreichen sollte, denken Sie darüber nach, die Musikstücke jeweils zu kürzen.

Beispiele für die Verwendung von Videos

Die folgenden Beispiele sollen Ihnen einen Einblick in die Gestaltungsmöglichkeiten von und mit Videos geben. Videos lassen sich im Raum drehen, mit Bildern überlagern, kreisrund ausschneiden und vieles mehr. Sie finden die meisten Funktionen dazu im Videoformatierungsmenü (**Videotools ▸ Format**). Die Beispiele dieses Abschnitts finden Sie auf der beiliegenden CD. Einige Videoclips sind Apple QuickTime Movies. Bitte bestätigen Sie die Installation, falls PowerPoint den Treiber installieren möchte, oder installieren Sie dazu einen aktuellen QuickTime-Player (Sie können einfach bei Google nach »QuickTime Player« suchen). Für die Beispiele brauchen Sie lediglich den Player; die weiteren im Download enthaltenen Programme wie iTunes, iCloud usw. sind nicht notwendig.

Als erstes Beispiel (*08_Videowürfel.pptx* auf der beiliegenden CD) sehen Sie einen Würfel mit drei sichtbaren Seiten, auf denen jeweils ein Video läuft. Dazu wurden die Videos oben und rechts perspektivisch im Raum gedreht (**Videotools ▸ Format ▸ Videoeffekte ▸ Videoeffekte ▸ 3D-Drehung**).

Die nächsten beiden Beispiele zeigen ein aufgeschlagenes Buch, auf dessen Seite ein Video läuft. Im ersten Beispiel (*08_Buch-mit-Video_1.pptx* auf der beiliegenden CD) ist das Video ohne Videoeffekte eingebettet worden. Zusätzlich wurde ein Blockpfeil über das Video gelegt. Dieser Blockpfeil kann z. B. auf einen bestimmten Bereich des Videos hinweisen.

Beispiele für die Verwendung von Videos

Im zweiten Buchbeispiel (*08_Buch-mit-Video_2.pptx* auf der beiliegenden CD) ist das Video perspektivisch der Buchseite angepasst, ähnlich wie Sie es schon beim Videowürfel gesehen haben. Außerdem wurde die Videoform in ein abgerundetes Viereck verändert (**Videotools ▸ Format ▸ Videoeffekte ▸ Videoform ▸ Abgerundetes Viereck**).

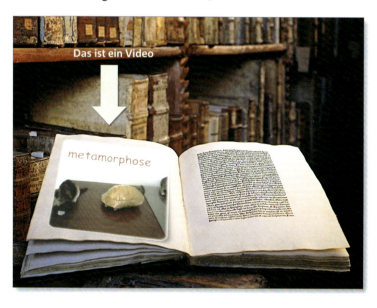

Kapitel 8 – Video- und Audiodateien richtig einbinden

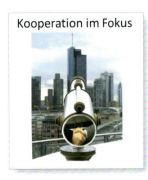

Auf der nächsten Folie (*08_Fernrohr.pptx* auf der beiliegenden CD) sehen Sie ein Fernrohr[1], durch das erkennbar gemacht wird, was sich in weiter Ferne abspielt. Die Form des Videos wurde in einen Kreisausschnitt gebracht (**Videotools ▸ Format ▸ Videoeffekte ▸ Videoform ▸ Ellipse**).

Zum Schluss dieses Abschnitts möchte ich noch einmal auf die Möglichkeit der Überlagerung eines Videos mit Text, Formen oder Bildern hinweisen. Hieraus lassen sich unzählige Ideen entwickeln, z. B.:

- einen Texthinweis zu einem Haus einblenden
- mit einem Blockpfeil auf ein Objekt im Video hinweisen
- Videos mit Untertiteln versehen
- eine Person mit einem Spotlight hervorheben
- über einem Video von einer sich drehenden Weltkugel Bilder von Wahrzeichen verschiedener Länder einblenden

Die Animationseffekte in PowerPoint erlauben interessante Interaktionen, die Ihnen ein Video so einfach nicht bieten kann. Stellen Sie sich als Beispiel Folgendes vor: Sie lassen ein eingebettetes Video endlos laufen, und auf einen Mausklick blenden Sie jeweils einen Pfeil und einen Text ein oder auch wieder aus. Auf die Zuschauer wirkt so etwas sehr spannend.

Einen Videoclip mit Text und Grafik überlagern

Die häufigsten Bearbeitungen, die an Videoclips vorgenommen werden, sind die Überlagerung durch Text und die Hervorhebung eines Teils des Videos. Dazu wurde bislang (in älteren Versionen als PowerPoint 2010) stets ein Videoschnittprogramm benötigt. In der folgenden Übung (*08_Elefantenkuh_Elsa.pptx* auf der beiliegenden CD) zeige ich Ihnen, wie Sie Text über einen Videoclip einblenden und Teile des Videos hervorheben.

---

[1] Quelle: *http://de.wikipedia.org/wiki/Datei:Fernrohr_Zeilgalerie_Frankfurt-untilted.jpg*

Einen Videoclip mit Text und Grafik überlagern

1. Legen Sie eine neue Folie an (für diese Übung reicht ein leeres Layout). Laden Sie über **Einfügen ▸ Medien ▸ Video ▸ Video auf meinem Computer** den Videoclip *08_Elefantenkuh-Elsa.mov* von der beiliegenden CD. Vergrößern Sie das Video um ca. 50% (**Videotools ▸ Format ▸ Größe**). Gestalten Sie das Video mit **Videotools ▸ Format ▸ Videoeffekte ▸ Intensiv ▸ Monitor, grau**. Verschieben Sie das Video auf der Folie ein wenig nach rechts. Über **Animationen ▸ Anzeigedauer ▸ Start** legen Sie **Nach Vorherigen** fest.

2. Über **Einfügen ▸ Illustrationen ▸ Formen ▸ Standardformen ▸ Ellipse** zeichnen Sie mit gedrückter ⇧-Taste einen Kreis über das Video – ungefähr dort, wo sich die meisten Elefanten befinden. Entfernen Sie die Füllfarbe (**Start ▸ Zeichnung ▸ Fülleffekt ▸ Keine Füllung**), und färben Sie die Formkontur gelb (**Start ▸ Zeichnung ▸ Formkontur ▸ Gelb**).

3. Fügen Sie über den Elefanten ein Textfeld ein (**Einfügen** ▸ **Text** ▸ **Textfeld**), und schreiben Sie »Elefantenkuh Elsa« hinein. Passen Sie gegebenenfalls die Schrift in Art, Größe und Stil an das Video an. Da das Video im Beispiel räumlich dargestellt ist, sieht es besser aus, wenn Sie auch den Text drehen. Klicken Sie mit der rechten Maustaste auf das Video, wählen Sie im Kontextmenü **Video formatieren** und im Aufgabenbereich **Effekte** ▸ **3D-Drehung**. Notieren Sie die Parameter für die 3D-Drehung. Im Beispiel steht bei **X-Drehung** der Wert »20°« und bei **Perspektive** der Wert »55°«. Setzen Sie dann für das Textfeld »Elefantenkuh Elsa« die gleichen Parameter ein, indem Sie darauf klicken und im Aufgabenbereich **Form formatieren** ▸ **Effekte** ▸ **3D-Drehung** wählen (beim Wechsel auf die Form ist normalerweise schon **3D-Drehung** rechts im Aufgabenbereich ausgewählt). Wählen Sie jedoch zunächst bei **Voreinstellungen** ▸ **Perspektive** die Option **Perspektive vorn** aus, und ändern Sie dann die Parameter für **X-Drehung** und **Perspektive**. Nehmen Sie anschließend die gleichen Einstellungen auch für den Kreis vor.

4. Für die anderen Animationen sind noch einige vorbereitende Arbeiten nötig. Wir wollen festlegen, wann Kreis und Text erscheinen sollen. Wenn Sie mit der Maus auf das Video zeigen, erscheint das Wiedergabemenü. Klicken Sie dann auf das dreieckige Symbol für **Wiedergabe/Pause**. Lassen Sie das Video vorlaufen, ungefähr bis zum Zeitpunkt 00:03,13. Wenn Sie das Video zu weit abgespielt haben, können Sie es entweder über die Schaltfläche **Rückwärts** zurückspulen oder direkt auf die entsprechende Stelle im Zeitbalken klicken.

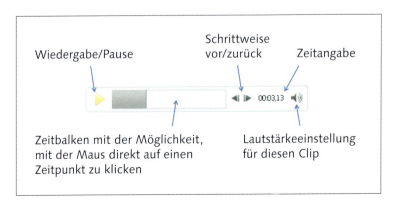

Einen Videoclip mit Text und Grafik überlagern

5. Wenn Sie den gewünschten Zeitpunkt erreicht haben, setzen Sie über **Videotools ▸ Wiedergabe ▸ Sprungmarken ▸ Sprungmarke hinzufügen** eine Sprungmarke. Sprungmarken sind bestimmte Stellen im zeitlichen Ablauf des Videos, an denen eine Aktion ausgelöst wird, z. B. das Einblenden eines Bildes. Die Sprungmarke wird im Zeitbalken als kleiner Kreis angezeigt. An dieser Stelle werden später der Kreis und der Text erscheinen. Lassen Sie den Videoclip bis etwa 00:08,00 weiterlaufen, und setzen Sie dort eine weitere Sprungmarke, an der die eingeblendeten Objekte wieder ausgeblendet werden.

6. Spielen Sie das Video ab, und stoppen Sie es an der ersten Sprungmarke. Alternativ klicken Sie mit der Maus direkt auf die Sprungmarke. Fügen Sie einen Kreis und den Text »Elefantenkuh Elsa« in die Folie ein. Platzieren Sie den Kreis und den Text, wie in folgender Abbildung zu sehen, also genau auf das Video: Der Text befindet sich im oberen Drittel des Videos, und den Kreis legen Sie genau auf eine der Elefantenkühe.

7. Markieren Sie den Text, und wählen Sie **Animationen ▸ Animation ▸ Eingang ▸ Verblassen**. Für **Animationen ▸ Anzeigedauer ▸ Dauer** stellen Sie den Wert »00,25« ein. Da die Animation an der ersten Sprungmarke beginnen soll, wählen Sie bei **Animationen ▸ Erweiterte Animation ▸ Trigger ▸ Bei Sprungmarke** die Option **Textmarke 1**.

8. Für das Ausblenden des Textes verwenden Sie **Animationen ▸ Erweiterte Animation ▸ Animation hinzufügen ▸ Beenden ▸ Verblassen**. Stellen Sie bei **Animationen ▸ Anzeigedauer ▸ Dauer** wieder den Wert »00,25« ein. Bei **Animationen ▸ Erweiterte Animation ▸ Trigger ▸ Bei Sprungmarke** wählen Sie dieses Mal **Textmarke 2**. Testen Sie die gesamte Animation über die Vorschau. Bei Fehlern können Sie auch den Animationsbereich einblenden und dort korrigieren.

9. Wir möchten, dass der Kreis stets die Elefantenkuh Elsa hervorhebt. Daher benötigen wird neben dem Ein- und Ausblenden auch eine Pfadanimation. Gehen Sie für das Einblenden zunächst so vor wie beim Text. Setzen Sie allerdings für **Animationen ▸ Anzeigedauer ▸ Start** die Option **Mit Vorherigen** ein, denn der Kreis soll zeitgleich mit dem Text erscheinen.

10. Um jetzt die Pfadanimation hinzuzufügen, wählen Sie **Animationen ▸ Erweiterte Animation ▸ Animation hinzufügen ▸ Animationspfade ▸ Linien**. Bei **Animationen ▸ Animation ▸ Effektoptionen** wählen Sie für **Richtung** die Option **Rechts**. Unter **Animationen ▸ Anzeigedauer ▸ Start** nehmen Sie **Mit Vorherigen**, und bei **Animationen ▸ Erweiterte Animation ▸ Trigger ▸ Bei Sprungmarke** geben Sie **Textmarke 1** an.

11. Die Dauer der Pfadanimation können Sie ganz einfach berechnen, indem Sie die Differenz zwischen der zweiten und der ersten Sprungmarke nutzen: in unserem Beispiel also 8 Sekunden minus 3,13 Sekunden = 4,87 Sekunden. Dieser Wert muss bei **Animationen ▸ Anzeigedauer ▸ Dauer** eingegeben werden. Der Einfachheit halber können Sie auch den Wert »4,75« angeben.

12. Schalten Sie den Animationsbereich ein (**Animationen ▸ Erweiterte Animation ▸ Animationsbereich**). Markieren Sie den Eintrag für die Pfadanimation, und öffnen Sie über die rechte Maustaste die **Effektoptionen**. Ändern Sie im Dialogfenster die Werte in den Feldern **Gleiten Start** und **Gleiten Ende** jeweils auf »0 sek.«.

13. Markieren Sie jetzt wieder das Video auf der Folie, und klicken Sie die zweite Sprungmarke an (oder lassen Sie das Video abspielen, und stoppen Sie es an genau dieser Stelle). Blenden Sie über [Alt]+[F9] die Führungslinien ein, und verschieben Sie eine waagerechte und eine senkrechte Führungslinie so, dass ihr Kreuzungspunkt mitten auf der Elefantenkuh liegt.

14. Verschieben Sie nun noch das Pfadende auf den Kreuzungspunkt, damit sich der Kreis nur bis zu diesem Punkt bewegt. Testen Sie den gesamten Ablauf im Bildschirmpräsentationsmodus [F5], und nehmen Sie gegebenenfalls Korrekturen vor.

Sie haben mit dieser Übung gesehen, was mit den Videofunktionen von PowerPoint möglich ist. Früher sind solche Ergebnisse nur mit Videoprogrammen möglich gewesen, heute funktioniert das innerhalb von PowerPoint und bietet Ihnen damit mehr Flexibilität und Gestaltungsmöglichkeiten.

Eine attraktive Diashow mit Musik anlegen

PowerPoint bietet eine Komfortfunktion zum schnellen und einfachen Erstellen von Fotoalben und Diashows: **Fotoalbum**. Damit können Sie im Handumdrehen Ihre digitalen Fotos in einer interessanten Präsentation aufbereiten. Wie Sie das anstellen, zeige ich Ihnen in diesem Abschnitt. Die dazugehörige Präsentation finden Sie unter *08_Fotoalbum.pptx* auf der beiliegenden CD.

1. Kopieren Sie zunächst am besten alle digitalen oder eingescannten Bilder, die Sie in die Diashow aufnehmen wollen, in einen Ordner. Das ist zwar technisch nicht unbedingt erforderlich, aber Sie sparen so eine Menge Zeit.

> **TIPP**
>
> **Bildgröße**
>
> Achten Sie darauf, dass die Bilder in einer Mindestauflösung von 1.024 × 768 Pixeln vorliegen, andernfalls leidet die Qualität der Darstellung. Falls Sie beabsichtigen, vor größerem Publikum zu präsentieren und die Projektoren höhere Auflösungen ermöglichen (z. B. 1.920 × 1.080 Pixel, Full-HD-Auflösung), sollten Sie entsprechend die Pixelwerte Ihrer Bilder erhöhen.

2. Öffnen Sie PowerPoint, und rufen Sie den Befehl **Einfügen ▸ Bilder ▸ Fotoalbum ▸ Neues Fotoalbum** auf. Es erscheint ein Dialog, in dem Sie die Bilder einlesen können. Wählen Sie über die Schaltfläche **Datei/Datenträger** die gewünschten Bilder aus, und laden Sie sie ein. Nachdem PowerPoint diese eingelesen hat, können Sie ihre Reihenfolge verändern und festlegen (über die Pfeiltasten unterhalb der Box **Bilder im Album**). Bei Bedarf fügen Sie auch noch Textfolien ein (über die Schaltfläche **Neues Textfenster**).

Eine attraktive Diashow mit Musik anlegen

3. Wie Sie in der Abbildung sehen, können Sie im Dialogfenster **Fotoalbum** außerdem jedes Bild einzeln oder, wenn Sie die Häkchen setzen, auch mehrere Bilder drehen und in Helligkeit und Kontrast anpassen. Lassen Sie im Bereich **Albumlayout** das Bildlayout bei **An Folie anpassen**. Wenn Sie die verschiedenen Möglichkeiten des Bildlayouts testen möchten, können Sie die Übung auch mit einem anderen Bildlayout wiederholen.

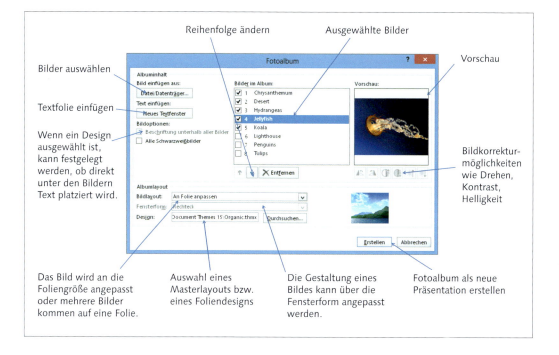

4. Klicken Sie auf **Erstellen**, wird eine *neue* PowerPoint-Präsentation erzeugt, unabhängig davon, wie viele andere Präsentationen Sie gerade geöffnet haben.

5. Weil im Feld **Bildlayout** die Option **An Folie anpassen** eingestellt war, werden jetzt alle Bilder in Foliengröße dargestellt, d. h., wenn ein Bild zu klein ist, wird es automatisch größer skaliert und umgekehrt. Das spart Ihnen eine Menge Zeit – gerade wenn Sie an Digitalfotos mit sehr hohen Auflösungen denken, die meistens sehr viel größer als die Folie sind.

> **TIPP**
>
> **Foliengröße anpassen**
>
> Wenn Sie Bilder im Seitenverhältnis 4:3 haben, werden die Folien nicht komplett auf die Foliengröße eingestellt, da das Seitenverhältnis des Fotoalbums 16:9 ist. Stellen Sie in diesem Fall einfach über **Entwurf ▸ Anpassen ▸ Foliengröße** das Verhältnis auf 4:3 um.

6. Wenn Sie noch etwas an den Grundeinstellungen des Fotoalbums ändern wollen, können Sie das über **Einfügen ▸ Fotoalbum ▸ Fotoalbum bearbeiten** tun.

7. Damit die Bilder weich überblendet werden, können Sie auch hier mit Effekten arbeiten, z. B. **Verblassen**. Wechseln Sie dazu in die Foliensortierung (**Ansicht ▸ Präsentationsansichten ▸ Foliensortierung**), und ordnen Sie den einzelnen Folien anschließend über die Registerkarte **Übergänge ▸ Übergang zu dieser Folie** Überblendungen zu, z. B. **Verblassen**, **Form** oder Ähnliches.

8. Markieren Sie dann alle Folien, in dem Sie z. B. einen Rahmen um die Folien mit gedrückter linke Maustaste ziehen, und setzen Sie unter **Übergänge ▸ Anzeigedauer ▸ Nächste Folie** das Feld **Nach** auf den Wert »00:04,00«. Wechseln Sie anschließend wieder in die Standardansicht (**Ansicht ▸ Präsentationsansichten ▸ Normal**). Nun ist die eigentliche Diashow fertig.

9. Wenn Sie möchten, können Sie auf einzelnen Folien auch noch Text oder Formen hinzufügen (**Einfügen ▸ Illustrationen ▸ Formen**). Stellen Sie sich z. B. vor, Sie erstellen eine Diashow zu Ihrem letzten Urlaub. Sie könnten beispielsweise die Namen von Städten, Plätzen, Personen usw. oder Stichwörter zu bestimmten Erlebnissen einfügen. Wenn Sie etwas besonders auffällig darstellen wollen, können Sie eine Hervorhebung nutzen, z. B. einen Pfeil einzeichnen. (Wie Sie wissen, gibt es auch hierbei zahlreiche Möglichkeiten zur Animation; siehe Kapitel 7, »Effekte und Animationen sinnvoll einsetzen«.)

Eine attraktive Diashow mit Musik anlegen

10. Eine andere Möglichkeit besteht darin, die Diashow mit Musik zu unterlegen. Beschaffen Sie sich dazu zunächst ein Musikstück in digitaler Form, z. B. als MP3- oder WAV-Datei. Wechseln Sie dazu auf die Folie, mit der zeitgleich die Musik starten soll. Zum Einfügen rufen Sie **Einfügen ▸ Medien ▸ Audio ▸ Audio auf meinem Computer** auf und laden das Stück in Ihre Präsentation. Wenn das Audiosymbol auf der Folie erscheint, verschieben Sie es auf den Randbereich und nehmen folgende Einstellungen vor:

- Damit das Musikstück auch über mehrere Folien zu hören ist, haken Sie **Audiotools ▸ Wiedergabe ▸ Audiooptionen ▸ Folienübergreifende Wiedergabe** an.

- Um das Audiosymbol während der Diashow unsichtbar zu machen, wählen Sie **Audiotools ▸ Wiedergabe ▸ Audiooptionen ▸ Bei Präsentationen ausblenden**.

11. Darüber hinaus können Sie die Anzahl der Folien exakt einstellen, bei denen Musik zu hören sein soll. Das ist beispielsweise dann besonders nützlich, wenn Sie mehrere Musikstücke abspielen wollen. Zum

Beispiel könnten Sie es in Ihrer Urlaubs-Diashow auf den ersten zehn Folien eher gemächlich angehen lassen und auf den folgenden Folien immer poppiger werden. Blenden Sie dazu den Animationsbereich ein (**Animationen ▸ Erweiterte Animation ▸ Animationsbereich**), und doppelklicken Sie auf den Audioeintrag im Animationsbereich. Im Dialogfenster **Wiedergabe Video** können Sie auf dem Reiter **Effekt** im Bereich **Wiedergabe beenden** die exakte Anzahl von Folien in das Feld **Nach** eingeben.

12. Um schließlich das Musikstück sanft ein- und auszublenden, wie Sie es z. B. aus dem Radio kennen, nutzen Sie die Funktion zum Ein- und Ausblenden von Audiodateien (**Audiotools ▸ Wiedergabe ▸ Bearbeiten ▸ Ein-/Ausblendedauer**).

Sie haben gesehen, wie schnell eine Diashow erstellt ist. Es spricht also nichts dagegen, wenn Sie bei Ihrer nächsten Firmenfeier ein paar Digitalfotos machen und diese zum Ende der Feier mit interessanten Übergängen auf einem Bildschirm oder einer Leinwand abspielen.

Kapitel 9
PowerPoint-Dateien geschickt weiterverwenden

PowerPoint bietet eine Reihe von Möglichkeiten, eine Präsentation auf externen Datenträgern, über das Internet oder auch in anderen Formaten weiterzugeben bzw. zu verarbeiten.

Spannend sind auch die sich damit eröffnenden Möglichkeiten, gemeinsam an einer Präsentation zu arbeiten. Daraus ergeben sich Vorteile wie der leichtere und schnellere »Transport« aufgrund kleinerer Dateigrößen, die Unveränderbarkeit des Inhalts, eine praktischere Handhabung und Weiterbearbeitung oder auch eine schnellere Bearbeitung im Team.

Kapitel 9 – PowerPoint-Dateien geschickt weiterverwenden

In diesem Kapitel zeige ich Ihnen, wie Sie PowerPoint-Präsentationen gemeinsam mit anderen bearbeiten können, wie Sie Ihre Präsentationen in der Cloud einfach speichern und über das Internet vorführen können und wie Sie sie in eine PDF, ein Video oder eine Word-Datei konvertieren. Das Thema Coud bzw. Cloud-Computing ist sehr komplex, an dieser Stelle ist vor allem der Aspekt des Onlinespeicherplatzes interessant. Wenn Sie Dateien in der Cloud speichern, befinden sich diese nicht mehr auf Ihrer lokalen Festplatte, sondern in der metaphorischen Wolke (engl. *cloud*).

Zusammenarbeit offline oder in der Cloud

Mit PowerPoint 2013 können Sie auf einfache Art und Weise Präsentationen gemeinsam zu bearbeiten. Die Arbeitsweise ist gerade dann sehr günstig, wenn zahlreiche Abstimmungsprozesse notwendig sind. Als Funktionen dienen dazu die Kommentar- und Vergleichsfunktionen unter dem Menüpunkt **Überprüfen** und die **Freigeben**-Funktion im **Start**-Menü. Zum besseren Nachvollziehen können Sie auch mit der Datei *09_Musterpräsentation.pptx* von der beiliegenden CD arbeiten.

Folgende Szenarien der Zusammenarbeit sind vorstellbar:

Die erste Variante ist die klassische, denn sie kommt ohne Cloud-Funktionen aus. Person A erstellt auf ihrem PC eine PowerPoint-Präsentation und sendet sie an Person B. Person B bearbeitet die Präsentation auf ihrem PC und sendet diese zurück. Über die Funktion **Überprüfen ▶ Vergleichen** ❶ kann Person A beide Versionen miteinander abgleichen.

Zusätzlich kann über die Funktion **Überprüfen ▶ Kommentare ▶ Neuer Kommentar** ❷ und die Beantwortung von Kommentaren im Kommentarfenster ein Dialog zwischen beiden Personen stattfinden.

Mithilfe der Kommentarfunktion können mehrere Personen bequem an einer Präsentation arbeiten.

Zusammenarbeit offline oder in der Cloud

Auf der Folie (über dem Bild) befindet sich der Kommentarmarker, der Kommentarbereich mit Dialog ist rechts zu sehen.

Die zweite Variante nutzt im Gegensatz zur ersten die Möglichkeiten der Cloud.

Person A erstellt eine PowerPoint-Präsentation auf ihrem PC und speichert die Datei in der Cloud (z. B. Microsoft SkyDrive). Person A sendet anschließend einen Link zur Bearbeitung an Person B (über **Start ▸ Freigeben ▸ Personen einladen** oder **Start ▸ Freigeben ▸ Freigabelink abrufen**).

Person B hat zwei Möglichkeiten, die Präsentation zu bearbeiten, entweder online mit der **PowerPoint Web App** oder offline mit der PowerPoint-Version auf ihrem PC (der Befehl heißt **In PowerPoint bearbeiten**). Das heißt, die Präsentation ist in der Cloud gespeichert, kann aber auch lokal gespeichert werden. Es ist im Sinne der schnellen Zusammenarbeit sinnvoll, die Präsentation in der Cloud zu belassen – außer Ihre Internetverbindung oder Ihr Computer sind sehr langsam.

Vorteilhaft dabei ist, dass die PowerPoint Web App nicht nur auf Windows-Systemen, sondern auch auf anderen Systemen läuft, z. B. iOS von Apple. PowerPoint als Programm ist nicht notwendig. Damit sind iPads, iPhones usw. in der Lage, PowerPoint-Präsentationen abzuspielen und zu bearbeiten. Der Nachteil der Web App liegt darin, dass nur ein sehr eingeschränkter Funktionsumfang, geschätzt ca. 25 % der vollen Funktionalität, vorhanden ist. Kommentare sind allerdings möglich und ich denke, dass damit eine wichtige Funktion für die Zusammenarbeit abgedeckt ist (**Bearbeitungsansicht ▸ Kommentare anzeigen** und dann unter **Kommentare** auf **Neu** oder auf **Antworten** klicken).

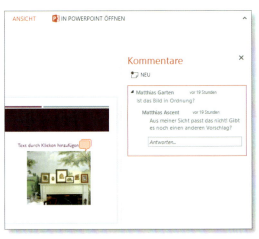

So starten Sie aus einer in SkyDrive geöffneten Präsentation die PowerPoint Web App.

Auch die PowerPoint Web App verfügt über eine Kommentarfunktion.

Alle Bearbeiter erhalten Statusmeldungen. In der Fußzeile unten links sieht man, wie viele Personen gerade an der Präsentation arbeiten und ob Änderungen von einem anderen Bearbeiter aktualisiert werden können.

Je nach Geschwindigkeit des Netzes erscheint die Meldung innerhalb von Sekunden, es kann aber mitunter auch ein paar Minuten dauern, bis der andere die Änderungsanzeige erhält. Auf jeden Fall können über diese Art und Weise sehr schnell Änderungen hin- und hertransportiert werden.

Abschließend sei gesagt, kann Person A natürlich auch online arbeiten kann. Dann lassen sich Änderungen sogar noch schneller verfolgen.

PowerPoint und die Cloud

Der Onlinespeicherplatz von Microsoft heißt SkyDrive. Hier können Sie Ihre Dokumente, Fotos, Videos, Musikdateien oder eben auch Präsentationen ablegen und sie bei Bedarf auch anderen Nutzen zur Verfügung stellen. Es ist selbstverständlich möglich, für die Zusammenarbeit einen anderen Cloud-Anbieter zu wählen, etwa Dropbox, aber weil SkyDrive direkt in allen Office-2013-Programmen, also auch in PowerPoint 2013 eingebunden ist, gestaltet sich der Austausch über den Microsoft-Dienst am bequemsten.

SkyDrive bietet 7 GB Speicherplatz kostenfrei, also genug, um etliche Präsentationen, Dokumente, Bilder und Videos zu speichern. Außerdem werden dafür Apps und Schnittstellen für alle gängigen Betriebssysteme, wie Windows, iOS (Mac, iPhone, iPad usw.) und Android, angeboten.

Damit Sie SkyDrive nutzen können, müssen Sie über ein Microsoft-Konto verfügen. Sie können direkt aus PowerPoint heraus ein solches anlegen, z. B. indem Sie ein SkyDrive-Konto einrichten. Wenn Sie registriert sind, steht dem Speichern nichts mehr im Weg. Sie können dann einfach mit **Datei ▶ Speichern unter** direkt in SkyDrive speichern. Liegt die Präsentation einmal in der Cloud, also in SkyDrive, ist es sehr einfach, sie anderen Personen zur Bearbeitung zu schicken oder vorzuführen.

Die Präsentation freigeben

Eine Vielzahl an Optionen, um PowerPoint-Präsentationen zu versenden, vorzuführen oder zu verarbeiten, finden Sie in PowerPoint 2013 unter dem Befehl **Datei ▸ Freigeben** (in PowerPoint 2010 unter **Speichern und Senden**). Wichtige Voraussetzung dafür ist allerdings, dass Sie ein Microsoft-Konto haben, z. B. eine Outlook.com-E-Mail-Adresse oder einen SkyDrive-Account. Die interessantesten Möglichkeiten stelle ich hier vor.

Wenn Sie z. B. Ihre Präsentation anderen Personen im Internet vorführen oder zur Verfügung stellen wollen, können Sie dazu die Funktionen bei **Datei ▸ Freigeben** verwenden. Wenn die Präsentation noch auf Ihrer Festplatte liegt, finden Sie folgende Befehle:

- **Personen einladen:** Das funktioniert nur, wenn die Datei in SkyDrive gespeichert wird und Sie die E-Mail-Adressen der Zuschauer kennen. Sie bestimmen, ob die Person bzw. die Personen die Präsentation nur anschauen, downloaden oder auch bearbeiten darf. Die Funktion ist sehr praktisch, wenn Sie schnell viele Personen mit einem Microsoft-Konto einladen wollen.

- **E-Mail:** Sie können Dritten auf diese Weise einfach die Präsentation im Original, als Link (im lokalen Netzwerk), als PDF, als XPS (ein Microsoft-eigenes PDF-Format, das aber kaum genutzt wird) und als Fax (natürlich nur dann, wenn Sie einen Faxanbieter haben) zur Verfügung stellen. Faxanbieter finden Sie problemlos im Internet, wenn Sie nach »Fax versenden« suchen.

- **Online vorführen:** Nachdem Sie sich angemeldet haben, wird die Präsentation in einen Online-Speicher geladen und Sie erhalten einen Link, den Sie kopieren können. Alternativ können Sie direkt eine E-Mail an die Empfänger senden. Sobald der Link von einem Empfänger aufgerufen wird, startet dessen Browser und er kann die Präsentation analog Ihrer Vorführung verfolgen. Allerdings kann er Funktionen wie Zoom, Laserpointer, Stift usw. nicht nachverfolgen, weil Sie nicht übertragen werden. Sie steuern die Präsentation so wie bei einer Offline-Präsentation, d. h., Sie können auch eine Referentenansicht einblenden usw.

Wenn Sie als Referent [Esc] drücken und in die Normalansicht zurückgekehrt sind, sehen Sie einen neuen Menüpunkt **Online vorführen**. Sobald Sie **Online vorführen ▸ Online vorführen ▸ Onlinepräsentation beenden** klicken, ist die Vorführung beendet, und der Link ist nicht mehr gültig!

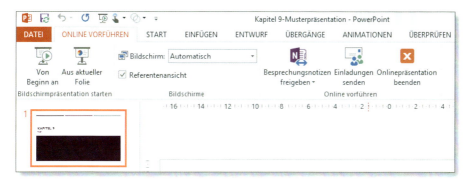

> **HINWEIS**
>
> **Nur für Ad-hoc-Termine**
>
> Sobald Sie versuchen, PowerPoint oder die Präsentation zu schließen, werden Sie aufgefordert, die Online-Vorführung zu beenden – deshalb eignet sich die Funktion **Online vorführen** eher für zeitnahe Termine und nicht für lang im Voraus geplante Präsentationen.

- **Folien veröffentlichen:** Damit haben Sie die Möglichkeit, alle oder auch ausgewählte Folien in Folienbibliotheken (wie z. B. Tjool, Slide Executive) oder SharePoint (dem Dokumentenmanagement-System von Microsoft) zu speichern.

Wenn Sie Ihre Präsentation in SkyDrive abgelegt haben, finden Sie unter **Freigeben** noch zwei weitere Funktionen:

- **Freigabelink abrufen:** Erzeugt einen Link entweder zum Anschauen oder auch zum Bearbeiten einer PowerPoint-Datei. Der Vorteil gegenüber **Personen einladen** liegt darin, dass die Eingeladenen ihrerseits wiederum weitere Personen einladen können (viraler Effekt), in dem sie den Link weitersenden. Ebenso können Sie den Link auch im Web veröffentlichen.

- **In sozialen Netzwerken bereitstellen:** Sie wollen Ihre Präsentation Freunden, Bekannten oder Geschäftspartnern auf Facebook & Co. zur Verfügung stellen? Das funktioniert sehr einfach, wenn Sie vorher Ihr Microsoft-Konto mit Ihren Social-Media-Accounts verknüpfen. Klicken Sie eine Präsentation in SkyDrive mit der rechten Maustaste an und klicken Sie dann auf **Teilen**. Hier finden Sie die Schaltfläche **Bereitstellung auf** und Sie sehen die Symbole derjenigen sozialen Netze, mit denen Ihr Microsoft-Konto verbunden ist. Zur Wahl stehen Facebook, Twitter, LinkedIn und der Fotodienst Flickr (Stand: April 2013).

Die Präsentation exportieren

Es gibt mehrere Wege, eine PowerPoint-Präsentation zu exportieren. Im Folgenden stelle ich Ihnen vier Möglichkeiten vor. Die wohl am häufigsten genutzte Option besteht darin, aus der Präsentation eine PDF-Datei zu erstellen.

Das PDF-Format von Adobe hat den Vorteil, dass Ihre Präsentationen auf allen Computern gleich aussehen, egal ob Sie einen PC, einen Mac oder einen Linux-Rechner verwenden. Die Präsentation kann nicht mehr geändert werden, und Sie können sie überall auf Webseiten ablegen und mit einem kostenfreien PDF-Reader lesen und ausdrucken. Außerdem ist sie in PDF-Form leicht per E-Mail zu versenden.

Allerdings liegt einer der Hauptnachteile von PDF-Dateien darin, dass Effekte und Animationen nicht mit konvertiert werden. Es bleibt zu hoffen, dass sich das in einer der nächsten Versionen ändern wird.

Die Präsentation exportieren

Um Ihre Präsentation also in ein PDF-Dokument umzuwandeln, wählen Sie **Datei ▶ Exportieren ▶ PDF/XPS-Dokument erstellen ▶ PDF/XPS-Dokument erstellen**. PowerPoint bietet Ihnen die beiden folgenden zwei Speichergrößen zur Auswahl:

- **Standard (Onlineveröffentlichung und Drucken):** Diese Option bedeutet eine größere Dateigröße, dafür aber auch bessere Qualität. Dieses Format sollten Sie dann wählen, wenn Sie die Präsentation auch ausdrucken wollen.

- **Minimale Größe (Onlineveröffentlichung):** Diese Variante ist sehr gut geeignet, wenn Sie die Präsentation per Mail versenden oder zum Anschauen auf eine Website stellen möchten.

Über die Schaltfläche **Optionen** ❶ können Sie weitere Einstellungen vornehmen.

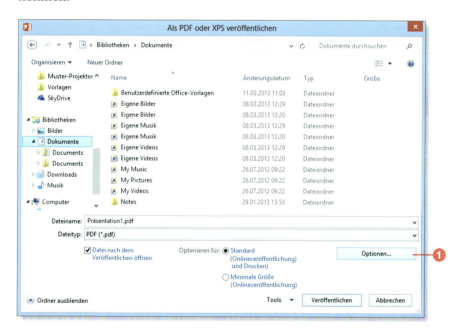

So haben Sie z. B. die Möglichkeit, entweder nur die aktuelle Folie auszuwählen oder aber die gesamte Präsentation mit sechs Folien pro Seite auszugeben (wenn Sie bei **Was veröffentlichen** ❷ (Seite 366) die Option **Handzettel** auswählen).

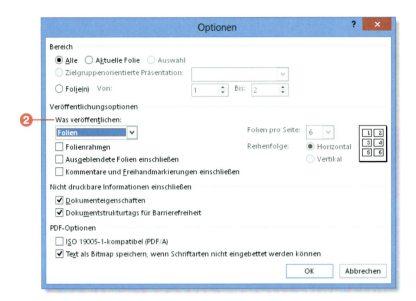

Alle Folien Ihrer Präsentation werden statisch übernommen, d. h., Animationen, Übergänge usw. werden entfernt. Achten Sie deshalb darauf, dass Ihre Folien auch ohne die Animationen alle wichtigen Informationen enthalten. Um das zu testen, können Sie die Animationen mithilfe der folgenden Einstellung ausblenden: **Bildschirmpräsentation ▸ Bildschirmpräsentation einrichten ▸ Optionen anzeigen ▸ Präsentation ohne Animation**. Stellen Sie diese Einstellung aber am besten direkt nach dem Test wieder zurück.

> **INFO**
>
> **Animationen**
>
> Falls Sie dennoch Animationen und Übergänge in Ihrer Präsentation haben möchten, nutzen Sie PDF-Converter von Drittanbietern, z. B. Adobe Acrobat oder PDF Converter Professional, oder Dienstleistungsservices wie *AnPFiFF* (*Animierte PowerPoint-Folien im PDF-Format*).

Neben dem Export ins PDF-Format haben Sie die Möglichkeit, Ihre Präsentation als Video zu speichern, um sie beispielsweise bei YouTube hochladen zu können.

Die Präsentation exportieren

Im Gegensatz zur PDF/XPS-Erstellung werden bei der Ausgabe als Video sämtliche Animationen, Übergänge, Videodateien, Sounds, Kommentaraufzeichnungen und sogar die Stiftmarkierungen mit umgewandelt, die der Referent während des Präsentationsmodus vorgenommen hat. Für das Endformat stehen das modernere MP4-Format und das Windows-eigene WMV-Format. MP4 ist auf sehr vielen Betriebssystemen und Plattformen lauffähig, daher empfehle ich Ihnen auch, dieses einzusetzen. Die Vorteile eines solchen Videos liegen auf der Hand:

- Die Präsentation ist vor Veränderungen geschützt.
- Das ausgegebene Video kann von allen angeschaut werden, unabhängig davon, ob die richtige PowerPoint-Version bzw. das Programm überhaupt installiert ist.
- Der Videoclip kann weiterverarbeitet werden, z. B. in anderen Videoclips.
- Die MP4-Datei lässt sich bei YouTube & Co. oder auch sozialen Medien, etwa Facebook, hochladen.

Nach einem Klick auf **Datei ▸ Exportieren ▸ Video erstellen** können Sie zwischen verschiedenen Einstellungen wählen, die sich zum einen auf die Qualität des Videos beziehen und zum anderen die Übernahme von gesprochenen Kommentaren und Anzeigedauern betreffen.

Es stehen drei verschiedene Qualitätsstufen zur Verfügung:

1. **Computer- und HD-Anzeigen**: Mit dieser Option erzielen Sie die größte Auflösung (920 × 720 Pixel bei 4:3-Präsentationen und 1.280 × 720 Pixel bei 16:9-Präsentationen). Diese Videos sind damit für HD-Fernseher und Computermonitore geeignet.
2. **Internet und DVD**: Diese Einstellung ist für das Hochladen ins Web und zum Brennen auf DVD geeignet. Es handelt sich um die mittlere Auflösung: 640 × 480 Pixel bei 4:3-Präsentationen und 852 × 480 Pixel bei 16:9-Präsentationen.
3. **Tragbare Geräte**: Mit dieser letzten Option erstellen Sie eine Videodatei, die für Smartphones, Handys, Organizer, tragbare Videospieler usw.

geeignet ist. Diese niedrigste Auflösung beträgt 320 × 240 Pixel bei 4:3-Präsentationen, 424 × 240 Pixel bei 16:9-Präsentationen.

> **TIPP**
>
> **YouTube & Co.**
>
> Portale wie YouTube rechnen automatisch die Auflösung herunter. Wenn Sie Ihre Präsentation auf Videoplattformen veröffentlichen möchten, empfehle ich Ihnen, die Einstellung **Computer- und HD-Anzeigen** zu wählen.

Bitte berücksichtigen Sie bei der Auswahl der Qualität vor allem die Schriftgröße, die Sie verwendet haben. Es ist nicht sinnvoll, eine 12-Punkt-Schrift bei einer Größe von 320 x 240 Pixel darzustellen! Eine gute Schriftgröße für die Videowandlung liegt bei mindestens 24 Punkt.

Natürlich können Sie mit PowerPoint auch Ihre Präsentation vertonen und z. B. gesprochene Kommentare einfügen. Wenn Sie also ein Mikrofon anschließen bzw. wenn ein Mikrofon bereits in Ihrem Laptop integriert ist, sprechen Sie im Präsentationsmodus einfach Ihren Text zu den Folien dort hinein (**Bildschirmpräsentation ▸ Einrichten ▸ Bildschirmpräsentation aufzeichnen**). Für die Aufzeichnung haben Sie zwei Möglichkeiten:

1. von Beginn der Präsentation an
2. ab der aktuellen Folie, was sehr praktisch ist, da Sie dadurch kleinere Sequenzen besprechen können

Mit beiden Varianten werden der Ton, die Dauer von Mausklick zu Mausklick sowie die Anzeigedauer der Animationen und Folienübergänge in der Präsentation gespeichert (wobei die eingestellte Dauer für Animationen und Folienübergänge sowieso in der PowerPoint-Datei gespeichert ist).

Wenn Sie die Präsentation als Video ausgeben wollen, haben Sie schließlich die Möglichkeit, gesprochene Kommentare und gespeicherte Zeitabläufe mit in das Video zu übernehmen, was z. B. den Vorteil hat, dass der Zeitablauf genau Ihren Vorstellungen entspricht.

Die Präsentation exportieren

Falls Sie die Option **Aufgezeichnete Zeitabläufe und Kommentare nicht verwenden** nicht ausgewählt haben, können Sie einer Folie pauschal eine Standzeit zuweisen, z. B. 5 Sekunden. Das ist deshalb erforderlich, weil die Mausklicks bei einem Video ja entfallen und irgendwann einmal die nächste Folie im Video erscheinen soll.

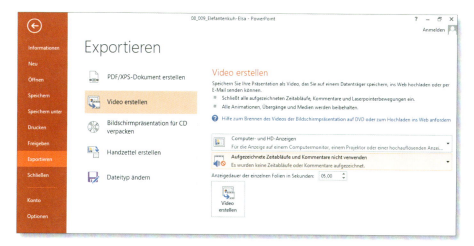

Sie können Ihre Präsentation nicht nur in ein anderes Dateiformat überführen, sondern auch einfach auf einem externen Datenträger speichern, etwa auf einer CD.

Wenn Sie beim Speichern Ihrer Präsentation die Option **Exportieren ▶ Bildschirmpräsentation für CD verpacken** wählen, wird die gesamte Präsentation sozusagen mit Zubehör zu einem Paket verschnürt, sodass sie mit allen Einstellungen, Übergängen und Animationen sogar auf einem Computer gezeigt werden kann, auf dem PowerPoint nicht installiert ist. Es wird also nicht nur die Präsentation selbst gespeichert, sondern auch ein PowerPoint-Viewer sowie sämtliche verknüpfte Dateien und Schriftarten. Diese Funktion ist daher ebenfalls hilfreich, wenn Sie Ihren Vortrag auf einem fremden Rechner abspielen wollen und nicht über dessen technische Gegebenheiten Bescheid wissen. So ist sichergestellt, dass der Vortrag so abläuft, wie Sie ihn erstellt haben.

> **TIPP**
>
> **USB-Stick statt einer CD verwenden**
>
> Anstelle der CD können Sie die Daten zeitgemäßer auch einfach auf einen USB-Stick kopieren. Wählen Sie dazu die Option **In Ordner kopieren**.

Zu guter Letzt können Sie eine PowerPoint-Präsentation auch an ein anderes Programm aus dem Office-Paket übergeben, nämlich an Word.

Mit der Option **Handzettel erstellen** können Sie Ihre Folien in Microsoft Word einfügen und dort um Fließtext, Datum, Seitennummern usw. ergänzen. In früheren Versionen hieß diese Funktion **Senden an ▶ Word**. Die Funktion eignet sich z. B. sehr gut, wenn Sie eine Ausarbeitung Ihres Vortrags oder ein Vortragsmanuskript schreiben.

Sie können Ihre Folien auf verschiedene Arten an Word übergeben. Bei der ersten Option erscheinen die Notizen rechts neben den Folien, bei der zweiten Variante sehen Sie rechts von den Folien leere Linien. Mit der dritten Option zeigt Ihnen Word die Notizen unterhalb der Folien, bei der Variante vier dann leere Linien unter den Folien. Schließlich können Sie festlegen, dass Word nur die Gliederung Ihrer Präsentation übernehmen soll.

Wenn Sie die Folien häufig verändern, sollten Sie die Option **Verknüpfung einfügen** vorziehen. Auf diese Weise wird jede Änderung an einer Folie auch im entsprechenden Word-Dokument übernommen. Achten Sie dabei aber darauf, dass die PowerPoint-Präsentation nicht umbenannt oder in ein anderes Verzeichnis (einen anderen Ordner) verschoben wird, denn sonst erkennt Word die Verknüpfung nicht mehr. Am besten speichern Sie auch das Word-Dokument und die zugehörige PowerPoint-Datei im selben Ordner.

Kapitel 10
Weiterführende Informationen

Prinzipiell lässt sich sagen, dass der Schwerpunkt von PowerPoint 2013 auf der Cloudfunktionalität, der besseren Zusammenarbeit (z. B. Kommentarfunktion) und einigen Detailverbesserungen wie Pipette und dem hilfreichen Kontextfenster liegt. Unter dem Strich lassen sich damit leichte Geschwindigkeitsvorteile erzielen.

Ein wichtiger Punkt ist auch die Integration von Tablet-Rechnern. Dem wird durch die Funktion **Fingereingabe ▸ Maus** Rechnung getragen. Alle Knöpfe haben einen größeren Abstand zueinander und sind dadurch auch mit dem Finger sehr gut zu bedienen.

Ein Umstieg auf PowerPoint 2013 ist vor allem mit Windows 8 zu empfehlen, denn dadurch ist die gesamte Bedienung komfortabler, optisch weicher und gefühlt schneller. Man merkt den Umstieg zunächst nicht spürbar, erst wenn man wieder mit alten PowerPoint-Versionen arbeitet, wird der Unterschied sehr deutlich.

Tipps und Hinweise

Ich möchte Ihnen abschließend noch ein paar Tipps mit auf den Weg geben, mit denen Sie die Qualität Ihrer Präsentationen deutlich steigern können:

- Arbeiten Sie mit der Cloud, denn Sie werden die Flexibilität zu schätzen lernen. Achten Sie am Anfang darauf, keine sensiblen Daten zu speichern. Erst wenn Sie genügend Erfahrungswerte haben, sollten Sie sich mit dem Thema näher beschäftigen.

- Sammeln Sie gute Folienideen in einem Ordner auf Ihrem PC oder noch besser auf SkyDrive. Die Cloud hat den Vorteil, dass Sie von überall schnell auf Ihre Dokumente zugreifen können.

Tipps und Hinweise

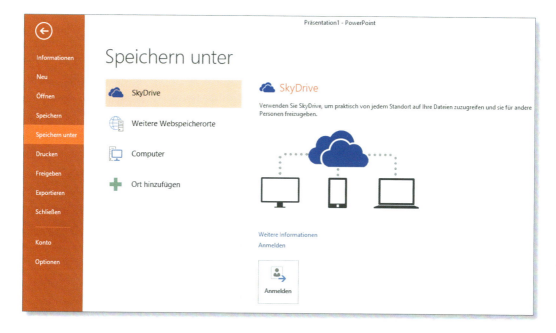

- Legen Sie eine eigene Folienbibliothek mit besonders gelungenen oder aufwendigen Folien an, auf die Sie bei Bedarf immer wieder zurückgreifen können.

- Legen Sie einen Bilderordner an, den Sie themen- und teamübergreifend nutzen können, beispielsweise in der Cloud, eventuell sogar auf einer Online-Plattform (z. B. Flickr), damit Sie von überall her Zugriff darauf haben.

- Arbeiten Sie möglichst immer mit der neuesten Version von PowerPoint. Diese Aktualität bietet Ihnen zwei große Vorteile: Erstens erleichtern Sie sich die Arbeit und sparen viel Zeit, zweitens bleiben Sie immer auf dem Laufenden, was Trends und Techniken angeht.

- Bilden Sie sich in Bezug auf Präsentationen und deren Gestaltung kontinuierlich weiter. Die Gestaltung unterliegt Trends, außerdem entwickeln sich Techniken, Stile und Gepflogenheiten stetig weiter.

Wenn Sie diese Tipps beherzigen, werden sich Ihre Präsentationen deutlich von anderen Präsentationen abheben. Am besten legen Sie direkt los!

Kapitel 10 – Weiterführende Informationen

Downloads und Hilfe

Downloads mit weiteren Ideen, Workshops sowie Hilfestellungen finden Sie auf der Buchseite *www.ratgeber-powerpoint.de* oder *www.smavicon.de*. Um regelmäßig einen Newsletter mit aktuellen Tipps und Tricks zu erhalten, melden Sie sich einfach unter *www.smavicon.de* an. Auf dieser Seite finden Sie auch einen Blog, neueste Infos und Präsentationstrends sowie Hinweise zur jährlich stattfindenden Präsentationskonferenz.

Falls Sie Unterstützung bei Ihren Präsentationen brauchen, Fragen, Anregungen und Ideen haben oder eine Rückmeldung zu diesem Buch geben möchten – schreiben Sie mir einfach eine E-Mail an *kontakt@smavicon.de*, oder kontaktieren Sie mich über Facebook bzw. Xing.

Ich wünsche Ihnen viel Erfolg und kreative Momente bei all Ihren PowerPoint-Präsentationen!

Ihr Matthias Garten

Die CD zum Buch

Auf der beiliegenden CD-ROM finden Sie alle Beispieldateien, die für die Anleitungen im Buch verwendet werden. Darüber hinaus finden Sie auf der CD weitere nützliche Anleitungen bzw. Übungen, die Sie bei Interesse durcharbeiten können.

Ordner »Beispieldateien«

Die Beispieldateien – Folien, Bilder etc. – sind eingeteilt in mehrere Unterordner, die nach den Buchkapiteln gegliedert sind. Welche Datei als Grundlage dient, wird immer in der jeweiligen Anleitung genannt.

Ordner »Übungen«

Zu folgenden Themen bieten wir Ihnen zusätzliche Anleitungen und Übungen an:

- Kapitel 2, »Texte spannender gestalten«
    - Smileys als Aufzählungszeichen einfügen (*02_Smileys.pdf*)
- Kapitel 3, »Bilder pfiffig präsentieren«
    - Ein Bilderpuzzle gestalten (*03_Puzzle.pdf*)
- Kapitel 5, »Tabellen, Diagramme und Schaubilder intelligent konzipieren«
    - Die Bestandteile eines Finanzplans darstellen (*05_Finanzplan.pdf*)
    - Ein Wasserfalldiagramm anlegen (*05_Wasserfalldiagramm.pdf*)

Die CD zum Buch

- Kapitel 6, »Zeitstrahl und Abläufe gekonnt visualisieren«
  - Einen Ablauf bildhaft mit Figuren darstellen (*06_Arbeitsablauf.pdf*)
  - Einen Ablauf mit Pendellinie erstellen (*06_Strukturierte-Auftragsgewinnung.pdf*)
- Kapitel 7, »Effekte und Animationen sinnvoll einsetzen«
  - Eine Kugel als Zugpferd einsetzen (*07_Kugel-als-Zugpferd.pdf*)
  - Einen rasanten Titeleffekt anlegen (*07_Rasanter-Titeleffekt.pdf*)
  - Die Welt umkreisen (*07_Welt-umkreisen.pdf*)

Systemvoraussetzungen: Windows Vista, XP bzw. Mac OS X (Intel), mit CD-ROM-Laufwerk, Auflösung 1.024 × 768 Pixel, mind. 512 MB RAM.

Glossar

Add-Ins Ergänzende Programme, die die Funktionen von Microsoft PowerPoint erweitern, indem sie benutzerdefinierte Befehle und spezielle Features hinzufügen. Das PowerPoint-Add-In hat die Dateiendung *.ppa*. Die aktuell installierten Add-Ins finden Sie unter **Datei ▸ Add-Ins**.

Auflösung Anzahl der Bildpunkte (Pixel) in horizontaler und in vertikaler Richtung (Breite und Höhe). Die Auflösung spielt eine wichtige Rolle bei der Bildanzeige auf Computermonitoren, Projektoren, LCD- und Plasmadisplays, Digitalkameras usw.

AVI (Audio Video Interleaved Container) Microsoft-Standard für Audio- und Videodaten.

Beamer Synonym für *Videoprojektor*. Heutzutage haben jedoch fast alle Beamer auch Datenanschlüsse, sodass der Begriff generell Geräte bezeichnet, die sowohl Daten als auch Videos projizieren können.

Benutzerdefinierte Präsentation Auch als *zielgruppenorientierte Präsentation* bezeichnet. Bei dieser Präsentationsform werden nur die von Ihnen ausgewählten Folien angezeigt. Auf diese Weise sind verschiedene Präsentationen möglich, z. B. eine Kurzversion mit nur 10 Folien und eine Langversion mit 30 Folien.

Bildkomprimierung Die Auflösung des Bildes wird verringert, und zugeschnittene Bildteile werden gelöscht. PowerPoint bietet diese Funktion an, aber mit externen Programmen wie NXPowerLite lässt sich eine noch größere Komprimierung erzielen (siehe auch *Komprimierung*).

Chart Der Begriff kommt aus dem Englischen und bezeichnet ursprünglich ein Diagramm. Im Deutschen wird der Begriff allgemeiner für projizierte elektronische Folien verwendet.

ClipArt Ursprünglich Illustrationen, die aus sogenannten *ClipArt-Büchern* ausgeschnitten und in eigene Collagen eingeklebt wurden. Heute bezeichnet man damit eine Sammlung von kleinen, in der

Größe veränderbaren Computergrafiken, die sich als einfache Verzierung ohne überflüssige Details verwenden lassen.

Cloud Die Abkürzung für *Cloud-Computing* bezeichnet die Zurverfügungstellung von Infrastruktur fernab des eigenen Rechners. Für den Nutzer stellt sich die Infrastruktur wie Software, Speicher usw. nicht mehr real, sondern nebulös dar, deswegen auch der Begriff *Cloud*, zu Deutsch *Wolke*.

Codec Kunstwort aus den beiden englischen Begriffen *coder* und *decoder*. Es bezeichnet die Kompression eines Datenstroms. Videos werden kodiert, um die Dateigröße klein zu halten und ein flüssiges Abspielen zu gewährleisten. Codecs sind in sogenannte *Containerformate* integriert (siehe *Container*).

Container Ein Dateiformat, das verschiedene Datenformate enthalten kann, in der Regel Daten verschiedener Codecs, z. B. Video- und Audiospuren. Containerformate sind z. B. AVI, MOV (QuickTime) oder MPEG.

Design Um Ihren Präsentationen ein professionelles Erscheinungsbild zu verleihen, z. B. durch ein oder mehrere Folienlayouts mit harmonierenden Farben (Farbdesign) und einem passenden Hintergrund sowie entsprechenden Schriftarten (Schriftartendesign) und Effekten (Effektdesign), können Sie ein Design nutzen. Designs können in Folien auch auf Tabellen, SmartArt-Grafiken, Formen oder Diagramme angewendet werden.

Effektdesign Eine Gruppe von visuellen Attributen, die auf Elemente in einer Microsoft-Office-Datei angewendet werden. Zusammen mit dem Farbdesign und dem Schriftartendesign bildet das Effektdesign das Gesamtdesign der Präsentation (siehe auch *Design*).

Farbdesign Eine Gruppe von Farben, die in einer Microsoft-Office-Datei verwendet werden. Das Farbdesign, das Schriftartendesign und das Effektdesign bilden zusammen das Gesamtdesign der Präsentation (siehe auch *Design*).

Feature Merkmal, Charakteristik. Bei Computerprogrammen wie PowerPoint versteht man darunter dessen Funktionen und Eigenschaften.

Folienbibliothek Bezeichnet a) eine bereits vorhandene Datenbank mit Einzelfolien zur weiteren Verwendung und b) eine Daten-

Glossar

bank, in der eigene Folien verwaltet werden können (siehe auch *Folienmanager*).

Folienlayout   Anordnung von Elementen auf einer Folie, z. B. Titel- und Untertiteltext, Listen, Bilder, Tabellen, Diagramme, AutoFormen oder Filme.

Folienmanager   Add-In, mit dessen Hilfe Sie PowerPoint-Folien freigeben, speichern und verwalten können. Wenn Sie eine Präsentation in einem Folienmanager veröffentlichen, werden die Folien als einzelne Dateien (Bild) dargestellt, damit sie schneller gefunden und aktualisiert werden können. Es gibt Einzelplatz-, Netzwerk- und Webversionen (z. B. *www.tjool.de* oder *http://sharepoint.microsoft.com*).

Folienmaster   Die übergeordnete Folie in einer Hierarchie von Folien, in der sämtliche Informationen über das Design und das Folienlayout einer Präsentation gespeichert sind (einschließlich der Hintergründe, Farben, Schriftarten, Effekte, der Größe der Platzhalter und deren Positionierung). Jede Präsentation enthält mindestens einen Folienmaster. Er wird oft auch *Masterfolie* genannt.

Font   Elektronische Form (Zeichensatz) einer Schriftart.

Freistellen   In der Fotografie, in der Druckvorstufe und in der Computergrafik die Befreiung eines Motivs von einem störenden Hintergrund; die Maske zum Freistellen eines Bildes nennt man üblicherweise *Freisteller*.

Funkmaus   Computermaus, die mit Funk arbeitet und daher kein Kabel braucht. Häufig wird der Begriff auch für die Infrarot- oder Funkfernbedienung zur Steuerung der Präsentation verwendet (siehe auch *Remote Control*).

Handout   Unterlagen, die an das Publikum ausgegeben werden.

Kompatibilität   Die Versionen PowerPoint 2010 und 2013 bieten beim Speichern die Möglichkeit, Dateien so abzuspeichern, dass sie auch mit früheren Versionen von PowerPoint geöffnet werden können.

Komprimierung   Verkleinerung der Dateigröße unter Beibehaltung der maximalen Qualität. In der Regel kann die Qualität der Komprimierung jedoch eingestellt werden. PowerPoint bietet beispielsweise

Glossar

die Komprimierung von Bildern und Videos an.

Layout Siehe *Folienlayout*.

Masterfolie Synonym für den *Folienmaster* in PowerPoint.

Menüband/Multifunktionsleiste
Enthält alle wichtigen Programmfunktionen und besteht aus Karteireitern, die wiederum Aufgaben- bzw. Befehlsgruppen umfassen. In diesen Gruppen finden sich die einzelnen Befehle. Zusätzliche Karteireiter, z. B. **Bildtools**, **Diagrammtools** oder **Tabellentools**, erscheinen in Abhängigkeit von der aktuellen Markierung auf der Folie.

MPEG (Moving Picture Experts Group) Eine Gruppe von Experten, die sich mit der Standardisierung der Videokompression und den dazugehörigen Bereichen beschäftigt, z. B. Audiodatenkompression oder Containerformaten. Umgangssprachlich wird hiermit meistens jedoch nicht die Expertengruppe, sondern ein spezieller Standard der Video- und Audiodatenkompression bezeichnet. Die wichtigsten Videoformate bzw. Codecs sind MPEG-1, MPEG-2 und MPEG-4. Die Dateiendungen lauten z. B. *.mpg*, *.mpeg* oder *.mp4*.

Notizen Stichwörter bzw. Texte für den Präsentierenden, die das Publikum nicht sieht.

Pixel (px) Einheit für die Bild- oder Bildschirmauflösung (Bildpunkt).

Platzhalter Eingabefelder, die im Folienmaster definiert werden und in der normalen Bearbeitung als leere Rahmen erscheinen. Sie enthalten Texte oder Elemente wie SmartArts, Tabellen, Diagramme oder Bilder. Der Vorteil der Platzhalter liegt in ihrer leichten Anpassbarkeit an neue Folienmaster und Vorlagen.

PowerPoint Viewer Mit dem PowerPoint Viewer lassen sich PowerPoint-Präsentationen auch ansehen, ohne dass Microsoft Office installiert ist. Der Viewer ist in PowerPoint selbst integriert und kann über **Datei ▶ Speichern und Senden ▶ Bildschirmpräsentation für CD verpacken** mit ausgegeben werden. (Alternativ lässt sich die Viewer-Software auch aus dem Internet herunterladen.) Mit dem Viewer können Sie Präsentationen anzeigen und ausdrucken, jedoch die Dokumente nicht bearbeiten. Ein weiterer Nachteil besteht darin, dass Makros nicht ausgeführt

Glossar

werden, doch können so auch keine Viren eingeschleust werden.

PowerPoint-Vorlage Siehe *Vorlage*.

.pps/.ppsx Dateiendung für eine PowerPoint-Bildschirmpräsentationsdatei. Wenn Sie PowerPoint-Dateien in diesem Format speichern, werden diese nach dem Aufruf sofort im Bildschirmpräsentationsmodus gestartet. Die Endung *.pps* bezeichnet das Format bis zur Version 2003, *.ppsx* wird ab Version 2007 verwendet.

.ppt/.pptx Dateiendung für eine PowerPoint-Datei. Die Endung *.ppt* bezeichnet das Format bis zur Version 2003, ab Version 2007 wird die Endung *.pptx* verwendet. Wenn die Datei in PowerPoint 2010 im Kompatibilitätsmodus abgespeichert wird, kann sie auch in früheren Versionen geöffnet werden.

Presenter Bezeichnet eine Fernbedienung (siehe auch *Remote Control*), im Englischen auch den Vortragenden.

QuickTime Eine von Apple entwickelte Multimedia-Architektur. Im QuickTime-Containerformat (Dateiendung *.mov*) kann eine Vielzahl von Audio-, Video- und Grafikformaten eingebunden und wiedergegeben werden.

Remote Control Infrarot- oder Funkfernbedienung. Sie dient der Steuerung von Geräten wie Fernsehern, Projektoren, Monitoren und neuerdings auch Computern. Im Zusammenhang mit PowerPoint wird sie auch häufig *Funkmaus* genannt.

Schriftartendesign Gruppe von Haupt- und Hilfsschriftarten, die auf eine Microsoft-Office-Datei angewendet werden. Das Schriftartendesign, das Farbdesign und das Effektdesign bilden zusammen das Gesamtdesign der Präsentation (siehe auch *Design*).

Slide Synonym für *PowerPoint-Folie*.

Template Wird im Webdesign als Vorlage (Schablone) verwendet, die die Möglichkeit bietet, komplette Layouts einer Website auf einfache Weise auszutauschen. Im Zusammenhang mit PowerPoint ist damit der Folienmaster gemeint.

Theme Themenvorlage für unterschiedliche Themen, z. B. Winter, Urlaub oder Sport.

Viewer Siehe *PowerPoint Viewer*.

Glossar

Vorlage Das Muster (Blaupause) einer Folie bzw. einer Gruppe von Folien, das als POTX-Datei gespeichert wird. Vorlagen können Layouts, Designfarben, -schriftarten und -effekte, Hintergrundformate und sogar Text enthalten. Sie können eigene Vorlagen erstellen und diese speichern, wiederverwenden und für andere Benutzer freigeben. Außerdem finden Sie über **Datei ▸ Neu** kostenlose Vorlagen der unterschiedlichsten Arten, die Sie für Ihre Präsentation verwenden können.

XPS (XML Paper Specification) Ein Dokumentformat, mit dem Sie den Inhalt eines Dokuments anzeigen, speichern, freigeben, digital signieren und vor Änderungen schützen können. In Windows 7 und Windows 8 lässt sich ein XPS-Dokument in jedem Programm erstellen, in dem Sie drucken können. Ein solches Dokument können Sie jedoch nur mithilfe eines XPS Viewers anzeigen, signieren oder schützen.

Index

1-7-7-Regel 67
2D-Animation 286
2D-Figur 168
3D-Animation 286
3D-Basis 175
3D-Drehung 128, 176, 191, 206
　Video 348
3D-Figur 175
　Bauer 175
　Dame 179
　König 178
　Krone 178
　Rumpf 178
　Schachfigur 175
　Springer 179
3D-Format 176, 185
3D-Funktion 175
3D-Kreis 228
3D-Kugel 180
3D-Look 269
3D-Objekt 229
　im Diagramm 226
3D-Schlüssel 185
3D-Siegertreppe 183
3er-Regel 120
4x4-Regel 67
7x7-Regel 67
16:9-Präsentation 18
20-Sekunden-Regel 71, 285

A

Abhängigkeit 195

Ablauf 251, 252, 264, 283, 285
　erklären 283
　Flächen 264
　illustrativer 264, 274
　klassischer 264, 265
　linearer 272
　mit Bildelementen 264, 273
　mit Hintergrundmotiv 264, 270
　ohne Prozesspfeile 264, 276
　Zyklen 264, 268
Abläufe 195, 264
Ablehnung 174
Absatz 58
　Ausrichtung 56
　Formatierung 54
Abschrägung 177, 186
Absoften 144
Abstand 262
　anpassen 37
　Breite 216, 224
　von Zeichen 55
　Zeilen 57
　zwischen Formen 157
Achse 240
　Beschriftung 257
Add-In 377
Adobe Flash Medium 341
Agenda 301, 307
　Punkte 326
Agenda-Baum bauen 189
Ampelsystem 234
Animation 43, 281
　Agenda 301, 326

Arten 282, 286
Bereich 288, 289, 327, 331
Diagramm 311
Effekte 287
Effekte hinzufügen 290
Effektoptionen 330
einfache 286
einfacher Zoom 295
einfärben 298
Einsatz und Menge 284
Eintrag 329
Gleiten 333
Gleiten Ende 291, 350
Gleiten Start 291, 350
Gründe 282
Herausblitzen 330
Hineinblitzen 327
kombinierte 286
Meldung 322
neu anordnen 298
Objektfarbe 325
Pfad 296, 309, 316
Rad 295, 313
Regel 282, 284
Sequenz 331
Sinn und Zweck 282
SmartArt 320
Tabelle 313
Tabellen in Spalten 317
Text 292
Textmarker 306
Tortendiagramm 312
übertragen 290
Wiedergeben ab 328
Zooming 300
Zufällige Balken 331

Index

Animation follows Content 284
Animationsbereich 329, 339
Animationspfade 329
Anlegen
  2D-Figur 168
  3D-Figur 175
  3D-Kugel 180
  Balkengrafik 224
  Designfarben 34
  Diagramm mit Tiefenebenen 215, 217
  Entscheidungstabelle 237
  Folienbibliothek 28
  Gestaltungsraster 18
  Inhaltsverzeichnis mit Farbabstufungen 35
  Kreisdiagramm mit 3D-Objekten 228
  Liniengrafik 222, 244
  Piktogramm 181
  Säulengrafik 225
  Textanimation 292
  Zeitstrahl 261
Anordnen 159, 204, 207, 298
  Ebene nach hinten 159
  Ebene nach vorne 159
  Horizontal kippen 259
  Horizontal spiegeln 261
  Horizontal verteilen 259
  In den Hintergrund 159, 191
  Vertikal kippen 262
Anordnung 30
Anpassen, Bild 213
AnPFiFF 366
Ansicht, Zoom 333
Anzahl 217, 234

Anzeigedauer 288, 367
  Animation 368
App 360, 361
Apple 360
Apple QuickTime 344
Arbeitsanweisung 266
Arbeitsschritt 195
Artbuying 110
Audio 335
  Aufnahme 339
  aus ClipArt-Archiv 339
  aus Datei 339
  Basisfunktionen 338
  Format 343
  Optionen 339
Audiodatei 336
  ein- und ausblenden 356
Auflösen 160
Auflösung 111, 377
Aufmerksamkeit 41, 51, 283
Aufzählung 43, 81
  SmartArt 98, 101
Aufzählungen 326
Aufzählungszeichen 58, 81, 180
  Daumen 87
  Größe 82
  Logo 83
  Vorteile und Nachteile 85
Aufzeichnung, Zeitablauf 369
Aufzug 326
Ausgabe als Video 367
Ausgang 287
Ausrichten 157
  oben 158
  unten 158
Ausrichtung, Absatz 56
AVI 377

B

Balkendiagramm 204, 236, 239, 242
Balkengrafik 213
  mit bildhaften Werten 224
Balken, gruppierte 211, 224, 239
Beamer 377
  Farbdarstellung 32, 76
Bedienung 372
Beleuchtung 190
Benutzerdefinierte Präsentation 377
Beratungspräsentation 69
Bereich
  einfärben 298
  hervorheben 300
Beschriftung 216, 228, 241, 262
  Diagramm 212
Bewertung 234, 236
Bild 41, 43, 51, 107, 209
  ändern 133
  an Folie anpassen 353
  Archiv 112, 229
  Auflösung 111
  Aufmerksamkeit 41
  Aussage 107
  Ausschnitt 43
  austauschen 133
  Auswahl 108
  beschaffen 109, 110
  Bildersuche 113
  Budget 110
  Dateigröße minimieren 133
  Datenbank 111
  drehen 127
  Effekte 213
  Emotion 41

Form verändern 126
fräsen 145
freistellen 134, 135, 136, 141
Gestaltung 108
Größe 111, 352
Größe verändern 126
Illustrationsstil 119
in Formen 157
komprimieren 133
kostenfrei 111
lizenzfrei 111
lizenzpflichtig 111
Metapher 118
mit Text 144
mit Text koppeln 88, 91
Motiv 110
Nachhaltigkeit 42
neu einfärben 219
Nutzungsrechte 111
ohne Hintergrund 135
Ordner 373
Produktpräsentation 118
Rahmen 337
räumlich drehen 128
Recherche 110
schnelle Informationsaufnahme 41
selbst erstellen 113
Spannung 120
Steuern und Lenken 41
Stil 114
Stil festlegen 115
zurücksetzen 125
zuschneiden 218
Bildausschnitt verändern 126
Bildbearbeitung 125
Bilderstrecke 117
Bilderwürfel 148
Bildkomprimierung 377

Bildkorrektur 145
Bild- oder Texturfüllung 157, 216, 218, 224
Bildschirmpräsentation
  aufzeichnen 368
  für CD verpacken 369
  Optionen 366
  starten 311
Blenden 286
Blockpfeil 346
Bogen
  Dreiviertel 205
  Halb 204
Boolesche Operation 152
Botschaft 78, 105, 108
Box 198
Brainstorming 109
Browser 363
Buch, Video 345
Budget 110
Bullet 58, 81, 83, 85, 180

C

Chart 377
Chronologie 254
Clear-Style 118
Clip 342
ClipArt 152, 166, 179, 213, 223, 377
  Accessoires 173
  Audio 339
  einfügen 174
  Glühbirne 166
  Kommunikationsmittel 173
  Männchen 220
  zerlegen 166
Cloud 359, 360, 361, 372
Codec 340, 341, 342, 378

Computer- und HD-Anzeige 367
Container 378
Corporate Design 26, 43, 45, 51, 207
Corporate Identity 45
Cursortasten 191

D

Darstellung
  Entwicklung 258
  schematische 95
Darstellungskonzept, integriertes 203
Dateiformat 381
Datei freigeben 362
Dateigröße 133
  kleinere 357
Datei verknüpfen 369
Daten, metrisch 254
Datenpunkt 222, 246
Datenreihe
  formatieren 216, 224
  Optionen 223
Design 39, 378
  festlegen 28
  optimieren 15
  Top 11 50
Designeffekte 39, 51
Designfarben 33
  neu erstellen 34
Desktop, Video und Audio 343
Details, verborgene 284
Dezente Textanimation 292
Diagramm 193
  Formatvorlagen 212, 228, 241

Index

Klon 312
Layout 215
  mit 3D-Objekten 226, 228
  mit Bild 208
  mit bildhaften Werten 219
  mit Piktogramm 211
  mit Themenaspekt 232
  mit Tiefenebenen 213, 215, 217
Dialogfeldstarter 54, 55
Diashow 352
Digitalfoto 351
Digital Signage 324
Distanz vom Boden 231
Distribution 209
Dokumentenmanagement 363
Doppelpfeil 302, 310
Dots per Inch 134
Download 374
dpi 112, 134
Drehen 128
  3D 128
Drehmarker 243
Drehung 243
  Optionen 305
  Video 348
Dreidimensionalität 257
Dreieck, rechtwinkliges 259
Dreier-Regel 24, 120
Duo-Ton 130
Durchgängigkeit 26, 51
DVD 367
Dynamik 284

E

Ebene 159, 200, 201
  ändern 159

Eckmarker 160
Effekt 245
Effektdesign 378
Effekte 39, 281, 282, 337, 364
  Ausgang 287
  Betont 287
  Dezent 287
  Eingang 287, 292
  Hervorhebung 287, 298
  Klassisch 287
  Optionen 290, 299, 339
  Reihenfolge 306
  Spektakulär 287
Einbetten
  Code 337
  Video oder Audio 342
  Video und Audio 336
Einbinden, Video und Audio 335
Einbindung 335
Einblenden, Tabelle 313, 318
Eingang, Effekte 287, 292
Einheitlichkeit 26, 51
Einprägsamkeit 204
Einstieg 326
Ein- und Ausblenden 350
  Audio 356
Einzug 57
Element 43
  Animation 43
  Aufzählung 43
  Bild 43
  Bildausschnitt 43
  Form 43
  gruppieren 160
  Hervorhebung 43
  Text 43
Ellipse 185, 244, 248
  Video 347

E-Mail 362
E-Mail-Versand 364
Emotionalität 41, 49, 50, 52, 283
Entscheidungstabelle 234, 237, 239
Entwicklung 257
Entwicklungsphase 258
Erfolg 230
Erstellen, Fotoalbum 353
Etagen 326
Export 365
Extraktion 166

F

Fachvortrag 193
Fahrstuhl 326
Farbdesign 378
Farbe 32
  Abstufung 33, 51
  Auswahl 32, 51
  Designfarbe 33
  geeignete Abstufung finden 34
  Gestaltung 32
  Grundfarbe 33
  Inhaltsverzeichnis 35
  psychologische Wirkung 77
  reduzierte 214
  Schriftfarbe 36
Farbechtheit 32, 51
Farbverlauf 247
Fax 362
Feature 378
Feinjustierung 263
Fernbedienung 379, 381
Figur 152, 169
Finanzpräsentation 278

Index

Fingereingabe 372
Fläche, transparente 214
Flowchart 252, 264, 266
Flussdiagramm 252, 266, 267, 272
Fokus 307
  Balken 307
  lenken 283
Folie 381
  duplizieren 21
  Idee 372
  Muster 27
  nächste 354
  Sortierung 354
  Standard 111
  Standardgröße 111
Folienbibliothek 27, 51, 363, 373, 378
  anlegen 28
Folienlayout 17, 379, 380
Folienmanager 379
Folienmaster 17, 379, 380, 381
  anpassen 17, 21
  Layout 59
  Platzhalter anlegen 63
Folienübergang 368
Folienübergreifende Wiedergabe 339
Folien veröffentlichen 363
Font 379
Form 151, 152
  Abgerundetes Rechteck 259
  Abstand 157
  ändern 155
  ausrichten 157
  bearbeiten 164
  Ebene ändern 159
  Effekte 201
  einfügen 197

  extrahieren 166, 174
  gruppieren 160
  hinzufügen 354
  in Bildern 157
  kombinieren 152, 161, 163
  mit Text 155
  Schnittmenge 162
  Seitenverhältnis 154
  subtrahieren 162, 163
  verändern 164, 166
  vereinigen 161
  zerlegen 161
  zusammenführen 183, 248
Formatierung
  Absatz 54, 58
  Laufweite 55
  Schriftart 54
  SmartArt 98
  Spationierung 55
  Text 54
  Unterstreichung 55
Format übertragen 38
Formen 43
  Abstand anpassen 37
Formenkombinationen 161
Form hinzufügen 230
Formkontur 263
Fotoalbum 351, 353
  Foliengröße anpassen 354
  Fräsen eines Bilds 145
Framing 294
Frauenfigur 170
Freigabelink 364
Freigeben 359, 362
Freihandform 165
Freistellen 134, 135, 136, 141, 299, 379
Freitext 60, 66
Führungslinie 16, 19, 124, 308

  kopieren 20
  löschen 20
  verschieben 20
Füllung 39
  Bild oder Textur 216, 218
  einfarbige 216
Funkmaus 379, 381
Funktionen im Unternehmen 168

G

Gefühl 41, 49
Gegensatz 31, 51
Gesperrt 291
Gestaltung
  1-7-7-Regel 67
  4x4-Regel 67
  7x7-Regel 67
  20-Sekunden-Regel 71
  Farbe 32
  Freiräume 45
  Schrift 73
  Spielräume 49
  Text 67
  Video 338
Gestaltungsrahmen 232
Gestaltungsraster 16, 50
  eigenes anlegen 18
  vordefiniertes 17
Gestaltungsregel
  Dreier-Regel 24, 120
  Goldener Schnitt 24, 120
Gewinn 148, 211
Gliederungsebene 199, 292
Glühbirne 233
Goldener Schnitt 24, 120
Grafikelement 151, 152
Grundfarbe 33

387

Index

Gruppe skalieren 160
Gruppieren 160, 201, 245
   Gruppierung aufheben 160, 218
Gruppierte Balken 211, 224, 239
Gruppierte Säulen 215

H

Halbbogen 204
Handout 379
Handschrift 266, 270
Handzettel 365
   erstellen 370
Herausblitzen 330
Herausforderung 185
Hervorhebung 43, 144, 303, 354
   durch Framing 294
   Effekte 287, 298
Hierarchie 195
   Element 199
   Stufe 200
Highlight eines Produkts 302
Hilfe 374
Hilfskonstrukt 247
Hilfslinie 16, 19, 124, 308, 319
   kopieren 20
   löschen 20
   verschieben 20
Hintergrund 36, 159, 191
   Bild 219
   Ebene 213
   entfernen 135
Hinweis- oder Signalgeber 168

Horizontal
   spiegeln 280
   verteilen 158

I

Idee 374
Infografik 180, 194
Informationsaufnahme 41, 51
   schnelle 41
Informationsmenge begrenzen 286
Informationsrelevanz 22, 50
Inhaltsplatzhalter 310, 321
Inhaltsverzeichnis mit Farbabstufungen 35
Interesse schaffen 283
Internationales Publikum 285
Interpretation 78
iOS 360
iPad 360
iPhone 360

J

Jahreszahl 254

K

Kamera, Codec 341
Karteikasten 203
Kategorie 239
Kennzahlensystem 195
Kennzeichnung 168
Klon-Diagramm 312
Knotenpunkt 271
Kommentar 358, 368
   gesprochen 368
   gesprochener 367

Kommentarbereich 360
Kommentarfenster 358
Kompatibilität 379
Komprimierung 379
   Bild 377
Komprimierung, Video und Audio 339
Konto, Microsoft 361, 364
Kontrast 33, 51, 76
Kontur 39
Konvertieren
   in PDF 358
   in Video 358
   in Word-Datei 358
Konvex 190
Konzept
   diagrammbasiertes 207
   für Abläufe 264
   Zeitstrahl 253
Kräfteverhältnis 181
Kreis 245
Kreisdiagramm mit 3D-Objekten 228
Kreislauf 268
Kreissegment 268
   einfärben 228
Kriterien 239
Kugel 152
Künstlerische Effekte 131

L

Landkarte 294
Laufweite 55, 56
Layer-Technik 214
Layout 17, 380
Leerraum 23
Legende 207, 216

Index

Lesbarkeit 73, 263
  Kontrast 76
Lesegeschwindigkeit 323
Leserichtung 276, 285
Leuchtbalken 303
Lichtakzent 248
Lineal 87
Linie mit Datenpunkten 222, 242
Liniendiagramm 242
Liniengrafik 222, 244
  als Bild 242
  bildhafte Datenpunkte 222
Linux-Rechner 364
Listenebene 292
Logo 83
  halbtransparent 214
Lösung 185
Lupe 300

M

Mac 361
Männerfigur 169
Marker 247
Marketingpräsentation 68
Markierung, Optionen 243
Marktanteil 208
Marktposition 211
Masterfolie 379, 380
Masterlayout 59
Material 190
Medaille 163
Medien 336, 355
  komprimieren 340, 344
Meilenstein 251
Menüband 380
Messepräsentation 68, 95
Metrische Daten 254

Microsoft-Konto 361, 364
Mikrofon 339, 368
Mindestauflösung 352
Minimalgröße 365
Modell 204
Motivgröße 217
MOV 340
Movie File 341
MP4-Video 341
MPEG 340, 341, 380
Multifunktionsleiste 380
Multimedia-Präsentation 281
Musikstück 355, 356
Muster 200
Musterfolie 27

N

Nachhaltigkeit 42, 51
Nähe 30, 51
Negativer Raum 23
Nicht gesperrt 291
Notizen 380
Nummerierung und Aufzählungszeichen 86
Nutzungsrechte 111

O

Objekt
  formatieren 230
  positionieren 158, 244, 261, 279
Objektposition 231
Office.com 223
Online 360
  Veröffentlichung 365
Onlinepräsentation 363
Optik, sachliche 208

Optionen, Bildschirmpräsentation 366
Orientierungspunkt 271
Outlook.com-E-Mail 362

P

Packshot 135
Parallelogramm 261
PDF 362, 364
  Converter 366
  Reader 364
PDF/XPS-Dokument erstellen 365
Personen einladen 362
Perspektive 226, 229, 335
Perspektive oberhalb 232
Perspektive Unter 231
Pfad 291, 297
  Animation 286, 290, 350
  benutzerspezifischer 343
  besser erkennen 329
  zum Freistellen 136
Pfeil 294
  Blockpfeil 346
  gebogener 268
Phasen 258, 267, 324
Phasendiagramm 33, 180, 258
Piktogramm 152, 181, 210, 211, 233, 272, 324
  Basis erstellen 182
Pinsel 238
Pixel 377, 380
  per Inch 134
Plastische Wirkung 269
Platzhalter 60, 380
  anlegen 63

Index

einfügen 65
Inhalt 310, 321
PowerPoint-Dateien weiterverwenden 357
PowerPoint Viewer 380, 381
PowerPoint Web App 360
ppi 134
Präsentation
  an Word senden 370
  benutzerdefinierte 377
  exportieren 364
  freigeben 362
  im Browser ablaufen lassen 363
  Messe 68
  online vorführen 363
  Produkt 68
  zielgruppenorientierte 377
Präsentationsart 208
Präsentationsfokus 70
Präsentationstext 71
Präsentationstyp 68
Presenter 381
Problem 185
Produktfoto 135
Produktion 209, 234
Produktlebenszyklus 258
Produktpräsentation 68
Produktvergleich 234
Prognose 148
Projektablauf 251
Projektor 352, 377
  Farbdarstellung 32, 76
Projektpräsentation 69, 234, 251
Prozess 271, 274, 276
  Beschreibung 266
Prozessdarstellung 155, 278

Prozessfluss 324
Publikum, internationales 285
Pufferzeit 256
Punkt 75
  bearbeiten 165
  glätten 165, 260

Q

Qualität, Video 368
QuickInfo 330
QuickTime 381
  Movie 341
  Player 344

R

Rad 185, 313
Radialkreis 230
Rahmenlinie 239
Rampenlicht 346
Raster 16, 50
  ausschalten 315
  eigenes anlegen 18
  Grundlage 19
  vordefiniertes 17
Ratio 49
Regeln für die Textmenge 69
Reihenfolge, Effekte 306
Reihenoptionen 216, 224
Remote Control 379, 381
Ressourcenplan 195
Richtungspfeil 276
Ringsegment 207
Rubrik 221

S

Sachlichkeit 49, 50, 52
Säulen 215
Säulendiagramm 311
Säulengrafik mit bildhaften Werten 225
Schatten 207, 213, 229
Schaubild 180, 193, 194, 283
Schematische Darstellung 95
Schichtenmodell 204
Schleife 268
Schlüssel 185
Schlüsselbart 187
Schnellformatvorlage 39, 51
Schreibschutz 367, 382
Schrift
  Bradley Hand ITC 270
  Farbe 76
  Format 77
  Gestaltung 73
  Größe 75
  Laufweite 55, 56
  Lesbarkeit 73
  mit Serifen 73
  serifenlose 73
  Spationierung 55
Schriftart 73, 77, 379
  einbetten 73
  formatieren 54
  geeignete 73
  Trends 78
Schriftartendesign 381
Schriftfarbe 36
Schritt 251, 257
Schritte 230, 278
Schuh- oder Fußabdrücke 278
Schuldenberg 145

Index

Schulungspräsentation 69
Segment 268
Seitenrand, innerer 156
Seitenverhältnis 127, 154
   sperren 205
Sequenz 311, 320
Serifenschrift 73
SharePoint 363
Siegertreppe 183
Silhouette 145
Skala 234
SkyDrive 359, 361
Slide 381
SmartArt 57, 95, 98, 194, 196, 327
   animieren 320
   erweitern 202
   formatieren 98
   Formatvorlagen 199
   Geschachteltes Ziel 195
   Grundstruktur verändern 101
   Typen 95
SmartArt-Tools 99
Smartphone 367
Soft-Style 118
Softwareentwicklung 266
Sound 367
Soziale Netzwerke 364, 367
Spannung 283
Spationierung 55
Speichern 313
   als Grafik 243
   in SkyDrive 361
Sperren 56
Spiegelung 202, 227
Sprungmarke 343, 349
Standardfolie 111
Stapel 220, 224, 236

Stärken und Schwächen 181, 237
Station 271
Stern, sechszackiger 235
Steuern und Lenken 41, 51
Stil 39
Strategie 189
Strategie, Teile 302
Strecken 220, 226
Struktur 195
Strukturgramm 95
Stufen 230
Symbol 182, 220, 238
Symbolleiste für den Schnellzugriff 161

T

Tabelle 193, 231
   Spalte 313
   Zeile 317
   Zelle 238
Tablet-Rechner 372
Team 330
Teammitglieder 330
Template 381
Tendenz 174
Text 43
   auf einem Bild 144
   farbig markieren 307
   Formatierung 54
   Gestaltung 67
   in Formen 155
   Laufweite 55
   mit Bild koppeln 88, 91
   Platzhalter anlegen 63
Textanimation, dezente 292
Texteffekt 61
   erstellen 62

   formatieren 156
Textfeld 60, 202
   erstellen 66
   Video 348
Textfenster 196
Texthinweis 346
Textmarke 349
Textmarker 303
Textmenge 67
   1-7-7-Regel 67
   4x4-Regel 67
   7x7-Regel 67
   20-Sekunden-Regel 71
   bestimmen 68, 69, 70
   Zielgruppe 68
Textzeilen fokussieren 307
Theme 381
Tickertext 322
   Geschwindigkeit 323
Tiefenebene 215, 217
Tipps 50, 372
Tortendiagramm 204, 312
Touch-Modus 372
Tragbare Geräte 367
Trainingspräsentation 69
Transparenzfunktion 135
Trapez 173, 262
Treiber 341, 342
Trend 374
Treppe 183
Trigger 350
Typografie 55

U

Übergang 286, 354
Überlagerung eines Videos 346
Überprüfen 358

Index

Umsatz 148, 208, 211, 227
  Überblick 195
  Verteilung 221
Umstieg 372
Ungleichgewicht 164
Unternehmenspräsentation 117, 251
Unterstreichung 55
Unveränderbarkeit 357
USB-Stick 370

V

VBA 314
Vektorgrafik 152, 166, 174
  zerlegen 166
Verblassen 354
Vergleich 209
Vergleichen 358
Verkaufspräsentation 68
Verkaufstrichter 246
Verkehrsschild 189
Verknüpfen
  Datei 369
  Verknüpfung einfügen 370
  Video oder Audio 342
  Video und Audio 336
Verteilen
  horizontal 158
  vertikal 158
Verteilung 195, 200, 209, 211
Vertikal verteilen 158
Vertriebskonferenz 193
Verzögerung 169
Video 335, 367
  auf Buchseite 345
  aus Datei 347
  aus dem Internet 337
  Ausschnitt 344

Basisfunktionen 336
Codec 340, 341, 342
Dateiendung 341
drehen 348
Effekte 344, 347
endlos laufen 346
erstellen 367
Form 345, 346
Format 340
mit Untertiteln 346
Programm 351
überlagern 344, 346
von Website 337
Videoformat 341
Video oder Audio
  einbetten 336, 342
  komprimieren 339
  verknüpfen 342
Videotools 337
Videowürfel 344
Viewer 380, 381
Visual Basic for Applications 314
Visualisierung 175
Voraussetzungen, Video und Audio 340
Vordergrund 159
Voreinstellungen 148
Vorlage 381, 382
Vorschau 312
Vortrag 193

W

Wachstum 148, 211
Wachstumskurve 259
Web App 360
Web, hochladen 367
Weg 189

Weichzeichnen 262
Weißraum 23, 51
Weiterbearbeitung 357
Wertebereich 246
Wertepunkt 242
Wettbewerbsanalyse 234
Wiedergabe 339
  beenden 356
  folienübergreifend 355
  Pause 348
Wiedergeben ab 328
Wiederholung 26
Wiederkennungswert 26
Windows 8 372
Windows Media Video 341
Windows-Metadatei 217
Winkel 186
Wischen 290
WordArt 62
Word-Dokument 370
Workflow 168, 251, 252, 264, 324
Workshop 374
Würfel 344

X

XPS 382

Y

YouTube 367, 368

Z

Zeichenabstand 55
  erweitern 56
  verringern 56
Zeichencode 238

Index

Zeichnungsfläche formatieren 216
Zeilenabstand 57
Zeilenlänge begrenzen 66
Zeilenumbruch
  harter 58
  Tastenkombination 58
  weicher 58
Zeitabfolge 251
Zeitphase 256
Zeitpunkt 254
Zeitraum 255
Zeitstrahl 251, 252
  3D 253, 257
  aufbauender 253, 257

BEST BUSINESS PRESENTATIONS

ERSTELLUNG & VEREDELUNG

VORTRÄGE & SEMINARE

PRÄSENTATIONSSERVICE

Viele Präsentationen sind gekennzeichnet durch eine hohe Einschlafquote und locken keinen Elch aus dem Gebüsch.

Mit dem Präsentationsservice von smavicon Best Business Presentations bringen Sie Ihre Zuschauer dahin, wo Sie sie haben wollen! ;)

Sie heben sich von Ihren Mitbewerbern besser ab, Sie verkaufen mehr oder beeindrucken Ihr Publikum. Sie verankern Ihre Ideen, Gedanken und Leistungen bei den Zuschauern – und das nachhaltig.

Kommen Sie zu uns, denn wir wissen, was präsentabel macht. smavicon Best Business Presentations, eine der führenden Präsentationsagenturen mit 20 Jahren Erfahrung und über 10.000 unterstützten Präsentationen in über 150 Branchen.

Klingeln Sie durch oder kontaktieren Sie uns digital!

POWERPOINT EXCELLENCE

Manche PowerPointer denken, sie könnten schon alles.

Aber nachdem sie das fünfstufige Seminarkonzept durchlaufen haben, wissen sie, wo ihre Grenzen sind. Und können diese dadurch erweitern.

Wählen Sie Ihren Einstiegslevel und werden Sie zum PowerPoint-Profi!

PRESENTATION-BOOSTER –
Wie Sie mit starker Wirkung präsentieren

Hirnforschung kann helfen! Deswegen ist die Booster-Methode auf Erkenntnissen der Neurowissenschaftler aufgebaut.

Diejenigen, die damit arbeiten, sagen: „Wow, endlich mal eine Methode, mit der ich meine Präsentationsziele besser erreiche."

Andere Anwender sagen: „Prima Methode, ich spare mindestens 50 % der Vorbereitungszeit und die Zuschauer finden den Vortrag klasse."

Lernen Sie Präsentationen effizient vorzubereiten und Ihre persönliche Wirkung mit Stimme, Körpersprache und Auftreten zu steigern.

DIE SPEZIAL-AGENTUR für wirkungsvolleres Präsentieren

smavicon
Dieselstraße 13
64347 Griesheim

Telefon: +49 6155 844 4 0
E-Mail: kontakt@smavicon.de
Web: www.smavicon.de

- Grundlagen, Praxistipps, Profiwissen

- Tabellen gestalten, Daten analysieren, Ergebnisse verwalten und präsentieren

- Alle Funktionen ausführlich erklärt

Helmut Vonhoegen

Excel 2013
Das Handbuch zur Software

Umfassendes Excel-Wissen! Alle Funktionen von Excel 2013 werden Ihnen anhand praxisnaher Beispiele sowohl für den beruflichen als auch für den privaten Einsatz erklärt. Sie erfahren, wie Sie Daten effektiv eingeben, Excel auch auf einem Touchscreen bedienen, Formeln zur Berechnung einsetzen, Analysen erstellen, Tabellen gestalten oder Ihre Ergebnisse präsentieren und mit anderen teilen. Damit ist dieses Buch Einführung, Anleitung und Nachschlagwerk zugleich.

1145 S., 2013, mit DVD, 24,90 Euro
ISBN 978-3-8421-0073-2
www.vierfarben.de/3286

- Das komplette Wissen zum Mac, verständlich erklärt
- Fotos, E-Mails, Internet, Administration, Sicherheit u.v.m.
- Mit zahlreichen Schritt-für-Schritt-Anleitungen

Florian Gründel

Mac OS X Mountain Lion
Der umfassende Ratgeber

Entdecken Sie die Möglichkeiten und Funktionen Ihres Macs! Sie werden staunen, was alles im neuen Betriebssystem OS X Mountain Lion steckt. Der Apple-Experte Florian Gründel zeigt Ihnen Schritt für Schritt, was Sie tun müssen, und steht Ihnen in allen Fragen mit Rat und Tat zur Seite. Zahlreiche Tipps und Tricks aus der Praxis helfen Ihnen dabei, Ihren Mac in jeder Situation souverän zu bedienen.

873 S., 2013, komplett in Farbe, 39,90 Euro
ISBN 978-3-8421-0056-5
www.vierfarben.de/3163

»Ein toller Ratgeber, der in jedes Bücherregal eines Mac-Besitzers gehört.«
Mac Harry

Das gesamte Buchprogramm: www.vierfarben.de

- Für alle Windows-Editionen geeignet

- Foto, Musik, Videos, Internet, Mail, Netzwerk, Sicherheit u.v.m.

- Mit klaren Schritt-für-Schritt-Anleitungen

René Gäbler

Windows 8
Der umfassende Ratgeber

So haben Sie Windows 8 schnell im Griff. René Gäbler zeigt und erklärt Ihnen das System mit all seinen Möglichkeiten. Von der Installation und dem Umgang mit Dateien und Ordnern über die Einrichtung von Hard- und Software bis hin zum eigenen Heimnetzwerk. In Farbe, mit vielen Bildern und anhand zahlreicher Schritt-für-Schritt-Anleitungen führt Sie René Gäbler in diesem umfassenden Ratgeber durch Windows 8. Kompetent, praxisnah und vollständig.

778 S., 2013, komplett in Farbe, mit DVD, 29,90 Euro
ISBN 978-3-8421-0058-9
www.vierfarben.de/3173

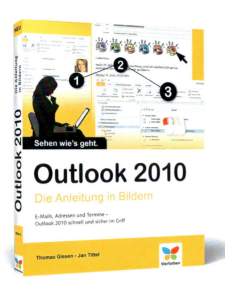

- E-Mails versenden und empfangen
- Kontakte und Adressdaten griffbereit haben
- Termine und Aufgaben im Auge behalten

Jan Tittel, Thomas Giesen

Outlook 2010
Die Anleitung in Bildern

Lernen Sie Outlook 2010 von Grund auf kennen und erfahren Sie, wie Sie E-Mails schreiben, Ihr Adressbuch anlegen und ganz praktisch Ihren Terminkalender führen. Schritt für Schritt begleiten die Autoren Sie durch das Programm, sodass Sie es im Handumdrehen privat oder bei der Arbeit einsetzen und die tägliche Informationsflut locker im Griff behalten können. Das Buch eignet sich auch hervorragend für Nutzer ohne Vorkenntnisse.

280 S., 2012, komplett in Farbe, 9,90 Euro
ISBN 978-3-8421-0020-6
www.vierfarben.de/2881

Versandkostenfrei bestellen: www.vierfarben.de

- Für alle Word-Anwender in Studium, Beruf oder zu Hause

- Alles verständlich und Schritt für Schritt erklärt

- Mit Profi-Tipps und nützlichen Vorlagen auf CD-ROM

Christine Peyton

Word 2010
Der umfassende Ratgeber

Das komplette Word-Wissen auf mehr als 800 Seiten: vom Einstieg über die Gestaltung perfekter Texte bis hin zur Automatisierung mit VBA. Dieser umfassende Ratgeber ist ideal zum Lernen und Nachschlagen und eignet sich sowohl für Einsteiger als auch fortgeschrittene Nutzer. Christine Peyton zeigt Ihnen, wie Sie mit Word 2010 gekonnt die verschiedensten Dokumente gestalten, wissenschaftliche Arbeiten verfassen u.v.m.

868 S., 2012, komplett in Farbe, mit CD, 29,90 Euro
ISBN 978-3-8421-0008-4
www.vierfarben.de/2477

- Alles Schritt für Schritt erklärt
- Telefonieren, Internet, E-Mails, Fotografieren u.v.m.
- Die besten Apps und die nützlichsten Tipps für Ihr iPhone

Hans-Peter Kusserow

iPhone 5
Die verständliche Anleitung

Nutzen Sie alle Funktionen, die Ihr iPhone 5 zu bieten hat! Verständlich und leicht nachvollziehbar zeigt Ihnen Hans-Peter Kusserow, wie Sie das Beste aus Ihrem smarten Telefon herausholen. Es gibt keine bessere Anleitung zum iPhone.

408 S., 2013, komplett in Farbe, 19,90 Euro
ISBN 978-3-8421-0070-1
www.vierfarben.de/3269

»Das Buch beschreibt umfassend die Funktionen des beliebten Smartphones, und eignet sich daher nicht nur als Anleitung für den Smartphone-Einsteiger, sondern auch für Umsteiger (bzw. "Aufsteiger").«
grafiker.de

Ausführliche Informationen: www.vierfarben.de